外国人のための

会話で学ぼう！ 介護の日本語

第2版

—— 指示がわかる、
報告ができる——

4か国語 翻訳付き
英語・インドネシア語・
ベトナム語・ミャンマー語
日本語音声 ダウンロード付き

編　著　一般社団法人　国際交流＆日本語支援Ｙ
協　力　公益社団法人　国際厚生事業団
　　　　株式会社　光洋スクエア

中央法規

はじめに

　介護分野における外国人の就労には、定住外国人、留学生、平成20年から受け入れが始まった経済連携協定（EPA）による外国人介護福祉士がいます。更に平成29年度には技能実習生、平成31年度には特定技能1号の受け入れが始まりました。

　私達国際交流＆日本語支援Yは、EPAによる介護福祉士候補者への学習支援を平成20年の第1次受け入れより実施しており、漢字教材、読解教材、介護専門学習の教材を作成、配布してきました。そして厚生労働省による学習支援、巡回訪問に参画し、現在までに来日した4000人を超える介護福祉士候補者の受け入れ施設での学習及び就労状況もみてきました。また、介護分野に就労する定住外国人へも漢字教材の無償配布、介護の日本語の指導を行っております。

　私達は、これまでの知見を活かし介護現場で必要な日本語は何かを探り、本書を作成しました。「介護現場で使える日本語」のテキストとして本書をお届けしたいと思います。

　介護現場に就労する外国人にとってまず必要なことは、「職員の指示が理解できる」「自分の介護行為が報告できる」ことだと考えます。コミュニケーションが行われる場面をイメージし、そこで使われる日本語を理解する、そして会話の中から指示と報告を取り出し、実際にできるように学習をしていく。そのためには、介護現場で使用する語彙をできるだけ多く覚えていくことも必要です。

　本書では会話場面をイメージしやすいように漫画にし、それぞれの場面に指示と報告を入れました。会話で使われる文型も取り上げ練習できるようになっています。なお、各章の会話場面は、現場の専門家に監修をお願いしました。ただし、ご利用者の状態によって対応は異なります。各章の場面は、一例とお考えください。また、第2部、第3部では指示を聴くことと報告の練習も用意しました。

　そして、別冊には会話文、文法例文、語彙の翻訳（英語・インドネシア語・ベトナム語・ミャンマー語）を掲載し、会話場面、語彙などをより理解しやすくしてあります。

　webサイト（https://www.chuohoki.co.jp/movie/5579/）からダウンロードできる音声教材も用意しました。日本語の学習及び指示の聴き取りと報告の練習にお使いいただければと思います。

　本書が介護現場で働く外国人の皆様の一助となることを願っております。

一般社団法人　国際交流＆日本語支援Y

外国人のための 会話で学ぼう！ 介護の日本語 第2版
―指示がわかる、報告ができる―

3

本書について

1 目的

日本の介護現場で働く外国人の就労が円滑に行われるように、職員、利用者とのコミュニケーション能力を身に付けます。

2 目標

1）職員の指示が理解できる。
2）自分の介護行為が報告できる。
3）介護現場で使われる語彙を習得する。

3 対象者

- 介護現場に就労する外国人で、初級日本語修了者
- 介護福祉士を目指し、専門学校に通う留学生など

4 本書の活用方法

- 介護現場での研修用教材として
- 専門学校などの介護福祉士養成施設での、介護実習前の学習用教材として

その他あらゆる場面でご活用いただけます。

5　翻訳冊子について

本書には翻訳冊子がついています。

英語、インドネシア語、ベトナム語、ミャンマー語に対応しています。

翻訳は、各章の会話文・文型・例文があります。加えて、語彙リストも約1500語用意しています。

冊子は巻末についていて、切り離すことができ、本冊と別々に使うこともできます。

6　音声教材について

本書には日本語の音声教材がダウンロードできるようになっています。

第1部各章の会話文、文型・例文・ことば、第2部の指示と問題の音声を提供しています。

音声教材は中央法規出版のWebサイトからダウンロードできます。

URL：https://www.chuohoki.co.jp/movie/5579/

下記QRコードからもアクセスできます。

本書で使用する文型について

本書では文型を表すためにアルファベットなどを使っています。
意味と例示は下記のとおりです。

V … 動詞

    Vます（飲みます・食べます）・Vない（飲まない・食べない）　など

    Vる（飲む・食べる）・Vだ（飲んだ・食べた）　など

A … イ形容詞の語幹

    長（い）・長（くない）　など

Na … ナ形容詞の語幹

    元気（だ）・元気（ではない）　など

N … 名詞

    外国人・介護　など

普通形 … V　飲む・飲まない・飲んだ・飲まなかった

      A　長い・長くない・長かった・長くなかった

      Na　元気だ・元気ではない・元気だった・元気ではなかった

      N　外国人だ・外国人ではない・外国人だった・外国人ではなかった

学習する皆さんへ

　このテキストは、介護現場で働く皆さんが、施設の職員や利用者さんとのコミュニケーションがうまくできるように作りました。

　各章の場面はイメージしやすいように漫画にしてあります。会話は長いので、覚えるより、各場面でどんな会話をするかが理解できればよいでしょう。

　皆さんが介護現場で働くときに、利用者さんとのコミュニケーションはもちろんですが、まず必要なことは、職員の指示が聴けて理解できること、そして自分のやった仕事が報告できることです。

　このテキストでは、指示が理解できる、自分の介護行為が報告できる、介護現場でのことばを覚えることができるようになっています。

　別冊には翻訳がありますので、会話の意味、ことばの意味をしっかり理解してください。また、音声教材も活用してください。

学習方法

1　第1部

　1）各章の会話文

　　①漫画を読んで、場面をイメージします。

　　②テキストを見ながら音声教材も聞きます。

　　③会話文のスクリプトと別冊の翻訳を読みながら、内容を理解します。

　　④語彙リストで「会話のことば」の意味を確認します。できれば語彙を覚えましょう。

　　⑤もう一度、会話文を読んで意味がわかるか確認して、音読練習をします。

　　⑥テキストを見ないで、音声教材から指示の内容を聴き取ります。

　　⑦報告の部分を言えるようにします。

　2）各章の文型、例文、問題

　　①会話文中の文型には下線が引いてありますから、確認します。

　　②語彙リストで文型・例文・問題の語彙の意味を確認します。できれば語彙を覚えましょう。

　　③文型の意味と説明を、別冊の翻訳を見て確認します。

　　④別冊の翻訳を見ながら例文を読んで、意味を確認します。

　　⑤テキストを見ながら音声教材も聴きます。

　　⑥例文を覚えます。

　　⑦問題をやって、答え合わせをします。

　3）各章の関連語彙

　　各章の内容に関連する語彙を集めました。介護現場の仕事に役に立つ語彙です。語彙は知っていれば知っているほど、コミュニケーションが上手になります。

　　語彙リストで意味を確認して、覚えましょう。仕事や生活の場で使ってください。

2　第2部　指示を聴く練習

3　第3部　報告する練習

　　各練習の最初に学習方法が書いてあるので、指示に従って学習を進めましょう。

1章

自己紹介

ベトナム人のハンさんは、今日から特別養護老人ホーム「おひさま」で働くことになっています。

初めまして。
今日からお世話になります。
ベトナムのハンです。

よろしくお願いします。

施設長の高田です。
がんばってください。

介護主任を紹介します。
こちらが介護主任の山本さんです。

山本です。
どうぞよろしく。

9

会話文

ベトナム人のハンさんは、今日から特別養護老人ホーム「おひさま」で働くことになっています。

ハン：　初めまして。今日からお世話になります。ベトナムのハンです。
　　　　よろしくお願いします。

高田：　施設長の高田です。がんばってください。
　　　　介護主任を紹介します。こちらが介護主任の山本さんです。

山本：　山本です。どうぞよろしく。

ハン：　こちらこそ、よろしくお願いします。

山本：　ハンさんには、2階のユニット「たんぽぽ」を担当してもらいます。
　　　　あとでユニットリーダーを紹介しますね。

ハン：　はい。

山本：　じゃ、これから施設の中を案内しましょう。

ハン：　はい、お願いします。

文型と問題

文型

1 **働くことになっています**（決まる）

> V る／V ない　}
> N という　　}＋ことになっている

①毎朝9時から申し送りをすることになっています。
②雨の日は、散歩に行かないことになっています。
③毎週月曜日の朝は、会議ということになっています。

2 **担当してもらいます**（丁寧な命令）

> V て＋もらう

①ハンさんには、1時から休憩に入ってもらいます。
②ハンさんには、おむつを補充してもらいます。

3 **案内しましょう**（丁寧な意思表現）

> V ~~ます~~＋ましょう

①田中さんのおむつ交換は、私がやりましょう。
②ユニットリーダーを紹介しましょう。

問題 （解答はP.13）

（　）の文型を使って、次の文を書き換えなさい。
①明日、友だちに会います。　　　　　　　　　（ことになっている）

11

②来月、入居です。　　　　　　　　　　　　　　（ことになっている）

③病院へいっしょに行きます。　　　　　　　　　　（てもらう）

④お茶を配ります。　　　　　　　　　　　　　　　（てもらう）

⑤私がお金を払います。　　　　　　　　　　　　　（ましょう）

ことば

会話のことば

1　自己紹介	2　特別養護老人ホーム／特養	
3　施設長	4　介護主任	5　ユニット
6　担当する	7　リーダー	8　案内する

文型・問題のことば

1　申し送り	2　会議	3　休憩
4　（休憩に）入る	5　補充する	
6　交換	7　入居	8　配る
9　払う		

関連語彙

1 介護老人保健施設／老健	2 デイサービス／デイ	
3 ショートステイ	4 介護士	5 介護福祉士
6 看護師	7 医師	8 主治医	9 栄養士
10 作業療法士	11 理学療法士	12 言語聴覚士
13 利用者	14 入居者	15 通所者	16 高齢者
17 事務長	18 職員	19 担当者	
20 ケアマネジャー／介護支援専門員		
21 ボランティア／ボラ	22 ケアワーカー／ワーカー	
23 スタッフ		

問題（P.11）の答え

①明日、友だちに会うことになっています。
②来月、入居ということになっています。
③病院へいっしょに行ってもらいます。
④お茶を配ってもらいます。
⑤私がお金を払いましょう。

家族の図 (かぞくのず)

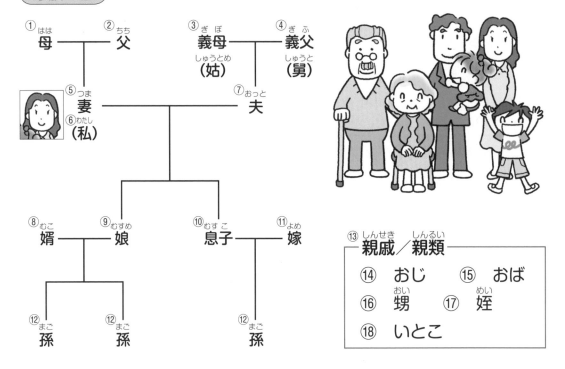

① 母（はは） ── ② 父（ちち）　　③ 義母（ぎぼ）── ④ 義父（ぎふ）
　　　　　　　　　　　　　　　（姑）（しゅうとめ）　（舅）（しゅうと）

⑤ 妻（つま） ──────────── ⑦ 夫（おっと）
⑥（私）（わたし）

⑧ 婿（むこ）── ⑨ 娘（むすめ）　　⑩ 息子（むすこ）── ⑪ 嫁（よめ）

⑫ 孫（まご）　⑫ 孫（まご）　　⑫ 孫（まご）

⑬ 親戚（しんせき）／親類（しんるい）

⑭ おじ　　⑮ おば
⑯ 甥（おい）　　⑰ 姪（めい）
⑱ いとこ

施設の図 (しせつのず)

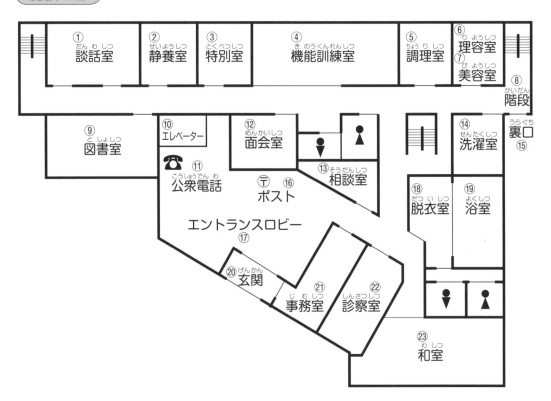

① 談話室（だんわしつ）
② 静養室（せいようしつ）
③ 特別室（とくべつしつ）
④ 機能訓練室（きのうくんれんしつ）
⑤ 調理室（ちょうりしつ）
⑥ 理容室（りようしつ）
⑦ 美容室（びようしつ）
⑧ 階段（かいだん）
⑨ 図書室（としょしつ）
⑩ エレベーター
⑪ 公衆電話（こうしゅうでんわ）
⑫ 面会室（めんかいしつ）
⑬ 相談室（そうだんしつ）
⑭ 洗濯室（せんたくしつ）
⑮ 裏口（うらぐち）
⑯ ポスト
⑰ エントランスロビー
⑱ 脱衣室（だついしつ）
⑲ 浴室（よくしつ）
⑳ 玄関（げんかん）
㉑ 事務室（じむしつ）
㉒ 診察室（しんさつしつ）
㉓ 和室（わしつ）

14

●日本地図（1道1都2府43県）

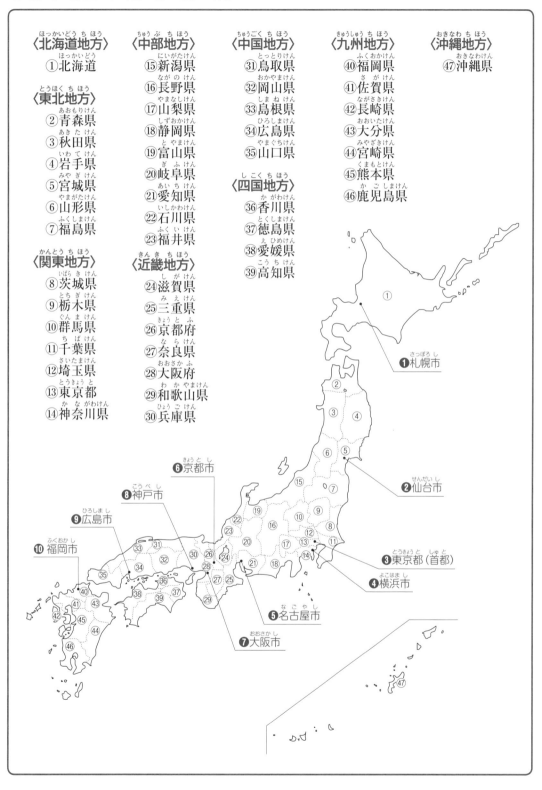

〈北海道地方〉
① 北海道

〈東北地方〉
② 青森県
③ 秋田県
④ 岩手県
⑤ 宮城県
⑥ 山形県
⑦ 福島県

〈関東地方〉
⑧ 茨城県
⑨ 栃木県
⑩ 群馬県
⑪ 千葉県
⑫ 埼玉県
⑬ 東京都
⑭ 神奈川県

〈中部地方〉
⑮ 新潟県
⑯ 長野県
⑰ 山梨県
⑱ 静岡県
⑲ 富山県
⑳ 岐阜県
㉑ 愛知県
㉒ 石川県
㉓ 福井県

〈近畿地方〉
㉔ 滋賀県
㉕ 三重県
㉖ 京都府
㉗ 奈良県
㉘ 大阪府
㉙ 和歌山県
㉚ 兵庫県

〈中国地方〉
㉛ 鳥取県
㉜ 岡山県
㉝ 島根県
㉞ 広島県
㉟ 山口県

〈四国地方〉
㊱ 香川県
㊲ 徳島県
㊳ 愛媛県
㊴ 高知県

〈九州地方〉
㊵ 福岡県
㊶ 佐賀県
㊷ 長崎県
㊸ 大分県
㊹ 宮崎県
㊺ 熊本県
㊻ 鹿児島県

〈沖縄地方〉
㊼ 沖縄県

❶ 札幌市
❷ 仙台市
❸ 東京都（首都）
❹ 横浜市
❺ 名古屋市
❻ 京都市
❼ 大阪市
❽ 神戸市
❾ 広島市
❿ 福岡市

15

仕事1日目

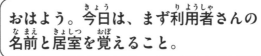

おはようございます。今日から、よろしくお願いします。

おはよう。今日は、まず利用者さんの名前と居室を覚えること。

それから、食堂の座席もね。

はい。わかりました。

そうそう。指示されたことは、返事だけじゃなくて、指示の内容を復唱してください。私もハンさんがわかったかどうか、確認できますから。

はい。今日は、利用者さんの名前、居室、食堂の座席を覚えるということですね。

これからお茶を配りますから、いっしょに行きましょう。

はい、お願いします。

201号室は鈴木タミさんです。利用者さんの状態については、また詳しく説明します。

201号室、鈴木タミさんですね。メモしておきます。

次は食堂の座席を覚えてね。「たんぽぽ」の利用者さんは全部で何人ですか。

9人です。

食事をするときは、3人ずつ、3つのテーブルに座っていただきます。座席表をコピーしておきました。これを見て、よく覚えてください。

山田　窓　斉藤
森下　鈴木　田中
ドア　オープンキッチン

はい、覚えます。

仕事の1日目はどうでしたか。

利用者さんの名前を覚えるのは難しいです。まだ全部は覚えられません。

一番大切なことですから、利用者さんの顔と名前は早く覚えましょう。

はい、今晩復習します。がんばります。

17

ハン： おはようございます。今日から、よろしくお願いします。

リーダー： おはよう。今日は、まず利用者さんの名前と居室を覚える
（佐藤さくら） こと。

それから、食堂の座席もね。

ハン： はい。わかりました。

リーダー： そうそう。指示されたことは、<u>返事だけじゃなくて、指示
の内容を復唱してください。</u>

私もハンさんがわかったかどうか、確認できますから。

ハン： はい。今日は、利用者さんの名前、居室、食堂の座席を<u>覚
えるということですね。</u>

リーダー： これからお茶を配りますから、いっしょに行きましょう。

ハン： はい、お願いします。

リーダー： 201号室は鈴木タミさんです。
<u>利用者さんの状態について</u>は、また詳しく説明します。

ハン： 201号室、鈴木タミさんですね。メモしておきます。

リーダー： 次は食堂の座席を覚えてね。「たんぽぽ」の利用者さんは
全部で何人ですか。

ハン： 9人です。

リーダー： 食事をするときは、3人ずつ、3つのテーブルに座ってい
ただきます。

座席表をコピーしておきました。これを見て、よく覚えて
ください。

ハン： はい、覚えます。

リーダー：　仕事の1日目はどうでしたか。

ハン：　利用者さんの名前を覚えるのは難しいです。まだ全部は覚えられません。

リーダー：　一番大切なことですから、利用者さんの顔と名前は早く覚えましょう。

ハン：　はい、今晩復習します。がんばります。

文型と問題

文型

1　**返事だけじゃなくて**（他のものもある・他のこともする）

> 普通形
> Ｎａな　　＞＋だけじゃなく（て）／だけではなく（て）
> Ｎだ

①名前を覚えるだけじゃなくて、居室の番号も覚えます。

②リーダーは厳しいだけじゃなくて、やさしいところもあります。

③息子だけじゃなくて、孫も面会に来てくれた。

2 覚えるということです（結論をいう）

> 普通形＋ということだ

①今日は雨なので、散歩は中止だということですね。
②森下さんは熱があるので、今日は入浴しないということですね。

3 状態について（〜に関して）

> Ｎ＋について

①山田さんの食事量について報告します。
②介護技術について勉強しています。

問題 （解答はP.21）

（　）に、上の１から３の文型を入れて、文章を完成させなさい。

①漢字を勉強するときは、書き方や読み方（　①　）、漢字の意味
　（　②　）理解することが大切です。漢字の意味が言葉の意味になり
　ますから、漢字の意味がわかれば、言葉の意味もわかる（　③　）
　です。

②介護をする人は、介助する（　④　）、利用者さん（　⑤　）理解
　する必要があります。

ことば

会話のことば

1	居室	2	覚える	3	座席	4	指示する
5	返事	6	内容	7	復唱する		
8	確認する	9	配る	10	号室	11	状態
12	詳しい	13	メモする	14	全部	15	ずつ
16	座席表	17	コピーする	18	復習する		

文型・問題のことば

1	番号	2	厳しい	3	息子	4	孫
5	面会	6	中止	7	入浴	8	食事量
9	報告する	10	介護技術	11	意味		
12	理解する	13	介助する	14	必要		

病気の名前

1	インフルエンザ	2	疥癬	3	癌
4	感染症	5	狭心症	6	高血圧症
7	誤嚥性肺炎	8	骨粗しょう症	9	歯周病
10	心筋梗塞	11	心疾患	12	糖尿病
13	認知症	14	脳血管疾患／脳卒中		
15	脳梗塞	16	脳出血	17	パーキンソン病
18	肺炎	19	白内障	20	緑内障
21	老人性難聴				

問題（P.20）の答え

①だけじゃなく（て）　②について　③ということ
④だけじゃなく（て）　⑤について

21

3章

洗顔と整髪

山田はなさん
85歳　女性
認知症
骨粗しょう症
脊椎圧迫骨折

ハンさん、202号室の山田はなさんの洗顔と整髪の見守りをお願いします。

はい、202号室の山田はなさんですね。わかりました。

山田さん、おはようございます。ご気分はいかがですか。きのうはよく眠れましたか。

ええ。よく眠れたわ。

そうですか。では起きて、顔を洗いましょう。ベッドを起こしますね。

袖が濡れないようにまくっていただけますか。髪も濡れないようにとめましょう。お手伝いしますね。

山田はなさん　85歳　女性
認知症　骨粗しょう症　脊椎圧迫骨折

リーダー：　ハンさん、202号室の山田はなさんの洗顔と整髪の見守りを
　　　　　　お願いします。

ハン：　はい、202号室の山田はなさんですね。わかりました。

ハン：　山田さん、おはようございます。ご気分はいかがですか。
　　　　きのうはよく眠れましたか。

山田：　ええ。よく眠れたわ。

ハン：　そうですか。
　　　　では起きて、顔を洗いましょう。ベッドを起こしますね。
　　　　袖が濡れないようにまくっていただけますか。
　　　　髪も濡れないようにとめましょう。お手伝いしますね。

ハン：　終わりましたか。タオルをどうぞ。

山田：　ありがとう。

ハン：　あらっ、口のまわりが少し赤いですね。
　　　　かゆくないですか、痛くないですか。

山田：　そうねえ、ちょっとかゆいわ。

ハン：　そうですか、あとで看護師にみてもらいましょう。
　　　　今度は髪をとかしましょう。はい、ブラシです。

山田：　ありがとう。……これでいい？

ハン：　ええ、きれいになりましたね。
　　　　では、またあとで来ますね。

ハン：　202号室の山田はなさんの洗顔と整髪の見守りを終えました。口のまわりが赤くなっていました。少し<u>かゆいとのことです</u>。看護師に連絡しておきます。

リーダー：　わかりました。<u>忘れず</u>にお願いします。

文型と問題

文型

1　濡れないように（目的）

Vる／Vない＋ように

①歩けるようにリハビリをします。

②ミーティングに遅れないように急いで行きます。

③利用者が誤嚥しないように気をつけてください。

2　かゆいとのことです（〜と言っていました）

普通形＋とのことだ

①きのうはよく眠れたとのことです。

②家族に会えてうれしかったとのことです。

③今晩のメニューは、五目ちらしだとのことです。

3 忘れず (〜ない)

$\boxed{\text{V な\sout{い}＋ず}}$ ※しない→せず

①国へ帰らず（に）、3年日本で働きます。
②朝ごはんを食べず（に）、会社へ行きます。
③休みの日は何もせず（に）、部屋でごろごろしています。

問題 （解答はP.28）

（　　）のことばを適当な形にして、＿＿＿＿に書きなさい。

①天気の悪い日はどこも＿＿＿＿＿＿＿＿、部屋でテレビを見ます。

（行く）

②道が混んでいるので車に＿＿＿＿＿＿＿＿、歩いて行きます。

（乗る）

③浴室では＿＿＿＿＿＿＿＿ように、足元に気をつけてください。

（すべる）

④薬の量を＿＿＿＿＿＿＿＿ように、服薬介助をします。

（間違える）

⑤どこも＿＿＿＿＿＿＿＿とのことです。

（痛い）

ことば

会話のことば

1 洗顔／洗面　　2 整髪　　3 認知症

4 骨粗しょう症　　5 脊椎圧迫骨折　　6 号室

7 見守り　　8 （ご）気分　　9 いかが

10 眠る　　11 起こす　　12 袖　　13 濡れる

14 （袖を）まくる　　15 （髪を）とめる

16 手伝う　　17 まわり　　18 かゆい　　19 みる

20 （髪を）とかす　　21 ブラシ　　22 終える

23 連絡する

文型・問題のことば

1 リハビリ／リハビリテーション

2 ミーティング　　3 誤嚥する

4 気をつける　　5 メニュー

6 五目ちらし　　7 ごろごろする

8 混む　　9 足元　　10 すべる

11 量　　12 服薬介助　　13 間違える

関連語彙

1 洗面台　　2 鏡　　3 手鏡

4 石けん　　5 くし　　6 ヘアブラシ

7 ヘアピン　　8 ひげ剃り

9 電動かみそり　　10 T字かみそり

11 シェービングクリーム　　12 クリーム

13 化粧水　　14 口紅

15 ティッシュペーパー／ティッシュ

16 ペーパータオル

問題（P.26）の答え

①行かず（に）　②乗らず（に）

③すべらない　④間違えない

⑤痛くない／痛くなかった

●国民の祝日

 1月 元旦　　　　　　　　　　1月1日

成人の日　　　　　　　　1月の第2月曜日

 2月 建国記念の日　　　　　　2月11日

天皇誕生日　　　　　　　2月23日

 3月 春分の日　　　　　　　　3月21日頃

 4月 昭和の日　　　　　　　　4月29日

 5月 憲法記念日　　　　　　　5月3日

みどりの日　　　　　　　5月4日

こどもの日　　　　　　　5月5日

 7月 海の日　　　　　　　　　7月の第3月曜日

 8月 山の日　　　　　　　　　8月11日

 9月 敬老の日　　　　　　　　9月の第3月曜日

秋分の日　　　　　　　　9月23日頃

 10月 スポーツの日　　　　　　10月の第2月曜日

 11月 文化の日　　　　　　　　11月3日

勤労感謝の日　　　　　　11月23日

着脱
<small>ちゃく　だつ</small>

いいえ、気にしないで
ください。

次はズボンを替えま
しょう。

こちらの介助バーにつかまって
立っていただけますか。

ズボンを
おろしますね。

はい、
座ってください。

もう一度立ってください。
ズボンを上げますね。

では、ズボンをはき
ましょう。はくときは、
左側からですね。

右足から脱ぎま
しょう。右足を上げ
てください。

シャツはズボンの
中に入れますか。
出しておき
ますか。はい、
終わりました。

森下さん、今日は少し寒いので、
何か上にはおりましょうか。

はい、わかりました。どうぞ。
よくお似合いですよ。

そうねえ。
その赤い
カーディガン
にするわ。

そう。
ありが
とう。

森下さんの着替えの
介助が終わりました。
今日は少し寒いので
カーディガンを
着ていただきました。

そうですか。よく気がつきまし
たね。ご苦労さま。

会話文

森下公子さん　82歳　女性
脳梗塞による左片麻痺

リーダー：　ハンさん、203号室の森下公子さんの着替えの介助をお願い
　　　　　　します。

ハン：　森下さんは左片麻痺でしたね。

リーダー：　ええ、できることはしてもらって、できないことは手伝っ
　　　　　　てあげてね。

ハン：　はい、わかりました。

ハン：　森下さん、着替えましょうか。

森下：　はい。

ハン：　じゃ、パジャマを脱ぎましょう。右手から脱いでいただけ
　　　　ますか。

ハン：　脱ぎ終わりましたね。
　　　　それでは、ブラウスを着ましょう。
　　　　左手は少しお手伝いしますね。左手を袖に通します。では、
　　　　右手を通してください。
　　　　ボタンはかけられますか。…少しお手伝いしますね。

森下：　お願いします。いつも着替えるたびに手伝ってもらって、
　　　　悪いわね。

ハン：　いいえ、気にしないでください。次はズボンを替えましょう。
　　　　こちらの介助バーにつかまって立っていただけますか。
　　　　ズボンをおろしますね。
　　　　はい、座ってください。
　　　　右足から脱ぎましょう。右足を上げてください。

32

では、ズボンをはきましょう。はくときは、左側<ruby>（<rt>ひだりがわ</rt>）</ruby>からですね。
もう一度<ruby>立<rt>いちど た</rt></ruby>ってください。ズボンを<ruby>上<rt>あ</rt></ruby>げますね。
シャツはズボンの<ruby>中<rt>なか</rt></ruby>に<ruby>入<rt>い</rt></ruby>れますか。<ruby>出<rt>だ</rt></ruby>しておきますか。
はい、<ruby>終<rt>お</rt></ruby>わりました。
<ruby>森下<rt>もりした</rt></ruby>さん、<ruby>今日<rt>きょう</rt></ruby>は<ruby>少<rt>すこ</rt></ruby>し<ruby>寒<rt>さむ</rt></ruby>いので、<ruby>何<rt>なに</rt></ruby>か<ruby>上<rt>うえ</rt></ruby>にはおりましょう
か。

<ruby>森下<rt>もりした</rt></ruby>： そうねえ。その<ruby>赤<rt>あか</rt></ruby>いカーディガンにするわ。

ハン： はい、わかりました。どうぞ。よくお<ruby>似合<rt>にあ</rt></ruby>いですよ。

<ruby>森下<rt>もりした</rt></ruby>： そう。ありがとう。

ハン： <ruby>森下<rt>もりした</rt></ruby>さんの<ruby>着替<rt>きが</rt></ruby>えの<ruby>介助<rt>かいじょ</rt></ruby>が<ruby>終<rt>お</rt></ruby>わりました。<ruby>今日<rt>きょう</rt></ruby>は<ruby>少<rt>すこ</rt></ruby>し<ruby>寒<rt>さむ</rt></ruby>い
のでカーディガンを<ruby>着<rt>き</rt></ruby>ていただきました。

リーダー： そうですか。よく<ruby>気<rt>き</rt></ruby>がつきましたね。ご<ruby>苦労<rt>くろう</rt></ruby>さま。

★ ★
<ruby>文型<rt>ぶんけい</rt></ruby>と<ruby>問題<rt>もんだい</rt></ruby>
★ ★

<ruby>文型<rt>ぶんけい</rt></ruby>

1 <ruby>脱<rt>ぬ</rt></ruby>ぎ<ruby>終<rt>お</rt></ruby>わりました（<ruby>動作<rt>どうさ</rt></ruby>の<ruby>終了<rt>しゅうりょう</rt></ruby>）

Vます + <ruby>終<rt>お</rt></ruby>わる

①<ruby>食器<rt>しょっき</rt></ruby>を<ruby>洗<rt>あら</rt></ruby>い<ruby>終<rt>お</rt></ruby>わったら、この<ruby>布巾<rt>ふきん</rt></ruby>で<ruby>拭<rt>ふ</rt></ruby>いてください。
②もう、<ruby>借<rt>か</rt></ruby>りた<ruby>本<rt>ほん</rt></ruby>を<ruby>読<rt>よ</rt></ruby>み<ruby>終<rt>お</rt></ruby>わりました。
③テレビを<ruby>見<rt>み</rt></ruby><ruby>終<rt>お</rt></ruby>わったら、<ruby>消<rt>け</rt></ruby>しておいてください。

2　着替えるたびに（毎回）
_{きが}　_{まいかい}

```
V る
　　　 ＋たび（に）
N の
```

①家族の写真を見るたびに、昔を思い出します。
_{かぞく}　_{しゃしん}　_み　　　　　_{むかし}　_{おも}　_だ
②歩くたびに、腰が痛くなります。
_{ある}　　　　　_{こし}　_{いた}
③検査のたびに、緊張する。
_{けんさ}　　　　　_{きんちょう}

3　赤いカーディガンにする（決める）
_{あか}　　　　　　　　　　　　_き

```
N ＋にする
```

①飲み物は何がいいですか。
_の　_{もの}　_{なに}

　　冷たいお茶にします。
_{つめ}　_{ちゃ}

②ズボンとスカートと、どちらがいいですか。

　　ズボンにします。
③今日は寒いので長袖にします。
_{きょう}　_{さむ}　　　_{ながそで}

問題 （解答はP.37）
_{もんだい}　_{かいとう}

（　　）のことばを適当な形にして、＿＿＿＿に書きなさい。
_{てきとう}　_{かたち}　　　　　　　　_か

①ごはんを＿＿＿＿＿＿終わったら、食器を片づけてください。
_お　　　　　_{しょっき}　_{かた}

（食べる）
_た

②＿＿＿＿＿＿＿たびに、資料をコピーします。（会議）
_{しりょう}　　　　　　　_{かいぎ}

③お昼ごはんは肉と魚とどちらがいいですか。＿＿＿＿＿＿します。
_{ひる}　　　　_{にく}　_{さかな}

（魚）
_{さかな}

④国へ＿＿＿＿＿＿たびに、友だちに会います。（帰る）
_{くに}　　　　　　　　　　　　_{とも}　_あ　　_{かえ}

⑤利用者さんが＿＿＿＿＿＿終わってから、質問しましょう。
_{りようしゃ}　　　　　　　　_お　　　　_{しつもん}

（話す）
_{はな}

ことば

会話のことば

1 着脱（ちゃくだつ） 2 脳梗塞（のうこうそく） 3 左片麻痺（ひだりかたまひ）

4 号室（ごうしつ） 5 着替え（きが） 6 介助（かいじょ）

7 手伝う（てつだ） 8 パジャマ 9 ブラウス

10 袖（そで） 11 （袖に）通す（そで・とお） 12 ボタン

13 （ボタンを）かける 14 ズボン

15 替える（か） 16 介助バー（かいじょ） 17 つかまる

18 （ズボンを）おろす 19 はく

20 （ズボンを）上げる（あ） 21 はおる

22 カーディガン 23 似合う（にあ）

24 （気が）つく（き）

文型・問題のことば（ぶんけい・もんだい）

1 食器（しょっき） 2 布巾（ふきん） 3 拭く（ふ）

4 借りる（か） 5 消す（け） 6 毎回（まいかい）

7 昔（むかし） 8 思い出す（おも・だ） 9 検査（けんさ）

10 緊張する（きんちょう） 11 スカート 12 長袖（ながそで）

13 片づける（かた） 14 資料（しりょう） 15 コピーする

16 会議（かいぎ） 17 質問する（しつもん）

関連語彙

1 〈衣類〉

2 セーター　　3 ワイシャツ　　4 Ｔシャツ

5 ポロシャツ　　6 ベスト／チョッキ

7 上着／ジャケット　　8 カーディガン

9 トレーナー　　10 コート　　11 ズボン

12 スカート　　13 下着／肌着

14 パンツ／ショーツ　　15 もも引き

16 ズボン下　　17 パジャマ　　18 寝巻き

19 腹巻き　　20 靴下／ソックス

21 レッグウォーマー　　22 タイツ　　23 帽子

24 手袋　　25 マフラー　　26 スカーフ

27 肩かけ　　28 膝かけ　　29 上ばき

30 外ばき　　31 スリッパ　　32 半袖

33 長袖　　34 襟あり　　35 襟なし

36 ホック　　37 チャック

---

1 〈着脱動作〉

2 着患脱健　　3 麻痺側／患側　　4 健側

5 （ボタンを）とめる／かける

6 （ボタンを）外す

7 （チャック／ファスナーを）上げる

8 （チャック／ファスナーを）おろす／下げる

9 （帽子を）かぶる　　10 （めがねを）かける

36

1 〈色柄〉

2 黄色　　　3　ベージュ　　　4　水色／ブルー

5 緑色／グリーン　　　6　灰色／グレー

7 水玉　　　8　チェック　　　9　しま

10 花がら　　　11　無地　　　12　地味　　　13　派手

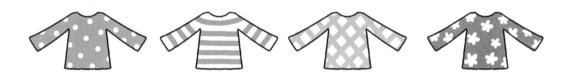

問題（P.34）の答え

①食べ　　②会議の　　③魚に

④帰る　　⑤話し

車いす移動
くるま　　　　　い　どう

202号室の山田はなさんは、
ごうしつ　やまだ
骨粗しょう症による脊椎圧迫骨折で、
こつそ　　しょう　　せきついあっぱくこっせつ
車いすを使っています。
くるま　　つか
散歩の介助をお願いしますね。
さんぽ　かいじょ　　ねが

202号室の山田
ごうしつ　やまだ
はなさんですね。
わかりました。

山田はなさん
やまだ

85歳　女性
さい　じょせい

認知症
にんちしょう

骨粗しょう症
こつそ　　しょう

脊椎圧迫骨折
せきついあっぱくこっせつ

山田さん、今日はいいお天気ですから
やまだ　　きょう　　　　てんき
出かけましょう。準備はいいですか。
で　　　　　　　じゅんび

はい。

では、ブレーキを外して、
はず
出発しましょう。
しゅっぱつ

山田さん、車いすの操作も
やまだ　　くるま　　そうさ
だいぶ慣れましたね。とても
な
スムーズですよ。

ここからは私が押しますね。
わたし　お
下りのスロープは後ろ向きで下り
くだ　　　　　　うし　む　　　　お
ます。いいですか、動きますよ。
うご

39

会話文

山田はなさん　85歳　女性
認知症　骨粗しょう症　脊椎圧迫骨折

リーダー：　202号室の山田はなさんは、骨粗しょう症による脊椎圧迫骨折で、車いすを使っています。散歩の介助をお願いしますね。

ハン：　202号室の山田はなさんですね。わかりました。

ハン：　山田さん、今日はいいお天気ですから出かけましょう。準備はいいですか。

山田：　はい。

ハン：　では、ブレーキを外して、出発しましょう。
山田さん、車いすの操作もだいぶ慣れましたね。とてもスムーズですよ。

ハン：　ここからは私が押しますね。
下りのスロープは後ろ向きで下ります。いいですか、動きますよ。

ハン：　この公園はバラ園が有名なんですよ。満開できれいですね。

山田：　ええ。いい匂いがするわね。…少し疲れたわ。

ハン：　では、この辺りで休憩しましょう。ブレーキをかけてください。
大丈夫ですか。お茶を飲まれますか。

山田：　ええ、のどが渇いたわ。ありがとう。

ハン：　あらっ、急にくもってきましたね。雨が降らないうちに戻りましょう。

山田：　ええ、そうね。

40

ハン： 　では、ブレーキを外^{はず}してください。動^{うご}きますよ、いいです
　　　　か。

山田^{やまだ}： 　はい、お願^{ねが}いします。

ハン： 　202号室^{ごうしつ}の山田^{やまだ}さんですが、今日^{きょう}の散歩^{さんぽ}はバラ園^{えん}にお連^つれし
　　　　ました。

リーダー： 　雨^{あめ}は大丈夫^{だいじょうぶ}でしたか。

ハン： 　はい、大丈夫^{だいじょうぶ}でした。でも、玄関^{げんかん}に入^{はい}ったとたんに降^ふりだ
　　　　しました。

文型^{ぶんけい}と問題^{もんだい}

文型^{ぶんけい}

1　骨粗^{こつそ}しょう症^{しょう}による（原因^{げんいん}）

　　| N ＋による |

①転倒^{てんとう}による事故^{じこ}が多^{おお}い。
②リハビリによる効果^{こうか}が期待^{きたい}できる。
③誤嚥^{ごえん}による肺炎^{はいえん}の可能性^{かのうせい}が高^{たか}い。

2　降^ふらないうちに（～の前^{まえ}に・～の間^{あいだ}に）

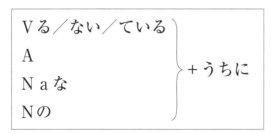

①大切なことは、忘れないうちにメモしておきましょう。
②食事をしているうちに寝てしまった。
③温かいうちにスープを飲んでください。

3 入ったとたん（その時に／ほとんど同時に）

Vた＋とたん

①味噌汁を飲んだとたん、むせて苦しそうだった。
②立ち上がったとたん、めまいがした。

問題 （解答はP.52）

（　）のことばを適当な形にして、＿＿＿に書きなさい。

①＿＿＿＿＿＿による心身の衰えは避けられない。 （加齢）
②＿＿＿＿＿＿による患者数は増え続けている。 （インフルエンザ）
③リハビリを＿＿＿＿＿うちに歩けるようになった。 （続ける）
④朝早く＿＿＿＿＿うちに勉強します。 （静か）
⑤犬を＿＿＿＿＿とたん、子供は泣きだした。 （見る）

ことば

車いすの種類

1 種類	2 介助型（式）車いす

3 リクライニング型（式）車いす

4 ティルト型（式）車いす

5 電動型（式）車いす

6 自走型（式）車いす

車いすの構造①

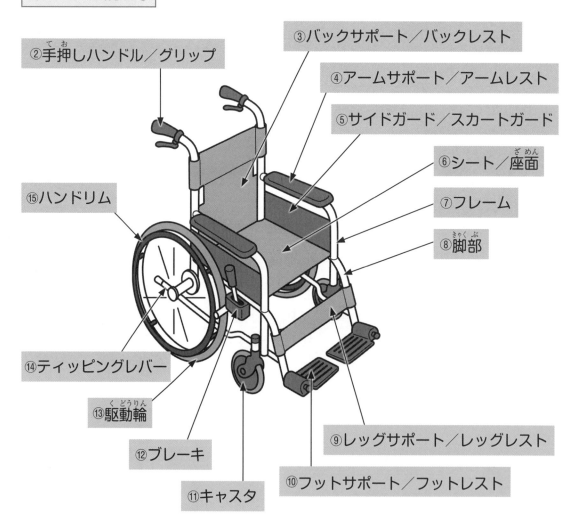

②手押しハンドル／グリップ

③バックサポート／バックレスト

④アームサポート／アームレスト

⑤サイドガード／スカートガード

⑥シート／座面

⑦フレーム

⑧脚部

⑮ハンドリム

⑭ティッピングレバー

⑬駆動輪

⑫ブレーキ

⑪キャスタ

⑩フットサポート／フットレスト

⑨レッグサポート／レッグレスト

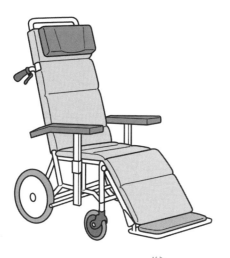

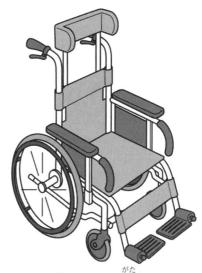

「リクライニング型」　　　　　　「ティルト型」

●介護でよく使う敬語

1	お目覚めですか	➡	起きましたか
2	よくお休みになれましたか	➡	よく寝られましたか
3	ご気分はいかがですか	➡	気分はどうですか
4	お着替えをなさいますか	➡	着替えますか
5	よくお似合いです	➡	よく似合っています
6	どうぞお召しあがりください	➡	どうぞ食べてください
7	～はお済みですか	➡	～は終わりましたか
8	お口に合いましたか	➡	（食べ物、飲み物が）気に入りましたか
9	（お手洗いは）よろしいですか	➡	（お手洗いは）行きますか、どうしますか。
10	ごゆっくりお休みください	➡	ゆっくり寝てください

6章

杖歩行

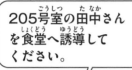

205号室の田中さんを食堂へ誘導してください。

はい。田中さんを食堂へ誘導するんですね。

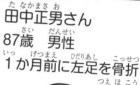

田中正男さん
87歳　男性
1か月前に左足を骨折
杖歩行
頻尿

田中さんは骨折の後のリハビリが進んで、今週車いすから杖歩行になったばかりです。

はい。田中さんのけがは右ですね。

いいえ、骨折したのは左足の方ですよ。転倒しないように気をつけてね。

はい、わかりました。左足ですね。

田中さん。夕食の時間ですよ。食堂へ行きましょう。

ええ、召しあがりましたよ。夕ごはんもいっぱい召しあがってくださいね。

えっ？　もう夕ごはん？昼ごはん食べたっけ？

足は痛くないですか。

おかげで、だいぶいいよ。

はい、杖をどうぞ。

ありがとう。

会話文

田中正男さん　87歳　男性
1か月前に左足を骨折　杖歩行　頻尿

リーダー：　205号室の田中さんを食堂へ誘導してください。

ハン：　はい。田中さんを食堂へ誘導するんですね。

リーダー：　田中さんは骨折の後のリハビリが進んで、今週車いすから杖歩行になったばかりです。

ハン：　はい。田中さんのけがは右ですね。

リーダー：　いいえ、骨折したのは左足の方ですよ。転倒しないように気をつけてね。

ハン：　はい、わかりました。左足ですね。

ハン：　田中さん。夕食の時間ですよ。食堂へ行きましょう。

田中：　えっ？　もう夕ごはん？　昼ごはん食べたっけ？

ハン：　ええ、召しあがりましたよ。夕ごはんもいっぱい召しあがってくださいね。
足は痛くないですか。

田中：　おかげで、だいぶいいよ。

ハン：　はい、杖をどうぞ。

田中：　ありがとう。

ハン：　私が声をかけますから、ゆっくり行きましょうね。
まず杖を前に出して、次に左足、そして右足ですよ。

田中：　そうだね。杖、右足、左足。

ハン：　いいえ、逆ですよ。杖、左足、右足ですよ。

田中：　あっ、そうか。杖、左、右だね。

ハン：　あら、床が濡れていますね。すべらないように、はしを通

りましょう。
手<ruby>すり<rt>て</rt></ruby>につかまってくださいね。

ハン： 田中<ruby>さん<rt>たなか</rt></ruby>を、<ruby>杖歩行<rt>つえほこう</rt></ruby>で、<ruby>食堂<rt>しょくどう</rt></ruby>に<ruby>誘導<rt>ゆうどう</rt></ruby>しました。

リーダー： お<ruby>疲<rt>つか</rt></ruby>れさま。

ハン： <ruby>廊下<rt>ろうか</rt></ruby>の<ruby>床<rt>ゆか</rt></ruby>が<ruby>濡<rt>ぬ</rt></ruby>れていました。すべったら<ruby>危<rt>あぶ</rt></ruby>ないので、<ruby>誘導<rt>ゆうどう</rt></ruby>の<ruby>後<rt>あと</rt></ruby>で<ruby>拭<rt>ふ</rt></ruby>いておきました。

リーダー： ありがとう。じゃあ、いっしょにヒヤリハット<ruby>報告<rt>ほうこく</rt></ruby>を<ruby>書<rt>か</rt></ruby>きましょう。もう<ruby>少<rt>すこ</rt></ruby>し<ruby>詳<rt>くわ</rt></ruby>しく<ruby>教<rt>おし</rt></ruby>えてください。

ハン： はい、わかりました。

文型と問題
<ruby>文型<rt>ぶんけい</rt></ruby>と<ruby>問題<rt>もんだい</rt></ruby>

文型
<ruby>文型<rt>ぶんけい</rt></ruby>

1 <ruby>食<rt>た</rt></ruby>べたっけ（はっきり<ruby>覚<rt>おぼ</rt></ruby>えていないことを<ruby>確認<rt>かくにん</rt></ruby>する）

Vた	
N／Ｎａだ（った）	
Aかった	＋っけ
…んだ（った）	

①<ruby>先週<rt>せんしゅう</rt></ruby>、どこへ<ruby>行<rt>い</rt></ruby>ったっけ。
②あの<ruby>人<rt>ひと</rt></ruby>、<ruby>山本<rt>やまもと</rt></ruby>さんだったっけ。
③<ruby>昨日<rt>きのう</rt></ruby>は<ruby>寒<rt>さむ</rt></ruby>かったっけ。

2　おかげで（良い結果になった理由・原因）

> 普通形
> Ｎａだな
> Ｎだの ｝＋おかげで

①薬を飲んだおかげで、熱が下がりました。
②丈夫なおかげで、入院したことがありません。
③ハンさんのおかげで、仕事が早く終わりました。

3　まず杖を前に出して、次に左足、そして右足です（順序）

> まず～、次に～、そして～

①階段を上るときは、まず杖を上の段に置いて、次に健側の足、そして麻痺側の足をのせます。
②お茶をいれるときは、まず急須にお茶の葉を入れて、次にお湯を入れてむらし、それから湯のみにつぎます。

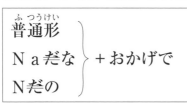

問題 （解答はP.52）

（　）の文型を使って、次の文を書き換えなさい。
①窓のかぎをかけました。　　　　　　　　　　　　　　　　　　（っけ）
②(1)まっすぐ行きます。(2)右に曲がります。(3)横断歩道を渡ります。

（まず～、次に～、そして～）
③先週の日曜日はいい天気でした。　　　　　　　　　　　　　　（っけ）
④医者に注射してもらいました。熱が下がりました。

（おかげで）
⑤リーダーの指導です。仕事ができるようになりました。

（おかげで）

ことば

会話のことば

1 杖歩行（つえほこう）　2 骨折（こっせつ）　3 頻尿（ひんにょう）

4 号室（ごうしつ）　5 誘導する（ゆうどう）

6 リハビリ／リハビリテーション　7 進む（すす）

8 車いす（くるま）　9 けが　10 転倒する（てんとう）

11 （気を）つける（き）　12 召しあがる（め）

13 いっぱい　14 だいぶ　15 杖（つえ）

16 （声を）かける（こえ）　17 逆（ぎゃく）　18 床（ゆか）

19 濡れる（ぬ）　20 すべる　21 はし

22 通る（とお）　23 手すり（て）　24 つかまる

25 廊下（ろうか）　26 拭く（ふ）　27 ヒヤリハット

28 報告（ほうこく）　29 詳しい（くわ）

文型・問題のことば

1 丈夫（じょうぶ）　2 入院する（にゅういん）　3 順序（じゅんじょ）

4 段（だん）　5 置く（お）　6 健側（けんそく）

7 麻痺側（まひそく）　8 のせる　9 急須（きゅうす）

10 お茶の葉（ちゃ は）　11 むらす　12 湯のみ（ゆ）

13 つぐ　14 （かぎを）かける

15 まっすぐ　16 曲がる（ま）　17 横断歩道（おうだんほどう）

18 渡る（わた）　19 注射する（ちゅうしゃ）　20 指導（しどう）

関連語彙

1　麻痺　2　片麻痺　　3　右片麻痺

4　左片麻痺　5　患側　　6　健側　　7　利き手

8　歩行器　9　Ｔ字杖　　10　多点杖

11　ロフストランドクラッチ　　12　移動する

13　支える　14　転ぶ／転倒する　　15　つまずく

16　ふらつく　　17　バランス　　18　崩す

19　付き添う　　20　伝い歩き

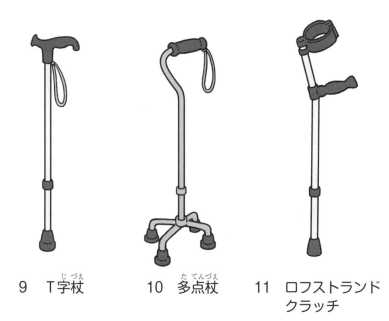

9　Ｔ字杖　　　　10　多点杖　　　11　ロフストランド
　　　　　　　　　　　　　　　　　　　　　クラッチ

問題（P.42）の答え

①加齢　②インフルエンザ
③続ける／続けている
④静かな　⑤見た

問題（P.50）の答え

①窓のかぎをかけたっけ。
②まずまっすぐ行って、次に右に曲がって、
　そして横断歩道を渡ります。
③先週の日曜日はいい天気だったっけ。
④医者に注射してもらったおかげで、熱が
　下がりました。
⑤リーダーの指導のおかげで、仕事ができ
　るようになりました。

●こんな時は何科に行きますか

「けがをしました」「やけどをしました」 ➡ 外　科

「転んで頭を打って吐き気がする」 ➡ 脳外科

「頭が痛いです」「お腹が痛いです」
「風邪？」 ➡ 内　科

「腰が痛いです」 ➡ 整形外科

「歯が痛いです」 ➡ 歯　科

「目が痛いです」「よく見えません」 ➡ 眼　科

「耳が痛いです」「聞こえにくいです」
「鼻がつまります」 ➡ 耳鼻科

「皮膚がかゆいです」 ➡ 皮膚科

「赤ちゃんを産みます」 ➡ 産　科

「子どもが病気です」 ➡ 小児科

7章 食事

鈴木タミさん
90歳　女性
認知症　糖尿病
軽い右片麻痺

201号室の鈴木タミさんの食事介助をお願いします。このところむせやすいので、誤嚥しないように飲み込みに十分注意してください。

あと、食べている時、体が傾きがちなので姿勢を直してあげてください。

はい、わかりました。鈴木タミさんですね。飲み込みと姿勢に気をつけます。

食堂

鈴木さん、お待たせしました。おしぼりをどうぞ。エプロンをなさいますか。

ええ、お願い。

体調はいかがですか。姿勢を少し直しましょうか。背中をまっすぐにしましょう。

では、まずお茶を一口飲みましょう。次は、お味噌汁ですか。熱いですから気をつけてくださいね。

ええ、……

大丈夫ですか。ゆっくり、少しずつ飲んでくださいね。

会話文

鈴木タミさん　90歳　女性
認知症　糖尿病　軽い右片麻痺

リーダー：　201号室の鈴木タミさんの食事介助をお願いします。

このところむせやすいので、誤嚥しないように飲み込みに十分注意してください。

あと、食べている時、体が傾きがちなので姿勢を直してあげてください。

ハン：　はい、わかりました。鈴木タミさんですね。飲み込みと姿勢に気をつけます。

ハン：　鈴木さん、お待たせしました。おしぼりをどうぞ。エプロンをなさいますか。

鈴木：　ええ、お願い。

ハン：　体調はいかがですか。

姿勢を少し直しましょうか。背中をまっすぐにしましょう。

では、まずお茶を一口飲みましょう。

次は、お味噌汁ですか。熱いですから気をつけてくださいね。

鈴木：　ええ、……コンコン、ゲホゲホッ。

ハン：　大丈夫ですか。ゆっくり、少しずつ飲んでくださいね。

鈴木：　次はお魚を…。なかなかうまくできないわ。

ハン：　じゃ、少し手伝わせていただきますね。

鈴木：　悪いわね、ありがとう。

ハン：　大丈夫ですよ。はい、どうぞ。スプーンをお使いになりますか。

よく噛んでくださいね。

　　　　きれいに召しあがりましたね。口のまわりと手を拭きましょう。
　　　　食事はお口に合いましたか。

鈴木：　ええ、おいしかったわ。ごちそうさま。

ハン：　201号室の鈴木タミさんの食事介助が終わりました。味噌汁を飲む時、むせていました。
　　　　それから魚の身がほぐせませんでした。

リーダー：　そうですか。そろそろ汁物にはとろみをつけてお出しした方がいいかもしれませんね。食事量を必ず記録してください。お疲れさまでした。

文型と問題

文型

1　傾きがち（〜の状態になることが多い）

```
V ます
        } ＋がち
N
```

①外食ばかりだと、野菜不足になりがちです。
②便秘がちで、毎晩寝る前に薬を飲んでいる。

2　なかなかうまくできない（予想したようにうまくいかない）

```
なかなか＋Vない
```

①薬を飲んだのに、熱がなかなか下がらない。

②漢字がなかなか覚えられない。

3　手伝わせていただきます（許可を得る・丁寧な申し出）

> Ｖさせて＋もらう／いただく

①体調が悪いので、早退させてもらいます。
②ここに荷物を置かせていただいてもいいですか。

問題　(解答はP.59)

（　　）のことばを適当な形にして、_____に書きなさい。
①祖母は年をとってから_____がちになった。　　　　　　　（病気）
②この時計は古くて_____がちだ。　　　　　　　　　　　　（遅れる）
③すみません。トイレを_____ていただいてもいいですか。（使う）
④急用ができたので_____ていただけませんか。　　　　　　（帰る）
⑤入れ歯が、なかなか_____。　　　　　　　　　　　　　　（見つかる）

ことば

会話のことば

1	認知症	2	糖尿病	3	軽い
4	右片麻痺	5	号室	6	食事介助
7	このところ	8	むせる	9	誤嚥する
10	飲み込み	11	十分	12	注意する
13	傾く	14	姿勢	15	直す
16	（気を）つける	17	おしぼり	18	エプロン
19	体調	20	いかが	21	背中	22 まっすぐ
23	一口	24	手伝う	25	スプーン	26 噛む
27	きれいに	28	召しあがる	29	まわり
30	拭く	31	（口に）合う	32	ほぐす
33	汁物	34	とろみ	35	（とろみを）つける
36	出す	37	量	38	必ず	39 記録する

文型・問題のことば

1	外食	2	野菜不足	3	便秘
4	体調	5	早退する	6	荷物
7	置く	8	祖母	9	（年を）とる
10	急用	11	入れ歯	12	見つかる

問題（P.58）の答え

①病気　②遅れ　③使わせ　④帰らせ
⑤見つからない／見つかりません

59

関連語彙

1　調味料	2　砂糖	3　塩	4　酢
5　醤油	6　味噌	7　食器類	8　（お）茶碗
9　湯のみ	10　（お）皿	11　（お）箸	
12　（お）盆	13　スプーン	14　フォーク	
15　ナイフ	16　配膳	17　下膳	18　エプロン
19　おしぼり	20　ナプキン		

献立／メニュー

1　献立／メニュー	2　献立表	3　朝食	
4　昼食	5　夕食	6　おやつ	7　主食
8　副食	9　ごはん	10　白粥	11　全粥
12　八分粥	13　五分粥	14　雑炊	
15　混ぜごはん	16　野菜	17　卵	
18　豆腐	19　豚肉	20　牛肉	21　鶏肉
22　青魚	23　白身魚	24　小魚	
25　和え物	26　酢の物	27　揚げ物	
28　煮物	29　炒め物	30　蒸し物	
31　丼物	32　焼き魚	33　煮魚	
34　肉団子	35　スープ		
36　味噌汁／おみおつけ			
37　香の物／漬物／お新香		38　（お）茶	
39　果物	40　（お）菓子	41　（お）酒	
42　乳製品	43　牛乳	44　チーズ	
45　ヨーグルト	46　制限食	47　流動食	
48　減塩食	49　刻み食	50　粗刻み	
51　極刻み	52　一口大	53　とろみ調整	
54　とろみ粉	55　ピューレ食	56　ソフト食	

●薬の知識　いつ飲む薬？

食前薬	➡	食事の30分〜1時間前に飲む。
食間薬	➡	食後2〜3時間してから飲む。食事と食事の間に飲むという意味。
食後薬	➡	食事の直後に飲むものと、食事の30分後に飲むものとがある。
就寝前薬	➡	就寝時か就寝30分前に飲む。
頓服	➡	頭痛などのとき、1回だけ服用する薬。
下剤	➡	便秘のときに飲む。
解熱剤	➡	熱が高いときに飲む。
鎮痛剤	➡	頭痛、歯痛など痛みがあるときに飲む。
整腸剤	➡	胃腸の調子がよくないときに飲む。

錠剤	粉薬	水薬	カプセル

61

排泄

田中正男さん
87歳　男性
1か月前に左足
を骨折　杖歩行
頻尿

205号室の田中正男さんが寝る前に、トイレまで
誘導して見守りをしてください。田中さんはトイレが
近いので、夜間はポータブルトイレを……。

あ、すみません。
「トイレが近い」って
どんな意味ですか？

「何回もトイレに行く」
という意味よ。
頻尿とも言います。
ポータブルトイレの用意を
忘れないでね。

はい。
忘れないように
準備します。

田中さん、寝る前にもう一度
トイレに行きましょうか。

うん。
そうだね。

トイレ

手すりにつかまってください。
パッドは汚れていませんか。
ご自分でできますか。

うん、大丈夫だよ。

62

会話文

田中正男さん　87歳　男性
1か月前に左足を骨折　杖歩行　頻尿

リーダー：　205号室の田中正男さんが寝る前に、トイレまで誘導して見守りをしてください。田中さんはトイレが近いので、夜間はポータブルトイレを……。

ハン：　あ、すみません。「トイレが近い」ってどんな意味ですか?

リーダー：　「何回もトイレに行く」という意味よ。頻尿とも言います。ポータブルトイレの用意を忘れないでね。

ハン：　はい。忘れないように準備します。

ハン：　田中さん、寝る前にもう一度トイレに行きましょうか。

田中：　うん。そうだね。

ハン：　手すりにつかまってください。パッドは汚れていませんか。ご自分でできますか。

田中：　うん、大丈夫だよ。

ハン：　じゃ、終わったら声をかけてください。お部屋までいっしょに帰りましょう。

田中：　わかった。

ハン：　夜間は、ポータブルトイレを使ってください。ここに置いておきます。

田中：　ああ、これで安心だ。

ハン：　お手伝いしますから、使うときはナースコールを押してください。

田中：　はい、ありがとう。

64

ハン：　おやすみなさい。

田中：　おやすみ。

ハン：　田中さんの部屋にポータブルトイレを置いておきました。

リーダー：　はい。トイレットペーパーも置いたわね。

ハン：　あっ、<u>置いたはず</u>ですが、もう一度見てきます。すみません。

文型と問題

文型

1　「トイレが近い」って（話題として取り上げる）

> 文章
> N
> ｝+って（とは）

①「まさお」ってどんな漢字を書きますか。
②「耳が遠い」ってどんな意味ですか。

2　頻尿とも言います（他の言い方を提示、言い換え）

> N＋とも言う

①床ずれは褥瘡とも言います。
②チョッキはベストとも言います。

3 置いたはず（当然だ）

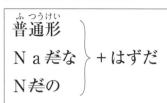

①利用者さんの名前を昨日覚えたはずなのに忘れてしまった。
②リーダーは明日も忙しいはずだ。
③面会時間は３時からのはずだ。

問題 （解答はP.67）

（　　）の文型を使って、次の文を書き換えなさい。

①かぎは寝る前にかけました。　　　　　　　　　　　　　（はずだ）
②差し込み便器です。何ですか。　　　　　　　　　　　　　（って）
③山本さんの入所は６月です。　　　　　　　　　　　　　（はずだ）
④絶対安静です。どんな意味ですか。　　　　　　　　　　　（って）
⑤看護師はナースです。　　　　　　　　　　　　　　（とも言う）

ことば

会話のことば

1 排泄（はいせつ）	2 骨折（こっせつ）	3 杖歩行（つえほこう）	4 頻尿（ひんにょう）
5 号室（ごうしつ）	6 誘導（ゆうどう）する	7 見守（みまも）り	
8 夜間（やかん）	9 ポータブルトイレ	10 意味（いみ）	
11 用意（ようい）	12 準備（じゅんび）する	13 手（て）すり	
14 つかまる	15 パッド	16 汚（よご）れる	
17 自分（じぶん）	18 （声（こえ）を）かける	19 置（お）く	
20 安心（あんしん）	21 手伝（てつだ）う	22 ナースコール	
23 押（お）す	24 トイレットペーパー		

文型・問題のことば

1 耳（みみ）が遠（とお）い	2 床（とこ）ずれ／褥瘡（じょくそう）
3 チョッキ／ベスト	4 面会（めんかい）
5 （かぎを）かける	6 差（さ）し込（こ）み便器（べんき）
7 入所（にゅうしょ）	8 絶対安静（ぜったいあんせい）	9 ナース

問題（P.66）の答（こた）え

①かぎは寝（ね）る前（まえ）にかけたはずです。
②差（さ）し込（こ）み便器（べんき）って、何（なん）ですか。
③山本（やまもと）さんの入所（にゅうしょ）は6月（がつ）のはずです。
④絶対安静（ぜったいあんせい）って、どんな意味（いみ）ですか。
⑤看護師（かんごし）はナースとも言（い）います。

関連語彙

1 排尿　　2 尿／小便／お小水／おしっこ

3 尿失禁　　4 尿量

5 便／大便／うんこ／うんち　　6 排便

7 便通／お通じ　　8 尿意　　9 便意

10 （便が）硬い　　11 （便が）軟らかい

12 下痢　　13 便秘　　14 便失禁　　15 排泄表

16 浣腸　　17 座薬　　18 蓄尿バッグ

19 カテーテル　　20 人工肛門　　21 ストーマ

22 パウチ　　23 尿器

24 便所／トイレ／お手洗い　　25 便器

26 便座　　27 ペーパーホルダー

28 洋式トイレ　　29 和式トイレ　　30 もよおす

31 濡れる・濡らす　　32 漏れる・漏らす

33 汚れる・汚す

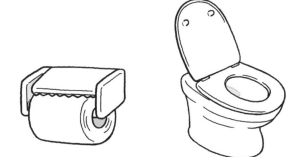

●体に関係ある擬態語＆擬音語

1	頭がとても痛い	➡ 頭ががんがんする
2	歯が痛い	➡ 歯がずきずきする
3	お腹がさすように痛い	➡ お腹がきりきり痛い
4	寒気がする	➡ 体がぞくぞくする
5	鼻が詰まる	➡ 鼻がぐすぐすする
6	吐き気がする	➡ 胸がむかむかする
7	下痢気味だ	➡ お腹がごろごろする
8	手に火傷をした	➡ 手がひりひりする
9	喉が痛くて声がよく出ない	➡ 声ががらがらだ
10	軽い咳が出る	➡ こんこん咳をする
11	肌が乾燥している	➡ 肌がかさかさだ

おむつ交換 こうかん

安西千恵さん あんざいちえ
96歳 女性 さい じょせい
廃用症候群 はいようしょうこうぐん

手があいていたら、204号室の てごうしつ 安西千恵さんのおむつ交換をお願い あんざいちえ こうかん ねが できるかしら。

はい、 大丈夫です。 だいじょうぶ できます。

安西さんは、1か月前 あんざい げつまえ の高熱をきっかけに、 こうねつ 車いす生活も難しく くるま せいかつ むずか なって、ベッド上の じょう 生活になったの。 せいかつ

自分では寝返りが じぶん ねがえ うてないから、 おむつ交換の こうかん あとに、体の向きを からだ む 変えることも か 忘れない わす でね。

はい、わかりました。 安西さんは、声かけしても、 あんざい こえ あまり声が出ないですね。 こえ で 反応がないと思います。 はんのう おも

ええ、でもたとえ反応がなくても、 はんのう きちんと声かけをしながら、介助を こえ かいじょ してくださいね。

はい、そう します。

安西さん、こんにちは。 あんざい ハンです。お下を しも きれいにさせていただ いてもいいですか。

ううんん…

カーテンを 閉めますね。 し

お布団を ふとん とりますよ。

パジャマのズボンを下げますよ。 さ

じゃ、テープを 外します。 はず

お膝が立てられ ひざ た ますか、お手伝 てつだ いしますね。

会話文

安西千恵さん　96歳　女性
廃用症候群

リーダー： 手があいていたら、204号室の安西千恵さんのおむつ交換を
　　　　　お願いできるかしら。

ハン： はい、大丈夫です。できます。

リーダー： 安西さんは、1か月前の高熱をきっかけに、車いす生活も
　　　　　難しくなって、ベッド上の生活になったの。自分では寝返
　　　　　りがうてないから、おむつ交換のあとに、体の向きを変え
　　　　　ることも忘れないでね。

ハン： はい、わかりました。安西さんは、声かけしても、あまり
　　　　声が出ないですね。
　　　　反応がないと思います。

リーダー： ええ、でもたとえ反応がなくても、きちんと声かけをしな
　　　　　がら、介助をしてくださいね。

ハン： はい、そうします。

ハン： 安西さん、こんにちは。ハンです。お下をきれいにさせて
　　　　いただいてもいいですか。

安西： うううんん…

ハン： カーテンを閉めますね。
　　　　お布団をとりますよ。パジャマのズボンを下げますよ。
　　　　じゃ、テープを外します。お膝が立てられますか、お手伝
　　　　いしますね。
　　　　拭きますね。タオルは熱くないですか。

安西： いえええ…

ハン： じゃ、交換しますね。向こうを向きましょう。

お尻を拭きます。新しいのにしましょうね。

はい、今度はこちらを向いてください。

安西： ううん。

ハン： 私がしますから大丈夫ですよ。もう一度、拭きますね。

拭き終わりましたから、上を向きましょう。

テープを止めます。はい、終わりました。

気持ちの悪いところはありませんか。

安西： ううん…

ハン： ズボンを上げますね。少し体を窓の方に向けましょうね。

お布団をかけます。お疲れさまでした。カーテンを開けま

すよ。

じゃ、また後で来ますね。

ハン： 安西さんのおむつ交換が終了しました。

リーダー： ご苦労さま。何か変わったことはありませんでしたか。

ハン： はい、赤くなっているところもありませんでした。でも、

あまり反応がありませんでした。

リーダー： そうですか。でもどんな場合でも声かけは必要ですよ。

声かけをすればするほど、利用者さんは安心しますからね。

ハン： はい、わかりました。あ、あと、少し窓の方に向いていた

だきました。

文型と問題

文型

1　高熱をきっかけに（原因で）

> Nを＋きっかけに（して）

　①骨折をきっかけに、車いすでの生活になってしまった。
　②引っ越しをきっかけにして、認知症が進んだ。

2　たとえ反応がなくても（もし～ということになっても）

> たとえ＋ { Vても
> 　　　　 Aくても
> 　　　　 Na・Nでも }

　①たとえ疲れていても、笑顔で対応してください。
　②たとえ男性職員でも、移乗介助は腰に負担がかかる。

3　声かけをすればするほど（一方の程度が変われば、他方も変わる）

> VばVる
> AければAい
> NaだならNaだな
> } ＋ほど

　①住めば住むほど、日本が好きになります。
　②野菜は新鮮なら新鮮なほど、おいしいです。

（　　　）のことばを適当な形にして、_____に書きなさい。

① _____ば _____ほど、日本語が上手になります。（話す）

② たとえお金が _____、楽しく暮らせます。（ない）

③ たとえ _____、敬語が使えない人はたくさんいる。（日本人）

④ コンビニは家から _____ば _____ほど、便利です。（近い）

⑤ _____をきっかけに、料理を作るようになりました。（一人暮らし）

ことば

会話のことば

1　交換　　　2　廃用症候群　　　3　（手が）あく

4　号室　　5　生活　　6　自分　　7　寝返り

8　（寝返りを）うつ　　9　向き　　10　声かけする

11　声　　12　反応　　13　きちんと　　14　介助

15　お下　　16　カーテン　　17　（お）布団

18　パジャマ　　19　（ズボンを）下げる

20　テープ　　21　外す　　22　（お）膝

23　立てる　　24　手伝う　　25　拭く

26　向こう　　27　向く　　28　（お）尻

29　今度　　30　（テープを）止める

31　（ズボンを）上げる　　32　方　　33　向ける

34　（布団を）かける　　35　終了する　　36　場合

37　必要　　38　安心する

文型・問題のことば

1 骨折 　　2 引っ越し 　　3 （認知症が）進む
4 笑顔 　　5 対応する 　　6 職員
7 移乗介助 　　8 負担 　　9 （負担が）かかる
10 新鮮 　　11 暮らす 　　12 敬語
13 たくさん 　　14 コンビニ／コンビニエンスストア
15 便利 　　16 一人暮らし

関連語彙

1 パット 　　2 紙パット 　　3 布パット
4 紙おむつ 　　5 布おむつ
6 手袋／グローブ 　　7 素手 　　8 汚物
9 汚物処理 　　10 表 　　11 裏 　　12 体位変換
13 側臥位 　　14 仰臥位 　　15 腹臥位
16 座位 　　17 長座位
18 半座位／ファーラー位 　　19 端座位
20 起座位 　　21 立位 　　22 保持する
23 ナーセンパット 　　24 ギャッジアップ

問題（P.75）の答え

①話せ　話す 　　②なくても
③日本人でも 　　④近けれ　近い
⑤一人暮らし

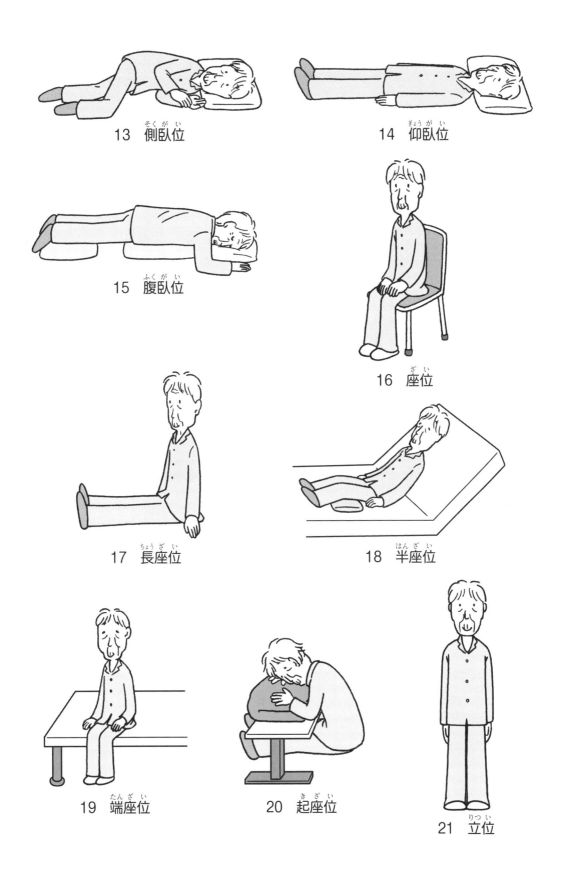

13 側臥位
（そくがい）

14 仰臥位
（ぎょうがい）

15 腹臥位
（ふくがい）

16 座位
（ざい）

17 長座位
（ちょうざい）

18 半座位
（はんざい）

19 端座位
（たんざい）

20 起座位
（きざい）

21 立位
（りつい）

10章

入浴
(にゅうよく)

ハンさん、今日（きょう）は入浴（にゅうよく）の日（ひ）ですね。入浴介助（にゅうよくかいじょ）をお願（ねが）いします。

はい。森下公子（もりしたきみこ）さんは、昨日（きのう）風邪気味（かぜぎみ）だと言（い）っていましたが、入（はい）っても大丈夫（だいじょうぶ）でしょうか。

森下公子さん（もりしたきみこ）
82歳（さい）　女性（じょせい）
脳梗塞（のうこうそく）による
左片麻痺（ひだりかたまひ）

ええ、看護師（かんごし）さんにも確認（かくにん）してもらいました。でももう一度（いちど）ご本人（ほんにん）に体調（たいちょう）を聞（き）いて、問題（もんだい）があるようなら連絡（れんらく）してください。

はい。まず森下（もりした）さんに聞（き）いてみます。

森下（もりした）さん、こんにちは。今日（きょう）は入浴（にゅうよく）の日（ひ）です。体調（たいちょう）はいかがですか。昨日（きのう）風邪気味（かぜぎみ）だとおっしゃっていましたね。

ありがとう、もう大丈夫（だいじょうぶ）よ。先週（せんしゅう）から髪（かみ）を洗（あら）っていないせいで、頭（あたま）がかゆいの。

わかりました。しっかり洗（あら）いましょうね。じゃ、行（い）きましょう。

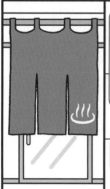

森下（もりした）さん、まず右足（みぎあし）からお湯（ゆ）をかけますよ。湯加減（ゆかげん）はいかがですか。

ちょうどいいわ。

78

森下公子さん（もりしたきみこ）　82歳（さい）　女性（じょせい）
脳梗塞による左片麻痺（のうこうそく　ひだりかたまひ）

リーダー：　ハンさん、今日（きょう）は入浴（にゅうよく）の日（ひ）ですね。入浴介助（にゅうよくかいじょ）をお願（ねが）いします。

ハン：　はい。森下公子（もりしたきみこ）さんは、昨日（きのう）風邪気味（かぜぎみ）だと言（い）っていましたが、入（はい）っても大丈夫（だいじょうぶ）でしょうか。

リーダー：　ええ、看護師（かんごし）さんにも確認（かくにん）してもらいました。でももう一度（いちど）ご本人（ほんにん）に体調（たいちょう）を聞（き）いて、問題（もんだい）があるようなら連絡（れんらく）してください。

ハン：　はい。まず森下（もりした）さんに聞（き）いてみます。

ハン：　森下（もりした）さん、こんにちは。今日（きょう）は入浴（にゅうよく）の日（ひ）です。体調（たいちょう）はいかがですか。
昨日（きのう）風邪気味（かぜぎみ）だとおっしゃっていましたね。

森下（もりした）：　ありがとう、もう大丈夫（だいじょうぶ）よ。先週（せんしゅう）から髪（かみ）を洗（あら）っていないせいで、頭（あたま）がかゆいの。

ハン：　わかりました。しっかり洗（あら）いましょうね。じゃ、行（い）きましょう。

ハン：　森下（もりした）さん、まず右足（みぎあし）からお湯（ゆ）をかけますよ。
湯加減（ゆかげん）はいかがですか。

森下（もりした）：　ちょうどいいわ。

ハン：　まず髪（かみ）を洗（あら）いましょう。目（め）をつぶってください。
シャンプーをつけますよ。
もう、かゆいところはないですか。

森下： ええ。

ハン： では流しますね。

今度は体を洗いましょう。

届くところは、ご自分で洗っていただけますか。

森下： はい。これでいいかしら。

ハン： じゃ、お背中を洗いますね。

森下： お願いします。

ハン： 入浴介助が終わりました。森下公子さんも、問題なく入浴

されました。

リーダー： よかったわ。入浴後の水分補給をしてくれましたか。

ハン： はい、お茶を飲んでいただきました。

リーダー： だいぶ仕事に慣れてきましたね。お疲れさま。

文型と問題

文型

1 **風邪気味**（少し～の感じがする・少し～の様子がある）

Vます	
N	＋気味

①最近仕事が忙しくて、疲れ気味だ。
②鈴木さんは緊張気味に話をした。

2 あるようなら（そのような場合は）

> 普通形
> Ｎａ~~だ~~な ＞＋ようなら
> Ｎ~~だ~~の

①痛みが続くようなら、もう一度、診ていただきましょう。
②腫れがひかないようなら、湿布薬を貼りましょう。
③熱が高いようなら、看護師に連絡してください。

3 洗っていないせいで（悪い結果になってしまった原因・理由）

> 普通形
> Ｎａ~~だ~~な ＞＋せいで
> Ｎ~~だ~~の

①風邪をひいたせいで、入浴ができなかった。
②熱のせいで、顔が赤い。

問題 （解答はP.92）

（　　）の文型を使って、次の文を書き換えなさい。

① 水分不足です。脱水症状が出ました。（せいで）
② 最近、物の値段が上がります。　　　　（気味）
③ 疲れています。少し休んでください。

（ようなら）

④ 杉田さんは喘息です。　　　　（気味）
⑤ 明日、天気がいいです。散歩に行きま

しょう。　　　　（ようなら）

ことば

かんれんごい関連語彙

1 （お）ふろ風呂　　2 ふろば風呂場　　3 よくそう浴槽

4 ゆぶね湯船　　5 ゆおん湯温　　6 ぬるまゆ湯　　7 ねっとう熱湯

8 てきおん適温　　9 シャワーチェア

10 シャンプーハット　　11 て手おけ　　12 せんめんき洗面器

13 シャンプー　　14 リンス

15 コンディショナー　　16 せっ石けん

17 ボディソープ　　18 ハンドタオル

19 よくよう浴用タオル　　20 バスタオル

21 あし足ふきマット　　22 ドライヤー　　23 だついしつ脱衣室

24 おんどさ温度差　　25 ヒートショック

26 ストレッチャー　　27 ゆざ湯冷め

28 （ゆぶね湯船に）つかる　　29 （かみ髪を）かわ乾かす

30 （タオルを）しぼる　　31 だっすい脱水　　32 いっぱんよく一般浴

33 きかいよく機械浴　　34 しゅよく手浴　　35 そくよく足浴　　36 リフト

37 じゃぐち蛇口　　38 せん栓

84

●手と足の慣用句

手が出ない　（値段が高すぎて、買えない）
手に負えない　（自分の力ではどうにもならない）
手を切る　（相手との関係をやめる）
手を抜く　（仕事をちゃんとやらないで、
　　　　　いい加減にする）
手が空く　（暇になる）

足が遠のく　（あまり行かなくなる）
足が棒になる　（足が疲れる）
足の踏み場がない　（とても散らかっている）

手も足も出ない　（能力不足でどうすることも
　　　　　　　できない）
足手まとい　（じゃま）

11章 清拭

会話文

斉藤次郎さん　89歳　男性
前立腺肥大　頻尿　背中に発疹

リーダー： 206号室の斉藤次郎さんですが、背中の発疹の治療中なので、お風呂はもう少し我慢してもらいましょう。
今日も清拭をお願いしますね。

ハン： はい、206号室の斉藤次郎さんですね。わかりました。

ハン： 斉藤さん、こんにちは。今日は体調はいかがですか。

斉藤： ううん、背中がかゆくてねえ……。

ハン： そうですか。ちょっと見せていただけますか。カーテンを閉めますね。
あら、昨日より赤くなっていますね。

斉藤： かゆくて、かゆくてたまらないんだ。
寝ている間にかいちゃうみたいなんだよ。

ハン： それはいけませんね。あとで看護師にみてもらいましょう。
では、今日もお体を拭きましょうね。

斉藤： そうか、風呂に入れないのは残念だな。仕方がないね、お願いするよ。

ハン： 部屋の温度は大丈夫ですか。寒くないですか。

斉藤： うん、大丈夫だよ。

ハン： それではまず、顔と首を拭きましょう。耳の中や後ろもお願いしますね。
タオルをどうぞ。温度はいかがですか。熱過ぎないですか。
拭き終わったら、乾いたタオルで水分をよく拭き取ってくださいね。

次は腕を拭きましょう。

ハン： はい、終わりました。お疲れさまでした。ご気分はいかが
ですか。

斉藤： ああ、さっぱりした。ありがとう。
でも、やっぱり風呂に入りたいなあ。

ハン： そうですよね。背中の発疹が早く良くなるといいですね。
お大事に。

ハン： 206号室の斉藤次郎さんの清拭が終わりました。
背中の発疹は昨日より赤くなっていました。
かゆくて、寝ている間にかいてしまうそうです。

リーダー： そうですか、ひどくなる一方のようね。看護師に相談して
みましょう。
お疲れさまでした。

文型と問題
ぶんけい　もんだい

文型
ぶんけい

1 **かゆくてたまらない**（我慢できないくらい〜だ。〜て仕方がない）
がまん　　　　　　　　　　　　し　かた

```
Vて
Aくて  ⎫
     ⎬ ＋たまらない
Ｎaで  ⎭
```

①辛いものを食べたので、のどが渇いて
から　　　　　た　　　　　　　　　　　　かわ

たまらない。

②日本の夏は暑くてたまらない。
に ほん　なつ　あつ

③慣れるまで、日本での生活が不安でたま
な　　　　　　に ほん　　　せいかつ　ふ あん

らなかった。

2 **かいちゃうみたい**（〜と思われる）
おも

```
普通形
ふ つうけい
Ｎa だ̶  ⎫
       ⎬ ＋みたいだ
Ｎ  だ̶  ⎭
```

①玄関のチャイムが鳴った。だれか来たみたいだ。
げんかん　　　　　　　　　　な　　　　　　　　　　き

②山田さんはおむつが嫌みたいで、できるだけ自分でトイレに行って
やま だ　　　　　　　　　　いや　　　　　　　　　　　　じ ぶん　　　　　　　　　　い

いる。

③目もかゆいし、鼻水も出る。花粉症みた
め　　　　　　　はなみず　で　　　か ふんしょう

いだ。

3 ひどくなる一方（ますます～していく）

> Vる＋一方だ

①病気になってから、やせる一方だ。
②日本は子どもの人口が減る一方だ。

問題 （解答はP.93）

（　）のことばを適当な形にして、＿＿＿に書きなさい。

①渡辺さんはこの頃あまり食欲が＿＿＿＿みたいで、やせてきた。
（ない）

②橋本さんは、いつもハミングしている。歌が＿＿＿＿みたいだ。
（好き）

③やけどをしてしまって＿＿＿＿たまらない。 （痛い）

④毎日運動しているのに＿＿＿＿一方だ。 （太る）

⑤近年、日本へ来る観光客は＿＿＿＿一方です。 （増える）

ことば

会話（かいわ）のことば

1　清拭（せいしき）	2　前立腺肥大（ぜんりつせんひだい）	3　頻尿（ひんにょう）	4　背中（せなか）
5　発疹（ほっしん）	6　号室（ごうしつ）	7　治療中（ちりょうちゅう）	8　我慢（がまん）する
9　体調（たいちょう）	10　いかが	11　かゆい	
12　カーテン	13　かく	14　いけない	
15　みる	16　拭（ふ）く	17　残念（ざんねん）	18　仕方（しかた）がない
19　温度（おんど）	20　乾（かわ）く	21　タオル	22　水分（すいぶん）
23　（ご）気分（きぶん）	24　さっぱりする	25　やっぱり	
26　お大事（だいじ）に	27　ひどい	28　相談（そうだん）する	

文型（ぶんけい）・問題（もんだい）のことば

1　辛（から）い	2　（のどが）渇（かわ）く	3　慣（な）れる	
4　生活（せいかつ）	5　不安（ふあん）	6　玄関（げんかん）	7　チャイム
8　鳴（な）る	9　だれか	10　嫌（いや）	11　できるだけ
12　自分（じぶん）	13　鼻水（はなみず）	14　花粉症（かふんしょう）	15　やせる
16　人口（じんこう）	17　減（へ）る	18　この頃（ごろ）	19　食欲（しょくよく）
20　ハミング	21　やけど	22　運動（うんどう）する	
23　太（ふと）る	24　近年（きんねん）	25　観光客（かんこうきゃく）	26　増（ふ）える

問題（もんだい）（P.82）の答（こた）え

①水分不足（すいぶんぶそく）のせいで、脱水症状（だっすいしょうじょう）が出（で）ました。
②最近（さいきん）、物（もの）の値段（ねだん）が上（あ）がり気味（ぎみ）です。
③疲（つか）れているようなら、少（すこ）し休（やす）んでください。
④杉田（すぎた）さんは喘息（ぜんそく）気味（ぎみ）です。
⑤明日（あした）、天気（てんき）がいいようなら、散歩（さんぽ）に行（い）きましょう。

関連語彙

1	清潔	2	血液循環	3	血行
4	新陳代謝	5	活発	6	部分洗浄
7	部分清拭	8	陰部洗浄	9	褥瘡／床ずれ
10	皮膚／肌	11	蒸しタオル	12	熱湯
13	ぬるい	14	電子レンジ	15	清拭剤

16　ドライシャンプー　　17　シャワーボトル

18　（タオルを）しぼる

19　（タオルを）折りたたむ

20　（タオルを）取り替える

21　（タオルを）すすぐ　　22　（水分を）拭き取る

23　（汚れが）たまる　24　（汚れが）こびりつく

25　流す

問題（P.91）の答え

①ない　②好き　③痛くて
④太る　⑤増える

12章

かん きょう せい び

環境整備

鈴木タミさん
90歳　女性
認知症　糖尿病
軽い右片麻痺

ハンさん、今日急に山本さんが休んだので、山本さんのかわりに、201号室と202号室のベッドメーキングと洗濯物の回収をお願いします。

はい、鈴木タミさんと山田はなさんのお部屋ですね。

洗濯物の名前の確認を忘れずにしてください。

はい、名前を確認します。

鈴木さん、こんにちは。ハンです。今日は木曜日ですからシーツ交換と洗濯物を集めに来ました。

あら、今日は木曜日？　日曜日じゃないの？

はい、木曜日ですよ。1週間に1回のシーツ交換の日です。

えっ、木曜日しか替えてくれないの。

いえ、1週間に1回だけと決まっているわけではありません。汚れたらいつでも交換しますよ。そのときはおっしゃってください。

そう、よかった。

94

鈴木タミさん　90歳　女性

認知症　糖尿病　軽い右片麻痺

リーダー：　ハンさん、今日急に山本さんが休んだので、山本さんのかわりに、201号室と202号室のベッドメーキングと洗濯物の回収をお願いします。

ハン：　はい、鈴木タミさんと山田はなさんのお部屋ですね。

リーダー：　洗濯物の名前の確認を忘れずにしてください。

ハン：　はい、名前を確認します。

ハン：　鈴木さん、こんにちは。ハンです。今日は木曜日ですからシーツ交換と洗濯物を集めに来ました。

鈴木：　あら、今日は木曜日？　日曜日じゃないの？

ハン：　はい、木曜日ですよ。1週間に1回のシーツ交換の日です。

鈴木：　えっ、木曜日しか替えてくれないの。

ハン：　いえ、1週間に1回だけと決まっているわけではありません。汚れたらいつでも交換しますよ。そのときはおっしゃってください。

鈴木：　そう、よかった。

ハン：　これが洗濯物ですね。あら、その靴下に「山田はな」って書いてありますね。山田さんのですね。

鈴木：　そう？　どうして私のベッドの上にあるのかしら…返してこなくちゃ。

ハン：　あとで、山田さんの部屋へ行きますから、行くついでに私が返しておきます。

鈴木：　すみません。お願いします。

ハン：　それでは、シーツの交換をしますから、少しお部屋の外で
　　　　お待ちください。

鈴木：　じゃ、食堂へ行くわ。もう夕ごはんでしょ。

ハン：　もうすぐ10時ですから、お茶の時間ですよ。
　　　　食堂でお待ちになりますか。

鈴木：　そうね。

ハン：　じゃ、食堂へいっしょに行きましょう。

ハン：　シーツ交換をして、洗濯物も集めて洗濯室に置いてきました。

リーダー：ご苦労さま、何か変わったことはありませんでしたか。

ハン：　はい、山田さんの靴下が鈴木さんのベッドの上にありまし
　　　　た。それから鈴木さんは、認知症の症状が進んだのでしょ
　　　　うか。曜日や時間がわからなくなっているみたいです。

リーダー：そうですか。どんな様子だったか、きちんと記録しておい
　　　　てください。

文型と問題

文型

1 山本さんのかわりに（代理・代替）

```
Vる
        }＋かわりに
Nの
```

①雨なので、散歩に行くかわりに室内
  でゲームをしましょう。
②レストランで食事するかわりに映画
  を見に行きましょう。
③リーダーのかわりに私が会議に出席
  しました。

2 決まっているわけではありません（部分否定）

```
普通形
Ｎa だな    }＋わけではない
Ｎ だの
```

①「絶対にだめだ」と言われたわけではありません。
②休みの日でも、いつも暇なわけではありません。
③日曜日は毎週休みのわけではありません。

3 行くついでに（何かするときに、別のこともする）

> V る／V た ⎫
> N の   ⎭ ＋ついでに

①事務の人に書類を出すついでにコピーをしてきます。

②出かけたついでに、郵便局で切手を買ってきました。

③旅行のついでに、友だちの家に行きます。

【問題】（解答はP.101）

（　）のことばを適当な形にして、＿＿＿に書きなさい。

①コンビニでパンを＿＿＿＿＿ついでに、ガス代も払った。　　　（買う）

②熱は下がりましたが、病気が＿＿＿＿＿わけではありません。（治る）

③＿＿＿＿＿かわりに、パンを食べた。　　　　　　　　　　（ごはん）

④手を＿＿＿＿＿ついでに、洗面台を拭いてください。　　　　（洗う）

⑤高齢者が全員、介護が＿＿＿＿＿わけではありません。　　（必要だ）

ことば

会話のことば

1 環境（かんきょう）　2 整備（せいび）　3 認知症（にんちしょう）　4 糖尿病（とうにょうびょう）
5 軽い（かるい）　6 右片麻痺（みぎかたまひ）　7 急（きゅう）　8 号室（ごうしつ）
9 ベッドメーキング　10 洗濯物（せんたくもの）　11 回収（かいしゅう）
12 確認（かくにん）　13 シーツ　14 交換（こうかん）　15 集める（あつめる）
16 替える（かえる）　17 決まる（きまる）　18 汚れる（よごれる）
19 おっしゃる　20 靴下（くつした）　21 返す（かえす）
22 待つ（まつ）　23 夕ごはん　24 洗濯室（せんたくしつ）　25 置く（おく）
26 症状（しょうじょう）　27 （症状が）進む（すすむ）　28 曜日（ようび）
29 様子（ようす）　30 きちんと　31 記録する（きろくする）

文型・問題のことば

1 室内（しつない）　2 ゲーム　3 レストラン
4 会議（かいぎ）　5 出席する（しゅっせきする）　6 絶対に（ぜったいに）
7 だめ　8 暇（ひま）　9 事務（じむ）　10 書類（しょるい）
11 （書類を）出す（だす）　12 コピー　13 出かける（でかける）
14 郵便局（ゆうびんきょく）　15 切手（きって）　16 旅行（りょこう）
17 コンビニ／コンビニエンスストア　18 ガス代（だい）
19 払う（はらう）　20 治る（なおる）　21 洗面台（せんめんだい）　22 拭く（ふく）
23 高齢者（こうれいしゃ）　24 全員（ぜんいん）　25 必要（ひつよう）

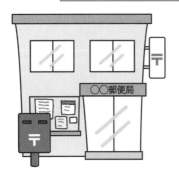

関連語彙

1 枕　　　2 カバー

3 横シーツ／防水シーツ／ベッドパッド

4 タオルケット　　5 毛布　　6 掛け布団

7 クッション　　8 リネン室　　9 ドア

10 窓　　11 網戸　　12 扉　　13 床頭台

14 引き出し　　15 たんす　　16 押入れ

17 ロッカー　　18 クローゼット　　19 戸棚

20 棚　　21 センサーマット　　22 カーテン

23 ごみ箱　　24 ティッシュ／ティッシュペーパー

25 ほうき　　26 掃く　　27 ちりとり

28 モップ　　29 （掃除機を）かける

30 ぞうきん　　31 拭く　　32 （洗濯機を）回す

33 干す　　34 とりこむ　　35 たたむ

36 しまう　　37 アイロン

38 （アイロンを）かける

39 エアコン／エアコンディショナー

40 換気する

問題（P.99）の答え

①買う／買った　②治った　③ごはんの
④洗う／洗った　⑤必要な

101

<ruby>口腔<rt>こうくう</rt></ruby>ケア

<ruby>田中正男<rt>たなかまさお</rt></ruby>さん
87<ruby>歳<rt>さい</rt></ruby>　<ruby>男性<rt>だんせい</rt></ruby>
1<ruby>か月前<rt>げつまえ</rt></ruby>に<ruby>左足<rt>ひだりあし</rt></ruby>
を<ruby>骨折<rt>こっせつ</rt></ruby>　<ruby>杖歩行<rt>つえほこう</rt></ruby>
<ruby>頻尿<rt>ひんにょう</rt></ruby>

<ruby>夕食<rt>ゆうしょく</rt></ruby>が<ruby>終<rt>お</rt></ruby>わったので、<ruby>田中正男<rt>たなかまさお</rt></ruby>さんの<ruby>口腔<rt>こうくう</rt></ruby>ケアを<ruby>担当<rt>たんとう</rt></ruby>してください。

はい、<ruby>田中正男<rt>たなかまさお</rt></ruby>さんですね。

<ruby>田中<rt>たなか</rt></ruby>さんは、<ruby>総入<rt>そうい</rt></ruby>れ<ruby>歯<rt>ば</rt></ruby>です。<ruby>入<rt>い</rt></ruby>れ<ruby>歯<rt>ば</rt></ruby>だけでなく、<ruby>舌<rt>した</rt></ruby>や<ruby>歯茎<rt>はぐき</rt></ruby>も<ruby>忘<rt>わす</rt></ruby>れずにケアしてください。

はい、わかりました。

<ruby>田中<rt>たなか</rt></ruby>さん、こんばんは。ハンです。お<ruby>食事<rt>しょくじ</rt></ruby>が<ruby>終<rt>お</rt></ruby>わりましたから、<ruby>歯<rt>は</rt></ruby>を<ruby>磨<rt>みが</rt></ruby>きましょう。

そうだねえ。きれいにしておけば、すぐ<ruby>眠<rt>ねむ</rt></ruby>れるね。

<ruby>田中<rt>たなか</rt></ruby>さん、<ruby>下<rt>した</rt></ruby>の<ruby>入<rt>い</rt></ruby>れ<ruby>歯<rt>ば</rt></ruby>から<ruby>外<rt>はず</rt></ruby>してください。

はいはい。

<ruby>歯<rt>は</rt></ruby>ブラシを<ruby>使<rt>つか</rt></ruby>って<ruby>磨<rt>みが</rt></ruby>きましょう。

<ruby>歯<rt>は</rt></ruby>ブラシで<ruby>磨<rt>みが</rt></ruby>くくらい、<ruby>自分<rt>じぶん</rt></ruby>でできるよ。

そうですね。お<ruby>願<rt>ねが</rt></ruby>いします。

・・・・

でも、ここがなかなかきれいにならないな。ハンさん、ちょっとやってみせてくれ。

田中正男さん　87歳　男性

1か月前に左足を骨折　杖歩行　頻尿

リーダー：　夕食が終わったので、田中正男さんの口腔ケアを担当して
　　　　　　ください。

ハン：　はい、田中正男さんですね。

リーダー：　田中さんは、総入れ歯です。入れ歯だけでなく、舌や歯茎
　　　　　　も忘れずにケアしてください。

ハン：　はい、わかりました。

ハン：　田中さん、こんばんは。ハンです。お食事が終わりました
　　　　から、歯を磨きましょう。

田中：　そうだねえ。きれいにしておけば、すぐ眠れるね。

ハン：　田中さん、下の入れ歯から外してください。

田中：　はいはい。

ハン：　歯ブラシを使って磨きましょう。

田中：　歯ブラシで磨くくらい、自分でできるよ。

ハン：　そうですね。お願いします。

田中：　でも、ここがなかなかきれいにならないな。ハンさん、ち
　　　　ょっとやってみせてくれ。

ハン：　はい、歯ブラシをこう持って、こんなふうに磨きます。

田中：　ああ、そうか。
　　　　ハンさんがやったとおりにやったら、きれいになったよ。

ハン：　はい、きれいになりましたね。
　　　　入れ歯は水につけておきますね。今度は口の中をきれいに

しましょう。

リーダー： 田中さんの口腔ケアは終了しましたか。

ハン： はい、終わりました。

リーダー： 汚れがちゃんと取れているか、確認しましたか。

ハン： はい、最後に入れ歯も口の中も確認しました。

リーダー： もうハンさんに任せても大丈夫ね。

文型と問題

文型

1 磨くくらい（ぐらい）(とても軽いものとして例示する)

> 普通形
> Ｎａだな ＞ ＋くらい（ぐらい）
> Ｎだ

①名前を書くくらい、簡単です。

②1万円貸すくらい、なんでもないよ。

③車の運転くらい、練習すればだれでも

できる。

2 やってみせて (みせるためにする)

> Ｖて＋みせる

①お手本として、内山さんが踊ってみせてくれました。

②私がやってみせますから、同じように介助してください。

3　やったとおりに（同じように）

> Vる／Vた
> Nの　　｝＋とおりに

①リーダーに習ったとおりに、おむつを交換しました。
②ＣＤのとおりに、発音練習をします。

問題 （解答はP.108）

（　　）のことばを適当な形にして、＿＿＿に書きなさい。

①＿＿＿＿＿くらいなら、漢字で書けます。　　　　　　　　（名前だ）

②ハンさんが＿＿＿＿＿とおりにやったら、おいしいベトナム料理がで
きました。　　　　　　　　　　　　　　　　　　　　　　（作る）

③ベッドメーキングの方法は口で言うより、実際に＿＿＿＿＿みせるほ
うがわかりやすいです。　　　　　　　　　　　　　　　　（やる）

④１回＿＿＿＿＿くらいでは、覚えられない。　　　　　（勉強する）

⑤＿＿＿＿＿とおりに、介助してみてください。　　　　　（動画）

ことば

会話のことば

1 口腔ケア（こうくう）	2 骨折（こっせつ）	3 杖歩行（つえほこう）
4 頻尿（ひんにょう）	5 夕食（ゆうしょく）	6 担当する（たんとう）
7 総入れ歯（そういば）	8 入れ歯（いば）	9 舌（した）
10 歯茎（はぐき）	11 ケアする	12 磨く（みが）
13 外す（はず）	14 歯ブラシ（は）	15 自分（じぶん）
16 こんなふう	17 （水に）つける（みず）	
18 今度（こんど）	19 終了する（しゅうりょう）	20 汚れ（よご）
21 確認する（かくにん）	22 最後（さいご）	23 任せる（まか）

文型・問題のことば（ぶんけい・もんだい）

1 簡単（かんたん）	2 貸す（か）	3 （お）手本（てほん）
4 踊る（おど）	5 同じ（おな）	6 介助する（かいじょ）
7 習う（なら）	8 交換する（こうかん）	9 発音練習（はつおんれんしゅう）
10 ベッドメーキング	11 方法（ほうほう）	
12 実際（じっさい）	13 動画（どうが）	

107

関連語彙

1	ゆすぐ	2 うがい	3 洗浄剤

1　ゆすぐ　　2　うがい　　3　洗浄剤

4　マウスウォッシュ

5　義歯安定剤／入れ歯安定剤

6　義歯洗浄剤／入れ歯洗浄剤

7　スポンジブラシ　　8　舌ブラシ

9　舌苔　　10　ガーグルベースン

11　電動歯ブラシ　　12　ガーゼ

13　綿棒　　14　巻綿子　　15　ぬるま湯

16　部分入れ歯　　17　ブリッジ

18　噛む／咀嚼する　　19　虫歯

20　歯茎　　21　歯槽膿漏　　22　誤嚥

23　誤嚥性肺炎　　24　経管栄養

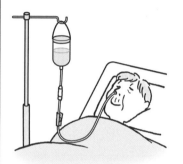

問題（P.106）の答え

①名前　②作る／作った　③やって

④勉強する／勉強した　⑤動画の

108

●どんな味？

甘い　　　甘酸っぱい　　　酸っぱい

苦い　　　塩辛い・しょっぱい

辛い　　　激辛

油っぽい・こってり　　　あっさり・さっぱり

おいしい／まずい　　　味が濃い／薄い

緊急時の対応
「誤飲」

では私が付き添います。あとで経過を連絡します。リーダーにすぐ知らせてください。

206号室の斉藤次郎さんですが、3時20分ごろナースコールが鳴りました。部屋へ行くと、斉藤さんが吐いていました。りんごジュースだと思って、入浴剤を飲んでしまったそうです。すぐ看護師にみてもらいました。

救急車を呼んで、斉藤さんは病院へ運ばれました。看護師がいっしょについて行きました。治療が終わったら連絡が入ります。

そうですか。それは大変でしたね。たいしたことがないといいんですが…。ご家族には私が連絡します。

看護師から連絡がありました。斉藤さんは無事処置が終わったそうです。

それはよかったです。どうして入浴剤が斉藤さんの部屋にあったんでしょう。

ご家族に聞いたところ、もらった入浴剤をりんごジュースだと思って、持ってきたそうです。利用者さんの持ち物や身の回り品は、いつもよく観察しなければなりませんね。みんなで気をつけましょう。

はい……。入浴剤を飲んじゃうなんて……びっくりしました。

会話文

ハン：　斉藤さん、どうしましたか。

斉藤：　このりんごジュースを飲んだら、急に気持ちが悪くなって
　　　　…。

　　　　げほっ、げほっ、ごほん、げえ、げえ…

ハン：　これは何ですか。…えっ、これ、入浴剤ですよ！
　　　　今、看護師に連絡しますね。

ハン：　「すみません。206号室の斉藤さんが自室でおう吐をしてい
　　　　ます。部屋にあった入浴剤をジュースと間違えて飲んでし
　　　　まったようです。対応をお願いします。」

看護師：　斉藤さん、斉藤さん、どうしましたか。大丈夫ですか。
　　　　　ハンさん、すぐ救急車を呼んでください。

ハン：　はい。

看護師：　では私が付き添います。あとで経過を連絡します。
　　　　　リーダーにすぐ知らせてください。

ハン：　206号室の斉藤次郎さんですが、3時20分ごろナースコール
　　　　が鳴りました。
　　　　部屋へ行くと、斉藤さんが吐いていました。りんごジュー
　　　　スだと思って、入浴剤を飲んでしまったそうです。すぐ看
　　　　護師にみてもらいました。
　　　　救急車を呼んで、斉藤さんは病院へ運ばれました。
　　　　看護師がいっしょについて行きました。治療が終わったら

連絡が入ります。

リーダー： そうですか。それは大変でしたね。たいしたことがないと
いいんですが…。ご家族には私が連絡します。

リーダー： 看護師から連絡がありました。斉藤さんは無事処置が終わ
ったそうです。

ハン： それはよかったです。
どうして入浴剤が斉藤さんの部屋にあったんでしょう。

リーダー： ご家族に聞いたところ、もらった入浴剤をりんごジュース
だと思って、持ってきたそうです。
利用者さんの持ち物や身の回り品は、いつもよく観察しな
ければなりませんね。
みんなで気をつけましょう。

ハン： はい……。入浴剤を飲んじゃうなんて……びっくりしまし
た。

文型と問題

文型

1 部屋へ行くと（発見）

| Vる＋と |

①熱を測ると、37度2分だった。
②窓を開けると、雪が降っていた。

2 聞いたところ（〜たら・〜した結果）

| Vた＋ところ |

①リーダーに相談したところ、良いアドバイスをしてくれた。
②精密検査を受けたところ、どこも異常がなかった。

3 飲んでしまうなんて（飲んじゃうなんて）
（予想していなかったことを見たり聞いたりして驚く気持ち）

| 普通形＋なんて |

①5月なのにこんなに寒いなんて、信じられません。
②手術してこんなに元気になるなんて、夢のようです。

（　　）のことばを適当な形にして、＿＿＿に書きなさい。

①誕生日に家へ＿＿＿＿＿と、プレゼントが届

いていた。　　　　　　　　　　　　（帰る）

②清拭の際、背中を＿＿＿＿＿と、赤くなって

いた。　　　　　　　　　　　　　　（見る）

③明日の天気を＿＿＿＿＿ところ、晴れるとの

ことだった。　　　　　　　　　（調べる）

④田中さんに体調を＿＿＿＿＿ところ、調子が

いいとの返事だった。　　　　　　（尋ねる）

⑤母が＿＿＿＿＿なんて、信じたくない。

（癌だ）

ことば

会話のことば

| 1 | 緊急 | 2 | 対応 | 3 | 誤飲 | 4 | ジュース |

1　緊急　　2　対応　　3　誤飲　　4　ジュース

5　急　　6　（気持ちが）悪い　　7　入浴剤

8　連絡する　　9　号室　　10　自室　　11　おう吐

12　間違える　　13　救急車　　14　呼ぶ

15　付き添う　　16　経過　　17　知らせる

18　ナースコール　　19　（ナースコールが）鳴る

20　吐く　　21　運ぶ　　22　ついて行く　　23　治療

24　たいした　　25　無事　　26　処置

27　持ってくる　　28　持ち物　　29　身の回り品

30　観察する　　31　気をつける　　32　びっくりする

文型・問題のことば

1　（熱を）測る　　2　相談する

3　アドバイス　　4　精密検査

5　（精密検査を）受ける　　6　異常

7　信じる　　8　手術する　　9　夢

10　誕生日　　11　プレゼント　　12　届く

13　清拭　　14　際　　15　背中　　16　晴れる

17　調べる　　18　体調　　19　調子　　20　返事

21　尋ねる　　22　癌

症　状

1　頭痛　　2　胸痛　　3　腹痛

4　腰痛　　5　血尿　　6　血便

7　高血圧　　8　高血糖　　9　低血糖

10　鼻血　　11　貧血　　12　内出血

13　アレルギー　　14　じんましん

15　しっしん　　16　振戦　　17　拘縮

18　感染症　　19　肥満症　　20　火傷

21　けが　　22　骨折　　23　かゆい

24　息切れ　　25　動悸　　26　不整脈

27　悪寒　　28　寒気　　29　吐き気

30　胸焼け　　31　倦怠感　　32　腫れ

33　みみず腫れ　　34　かぶれ

35　しびれ　　36　ただれ

37　むくみ／浮腫　　38　かさぶた

39　しゃっくり　　40　鼻づまり

41　くしゃみ　　42　咳　　43　痰

44　目やに

●慣用句（目、鼻、耳、口）

	慣用句	意味
目	目がない	とても好きだ
	目が回る	とても忙しい様子
	目と鼻の先	とても近い様子
鼻	鼻が高い	誇りに思う
	鼻で笑う	相手を軽く見て笑う
	鼻にかける	自慢する
耳	耳が痛い	自分の欠点を言われて、聞くのがつらい
	耳が遠い	よく聞こえない
	耳にする	あることを聞く
口	口がうまい	言い方が上手
	口うるさい	色々うるさく言う
	口に合う	食べ物や飲み物が自分の好きな味

問題（P.115）の答え
①帰る　　②見る　　③調べた
④尋ねた　　⑤癌だ

117

認知症の人への対応「物盗られ妄想」

ハンさん、仕事は慣れましたか。

介護主任

はい、おかげさまで、だいぶ慣れました。毎日の業務はだいたい大丈夫です。

でも、まだ認知症の方への対応がうまくできません。

ハン

そう。利用者さんによって状況が違いますね。一人ひとりに合わせて対応しなければならないので、難しいですね。

そうですね。山田はなさんは、ときどきお財布を盗られたっておっしゃっています。

「物盗られ妄想」といって、認知症の方によくある症状ですね。そういう時は、まずいっしょに捜してあげましょう。捜しているうちに、他のことに気が向くようにしてさし上げるとよいですよ。

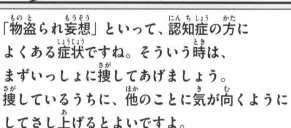

山田さん、どうしましたか。

わかりました。やってみます。

119

会話文

介護主任： ハンさん、仕事は慣れましたか。

ハン： はい、おかげさまで、だいぶ慣れました。毎日の業務は
だいたい大丈夫です。
でも、まだ認知症の方への対応がうまくできません。

介護主任： そう。利用者さんによって状況が違いますね。一人ひとり
に合わせて対応しなければならないので、難しいですね。

ハン： そうですね。山田はなさんは、ときどきお財布を盗られた
っておっしゃっています。

介護主任： 「物盗られ妄想」といって、認知症の方によくある症状です
ね。
そういう時は、まずいっしょに捜してあげましょう。捜し
ているうちに、他のことに気が向くようにしてさし上げる
とよいですよ。

ハン： わかりました。やってみます。

ハン： 山田さん、どうしましたか。

山田： 私のお財布がないの。たんすの引き出しに入れてあったのよ。

ハン： おかしいですね。私が見てみましょう。

山田： ほら、ないでしょう。きっと森下さんが盗ったにちがいな
いわ。さっき、部屋に入ってきたから。

ハン： そうですか。でも、もう少し捜してみましょう。
クローゼットの中も捜しますね。
あら、この写真はお孫さんですか。かわいいですね。

山田： 違うわ、息子よ。今5歳なの。
電車が大好きなのよ。駅まで散歩がてら、よく電車を見に

行くのよ。

ハン： 楽しそうですね。あら、そろそろおやつの時間ですよ。
今日は山田さんの好きなプリンですよ。

山田： そう、うれしいわ。

★ 文型と問題 ★

文型

1 「物盗られ妄想」といって（～とは／～というのは）

N＋といって

①この花は「たんぽぽ」といって、春の初めに
咲きます。

②ここは「リネン室」といって、タオルやシー
ツが置いてあります。

2 盗ったにちがいない（きっと～だと思う）

普通形
Na~~だ~~ ＋にちがいない
N~~だ~~

①あの人は高橋さんの息子さんにちがい
ない。

②明日は雨が降るにちがいない。

③スマホは便利にちがいない。

3　散歩がてら（ついでに）

```
V ます
          ⎫
N         ⎬ ＋がてら
          ⎭
```

①利用者さんを送りがてら、道順を覚えています。
②運動がてら、施設まで歩いて来ます。

問題（解答はP.130）

（　）の文型を使って、次の文を書き換えなさい。
①買い物です。図書館へ行きます。　　　　　　　　　　　　（がてら）
②熱があって咳も出るので、風邪です。　　　　　　　　（にちがいない）
③アルツハイマー型認知症です。一番多い認知症です。　　（といって）
④遊びます。家に寄ってください。　　　　　　　　　　　　（がてら）
⑤ここは特別養護老人ホームです。高齢者の介護をするところです。

　　　　　　　　　　　　　　　　　　　　　　　　　　　（といって）

ことば

会話のことば

1　認知症　　2　対応　　3　物
4　盗る　　5　妄想　　6　慣れる
7　おかげさま　　8　だいぶ　　9　業務
10　だいたい　　11　方　　12　状況
13　違う　　14　合わせる
15　（お）財布　　16　症状　　17　捜す

18　他　　19　気が向く　　20　さし上げる

21　たんす　　22　引き出し

23　おかしい　　24　クローゼット

25　よく　　26　そろそろ　　27　おやつ

28　プリン

文型・問題のことば

1　初め　　2　咲く　　3　リネン室　　4　シーツ

5　置く　　6　スマホ　　7　便利　　8　送る

9　道順　　10　運動　　11　図書館　　12　咳

13　アルツハイマー型認知症　　14　寄る

15　特別養護老人ホーム　　16　高齢者

関連語彙

1　アルツハイマー型認知症　　2　血管性認知症

3　レビー小体型認知症　　4　前頭側頭型認知症

5　中核症状　　6　記憶障害　　7　見当識障害

8　実行力障害／遂行力障害　　9　理解・判断の障害

10　行動・心理症状　　11　徘徊　　12　不眠

13　うつ状態　　14　幻覚　　15　興奮　　16　暴力

17　妄想　　18　不潔行為　　19　異食

16章 認知症の人への対応「帰宅願望」

鈴木タミさんは、最近夕方になると家に帰りたがって、夕飯を食べようとしないんです。

帰宅したいという理由があるはずですから、まず理由をよく聞いてさし上げましょう。

はい。鈴木さんは、ご主人が帰って来るので、ごはんを作らなければならないと言って、昨日玄関から出て行きそうでした。

認知症になると、時間、場所、人などがわからなくなっていきます。本人もとても不安なんですよ。帰りたいという気持ちも、不安が原因になっていると考えられますね。気持ちをよく聞いて、その人に合った対応が必要です。

鈴木さんの場合はどうしたらいいですか。

そうですね。いっしょに散歩するとか、ご家族の思い出話をするとか。でも、ここが利用者さんにとって安心して生活できる場所だと思っていただけるように介護することが一番だと思いますよ。

この施設が鈴木さんの家になればいいんですね。

そうですね。

ハン： 鈴木タミさんは、最近夕方になると家に帰りたがって、夕飯を食べようとしないんです。

介護主任： 帰宅したいという理由があるはずですから、まず理由をよく聞いてさし上げましょう。

ハン： はい。鈴木さんは、ご主人が帰って来るので、ごはんを作らなければならないと言って、昨日玄関から出て行きそうでした。

介護主任： 認知症になると、時間、場所、人などがわからなくなっていきます。本人もとても不安なんですよ。帰りたいという気持ちも、不安が原因になっていると考えられますね。気持ちをよく聞いて、その人に合った対応が必要です。

ハン： 鈴木さんの場合はどうしたらいいですか。

介護主任： そうですね。いっしょに散歩するとか、ご家族の思い出話をするとか。
でも、ここが利用者さんにとって安心して生活できる場所だと思っていただけるように介護することが一番だと思いますよ。

ハン： この施設が鈴木さんの家になればいいんですね。

介護主任： そうですね。

ハン： 鈴木さん、どちらにいらっしゃるんですか。

鈴木： うちへ帰るのよ。

ハン： 何か心配なことがありますか。

鈴木： 子どもにごはんを作らなきゃならないでしょ。主人も帰って来ちゃうわ。

ハン： もう外は暗いし寒いですよ。

鈴木：　だから早く帰らなきゃ。

ハン：　わかりました。私もいっしょに行きますね。

鈴木：　そう。悪いわねえ。

ハン：　あら、あそこにケーキ屋ができましたね。
　　　　鈴木さんは、お菓子作りが得意だそうですね。

鈴木：　そうなの。子どもたちの誕生日には、必ずケーキを<u>作った</u>
　　　　ものよ。

ハン：　今度私にも作り方を教えてください。

鈴木：　いいわよ。

ハン：　寒いですね。冷たい風は体に悪いですから、そろそろ戻り
　　　　ましょう。

鈴木：　そうねえ。寒いわね。

★ 文型と問題 ★

文型

1　**帰りたがって**（願望・感情）※自分については使わない

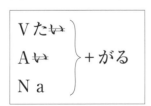

①年をとると、あまり水分を摂りたがらない。

②有田さんは入浴を嫌がっている。

③大山さんはテレビのドラマをおもしろがって、よく見ている。

127

2 **食べようとしない**（期待されていることをしない）

　　| Ｖよう＋としない |

①熱があっても、病院へ行こうとしない。
②体に悪いと注意しても、たばこをやめようと
　しない。

3 **作ったもの**（昔よくしたことを思い出して懐かしむ）

　　| Ｖた＋ものだ |

①子どものころ、よく友だちと野球をしたものだ。
②若いころは、よくお酒を飲みに行ったものだ。

問題 （解答はP.130）

（　）の文型を使って、次の文を書き換えなさい。
①学生時代は、よく映画を見ます。　　　　　（ものだ）
②伊藤さんは注意されてもあやまりません。（ようとしない）
③母はよくお弁当を作ってくれました。

　　　　　　　　　　　　　　　　　　　（ものだ）
④佐藤さんは何度勧めてもレクリエーション
　に参加しない。　　　　　（ようとしない）
⑤お正月に利用者さんはお餅を食べたいです。

　　　　　　　　　　　　　　　　　（がる）

ことば

会話のことば

1　認知症（にんちしょう）　2　対応（たいおう）　3　帰宅（きたく）　4　願望（がんぼう）

5　最近（さいきん）　6　夕方（ゆうがた）　7　夕飯（ゆうはん）　8　理由（りゆう）

9　さし上（あ）げる　10　玄関（げんかん）　11　出（で）て行（い）く

12　本人（ほんにん）　13　不安（ふあん）　14　原因（げんいん）　15　合（あ）う

16　必要（ひつよう）　17　場合（ばあい）　18　思（おも）い出（で）話（ばなし）

19　安心（あんしん）する　20　生活（せいかつ）　21　場所（ばしょ）　22　心配（しんぱい）

23　暗（くら）い　24　ケーキ　25　〜屋（や）　26　できる

27　（お）菓子作（かしづく）り　28　得意（とくい）　29　誕生日（たんじょうび）

30　必（かなら）ず　31　今度（こんど）　32　作（つく）り方（かた）

33　そろそろ　34　戻（もど）る

文型・問題のことば

1　（年（とし）を）とる　2　水分（すいぶん）　3　摂（と）る

4　入浴（にゅうよく）　5　嫌（いや）　6　ドラマ

7　よく　8　注意（ちゅうい）する　9　やめる

10　野球（やきゅう）　11　学生時代（がくせいじだい）　12　あやまる

13　（お）弁当（べんとう）　14　勧（すす）める

15　レクリエーション　16　参加（さんか）する

17　（お）正月（しょうがつ）　18　利用者（りようしゃ）

19　（お）餅（もち）

気持ちの表現

1	なさけない	2	不愉快	3	つらい
4	腹立たしい	5	むなしい		
6	恥ずかしい	7	みじめだ	8	心細い
9	心強い	10	くやしい	11	うらやましい
12	懐かしい				

問題（P.122）の答え

①買い物がてら、図書館へ行きます。

②熱があって咳も出るので、風邪にちがいない。

③アルツハイマー型認知症といって、一番多い認知症です。

④遊びがてら、家に寄ってください。

⑤ここは特別養護老人ホームといって、高齢者の介護をするところです。

問題（P.128）の答え

①学生時代は、よく映画を見たものだ。

②伊藤さんは注意されてもあやまろうとしない。

③母はよくお弁当を作ってくれたものだ。

④佐藤さんは何度勧めてもレクリエーションに参加しようとしない。

⑤お正月に利用者さんはお餅を食べたがる。

日本の歌 「ふるさと」

文部省唱歌

作詞　髙野辰之
作曲　岡野貞一

♩=80

F　　　　　　　C⁷　　　　　F

うさぎ　おい　し　か　の　や　ま

B♭　　　　F　　　　　C⁷　　　F

こ　ぶな　つり　し　か　の　か　わ

C⁷　　　　　F　　　　　B♭　　　F

ゆ　ー　め　は　いーま　も　めーぐ　ー　りーて

Am⁷　　　　　Dm⁷　　　　Gm⁷　　C⁷　　F

わ　す　れ　が　たき　ふ　る　さ　と

うさぎ追いし　かの山
小ぶな釣りし　かの川
夢は今もめぐりて
忘れがたき故郷

如何にいます　父母
つつがなしや　友がき
雨に風につけても
思いいづる故郷

こころざしをはたして
いつの日にか帰らん
山は青き故郷
水は清き故郷

131

●人間の体 1

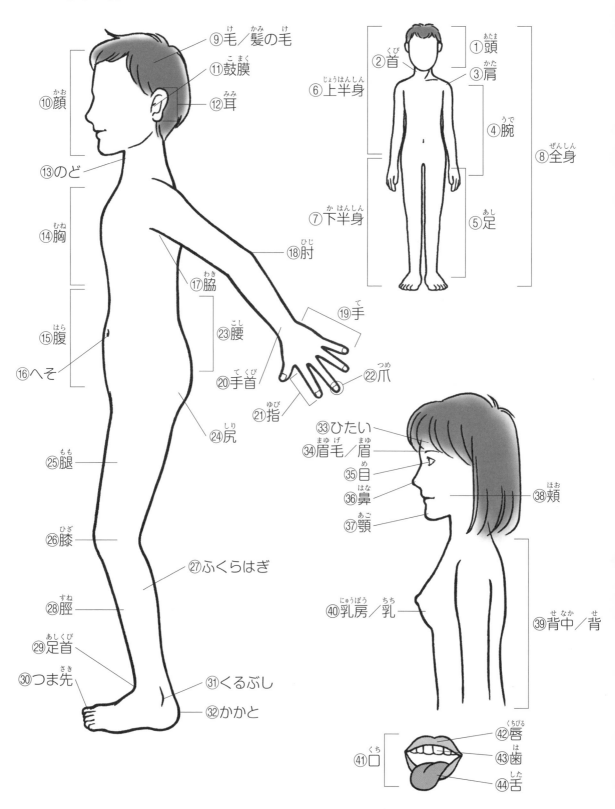

⑨毛／髪の毛

⑪鼓膜

⑩顔

⑫耳

⑬のど

⑭胸

⑮腹

⑯へそ

①頭

②首

③肩

⑥上半身

④腕

⑧全身

⑦下半身

⑤足

⑱肘

⑰脇

⑲手

㉓腰

⑳手首

㉒爪

㉑指

㉔尻

㉕腿

㉖膝

㉗ふくらはぎ

㉘脛

㉙足首

㉚つま先

㉛くるぶし

㉜かかと

㉝ひたい

㉞眉毛／眉

㉟目

㊱鼻

㊲顎

㊳背中／背

㊴乳房／乳

㊳背中／背

㊴乳房／乳

㊳背中／背

㊳ほお 頬

㊶口

㊷唇

㊸歯

㊹舌

●人間の体 2

1 内臓

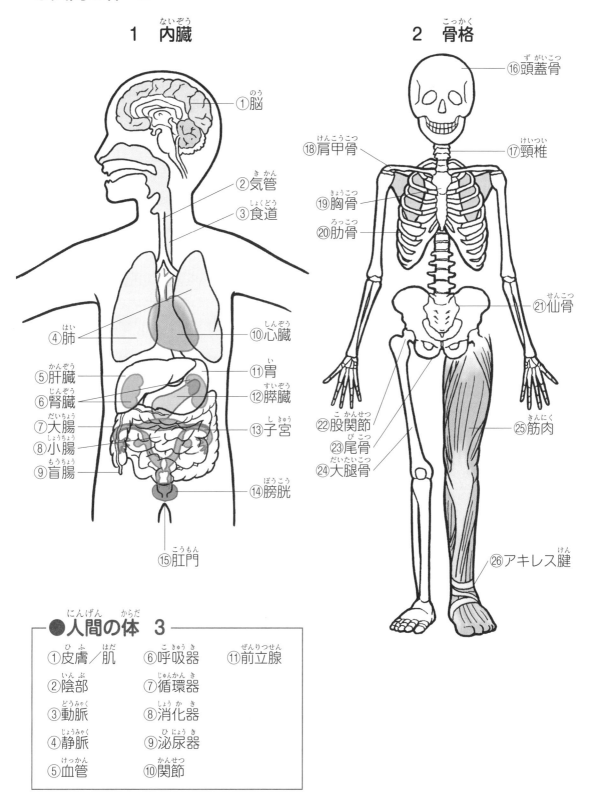

① 脳
② 気管
③ 食道
④ 肺
⑤ 肝臓
⑥ 腎臓
⑦ 大腸
⑧ 小腸
⑨ 盲腸
⑩ 心臓
⑪ 胃
⑫ 膵臓
⑬ 子宮
⑭ 膀胱
⑮ 肛門

2 骨格

⑯ 頭蓋骨
⑰ 頸椎
⑱ 肩甲骨
⑲ 胸骨
⑳ 肋骨
㉑ 仙骨
㉒ 股関節
㉓ 尾骨
㉔ 大腿骨
㉕ 筋肉
㉖ アキレス腱

●人間の体 3

① 皮膚／肌
② 陰部
③ 動脈
④ 静脈
⑤ 血管
⑥ 呼吸器
⑦ 循環器
⑧ 消化器
⑨ 泌尿器
⑩ 関節
⑪ 前立腺

第2部

指示を聴く練習

学習方法

大切なことをメモを取りながら、音声教材の指示を聴きましょう。
終わったら、問題に答えてください。
指示文のスクリプト、問題はP135〜138、解答例はP138〜139に
あります。
音声教材URL：https://www.chuohoki.co.jp/movie/5579/
右のQRコードからも読み取ることができます。

134

3階の304号室の山本さんですが、今日、市民病院で血液検査をします。
10時に車で出ますから、10分前までに玄関へ誘導してください。

問1　部屋の番号は何番ですか。

問2　利用者の名前は何ですか。

問3　利用者の今日の予定は何ですか。

問4　何時に出かけますか。

問5　あなたがしなければならないことは何ですか。

練習2

2階の211号室の佐藤はるみさんですが、おむつ交換の際、おしりが赤くなっ
ていました。かゆみもあるとのことです。鈴木看護師に知らせて、みてもら
ってください。

問1　部屋の番号は何番ですか。

問2　利用者の名前は何ですか。

問3　利用者はどんな様子ですか（2つ）。

問4　あなたがしなければならないことは何ですか。

練習3

2階と3階の利用者さんに連絡してください。
今日のレクリエーションは音楽会です。1階の食堂で2時から行います。

問1　今日のレクリエーションは何ですか。

問2　どこでありますか。

問3　何時からですか。

問4　だれに連絡しますか。

201号室の鈴木タミさんは、今日、内科で採血の予定があります。

朝10時の水分補給はお茶にしてください。

問1　部屋の番号は何番ですか。

問2　利用者の名前は何ですか。

問3　利用者の今日の予定は何ですか。

問4　水分補給

①何時ですか。

②何を準備しますか。

20日の木曜日に誕生会があります。担当をお願いします。

ユニットつばきの井上さんと相談して計画してくださいね。

計画表は10日までに施設長に提出してください。

問1　誕生会

①何日ですか。

②何曜日ですか。

問2　だれと相談しますか。

問3　計画表

①いつまでに提出しますか。

②だれに提出しますか。

203号室の森下公子さんは、今日の午後、歯科受診の予約があります。

1時45分までに診察室に誘導してください。

問1　部屋の番号は何番ですか。

問2　利用者の名前は何ですか。

問3　利用者の今日の予定は何ですか。

問4　あなたがしなければならないことは何ですか。

206号室の斉藤次郎さんですが、本日午後3時に息子さんが面会にいらっしゃると連絡がありました。斉藤さんに伝えてください。

問1　部屋の番号は何番ですか。

問2　利用者の名前は何ですか。

問3　今日の面会

　　　①だれが来ますか。

　　　②何時に来ますか。

問4　あなたがしなければならないことは何ですか。

412号室の石井さんですが、昨日の晩、徘徊がみられました。
2時間ぐらいしか寝なかったそうです。昼間の傾眠と転倒に注意してください。

問1　部屋の番号は何番ですか。

問2　利用者の名前は何ですか。

問3　利用者は昨晩どんな様子でしたか。

問4　利用者の睡眠時間はどのくらいでしたか。

問5　あなたが注意しなければならないことは何ですか。（2つ）

明日、高橋さんが、お子さんが急病のため休みを取ることになりました。
明日は早番に入ってください。朝7時には仕事が始まりますから、6時50分までには来て準備してください。

問1　明日休む人はだれですか。

問2　理由は何ですか。

問3　あなたの明日のシフトは何ですか。

問4　仕事は何時に始まりますか。

問5　あなたは何時までに来なければなりませんか。

練習10

408号室の大木さんですが、最近寒くなってきたので、長袖のカーディガンが
欲しいそうです。ご家族に電話して、明日持って来るように伝えてください。

問1　部屋の番号は何番ですか。

問2　利用者の名前は何ですか。

問3　利用者が欲しいもの

①欲しいものは何ですか。

②どうしてですか。

問4　あなたがしなければならないことは何ですか。

解答例

練習1

問1　304　　問2　山本さん　　問3　市民病院で血液検査をします。

問4　10時　　問5　10時10分前までに玄関に誘導します。（9時50分）

練習2

問1　211　　問2　佐藤はるみさん

問3　おしりが赤くなっています。／かゆみがあります。

問4　鈴木看護師に知らせて、みてもらいます。

練習3

問1　音楽会　　問2　1階の食堂　　問3　2時

問4　2階と3階の利用者さん

練習4

問1　201　　問2　鈴木タミさん　　問3　内科で採血をします。

問4　水分補給　①朝10時　②お茶

練習5

問1 誕生会　①20日　②木曜日　　**問2**　ユニットつばきの井上さん

問3 計画表　①10日　②施設長

練習6

問1 203　　**問2**　森下公子さん　　**問3**　歯科受診

問4 1時45分までに診察室に誘導します。

練習7

問1 206　　**問2**　斉藤次郎さん

問3 今日の面会　①息子さん　②午後3時

問4 面会について斉藤さんに伝えます。

練習8

問1 412　　**問2**　石井さん　　**問3**　徘徊しました。

問4 2時間くらい　　**問5**　昼間の傾眠／転倒

練習9

問1 高橋さん　　**問2**　お子さんが急病だから。　　**問3**　早番

問4 朝7時　　**問5**　6時50分まで

練習10

問1 408　　**問2**　大木さん　　**問3**　利用者が欲しいもの　①長袖のカーディガン　②最近寒くなってきたから

問4 ご家族に電話して、明日、長袖のカーディガンを持って来てくれるように伝えます。

第3部

報告する練習

学習方法

①会話文を読んで、報告しなければならないことをメモします。
　会話1・2には、メモの例の表があります。
②次にメモを見ながら、口頭で報告する練習をしてください。
③報告例がありますから参考にしてください。

1. 前田のり子さん

　301号室の前田のり子さんは3日前から風邪をひいている。起床時間に前田のり子さんの部屋へ行く。

ハン：前田さん、おはようございます。起きていらっしゃいますか。今朝は、お加減はいかがですか。

前田：おはよう。おかげさまでずいぶん楽になって、もう頭も痛くないわ。

ハン：そうですか。それはよかったですね。熱を測っておきましょう。

前田：お願いします。

ハン：36度1分です。昨日38度あった熱が下がりましたね。よかったですね。ご気分はどうですか。

前田：ええ、大丈夫。なんだかお腹がすいたわ。

ハン：そうですか、それはよかったです。朝ごはんは居室で召し上がりますか、それとも食堂へいらっしゃいますか。

前田：そうねえ、食堂で食べるわ。それと今日は、お風呂にも入りたいわ。入れるかしら。

ハン：そうですねえ。まだ熱が下がったばかりだし、あとで、看護師さんに聞いてから決めましょう。

前田：ええ、ありがとう。そうそう、息子が心配してね、今日、来るって言ってたの。3時ごろ来てほしいと伝えてもらえる？

ハン：わかりました。お電話しておきます。

前田：よろしくお願いね。

報告のためのメモをとろう

	メモすること	メモ
1	利用者の名前	
2	利用者の部屋の番号	
3	利用者の今朝の様子（2つ）	
4	利用者の今朝の体温	
5	利用者は今日の朝食をどこで食べますか	
6	利用者の希望	
7	ハンさんの対応	
8	利用者の依頼	
9	ハンさんは何をしますか	

報告例1

　今朝301号室の前田のり子さんの部屋へ行きました。前田さんは３日前から風邪をひいていましたが、「ずいぶん楽になって、もう頭も痛くない」とおっしゃいました。熱は、昨日は38度でしたが、今朝は36度１分でした。「お腹もすいた、食堂で食べたい」「お風呂に入りたい」とおっしゃったので、看護師に聞いてから決めます。

　３時に息子さんに面会に来てほしいとおっしゃっていましたので、あとで電話します。

　以上です。

報告例2　もっと上手に

　301号室の前田のり子さんですが、起床時間に訪室し様子を確認しました。３日前から風邪をひいていましたが、今朝は頭痛もなく楽になったとのことでした。昨日38度だった体温も36度１分に下がっていました。空腹感もあり、朝食は食堂でとりたいそうです。また、入浴の希望もありましたので、後ほど看護師に聞いておきます。

　息子さんの面会は３時を希望されているので、電話でお伝えしておきます。

　以上です。

1	2　もっと上手に
今朝 部屋へ行きました	起床時間に 訪室し 様子を確認しました
──── 頭も痛くない とおっしゃっていました お腹もすいた 食べたい	頭痛もなく とのことでした 空腹感もあり とりたい そうです
──── お風呂に入りたい ──── 電話します	入浴の希望もありました 後ほど 希望されている 電話でお伝えしておきます

2. 佐藤よねさん

14時、廊下を歩いているとき315号室の佐藤よねさんの部屋で音がした。部屋に入ると、佐藤さんが床に倒れていた。

ハン：佐藤さん！大丈夫ですか。佐藤さん！

佐藤：…ええ、大丈夫なんだけど…。

ハン：どうなさいましたか？

佐藤：トイレから部屋に戻って、ベッドに横になろうとしたら、急にめまいがして、転んじゃったの。

ハン：痛いところはありませんか。動けますか。

佐藤：ええ…どこも痛くないわ。

ハン：私がお手伝いしますから、ゆっくり立って、ベッドに横になりましょう。立てますか。

佐藤：ええ、大丈夫。立てるわ。

ハン：そうですか、よかった。めまいがしたんですね。看護師さんに来てもらいましょう。

ハンさんはナースコールで山本看護師を呼び、説明した。

看護師：佐藤さん、痛いところはありませんね。じゃ、熱と血圧を測らせてください。…

熱は35度9分。平熱ですね。でも血圧が高いですね。190の100です。めまいのほかに何か変わったことはありませんか。

佐藤：そういえば、今朝、朝ごはんのとき、急に手がしびれてお茶碗を落としそうになったわ。

看護師：そうですか。先生に診てもらったほうがいいですね。私もついて行きますから、いっしょに病院へ行きましょう。

佐藤：そうね。お願いします。

報告のためのメモをとろう

	メモすること	メモ
1	利用者の名前	
2	利用者の部屋の番号	
3	時間	
4	利用者の様子	
5	4. の原因	
6	利用者の状態（2つ）	
7	ハンさんの対応	
8	利用者の体温	
9	利用者の血圧	
10	利用者の今朝の体の状態	
11	看護師の対応	

14時に315号室の佐藤よねさんの部屋から音がしました。部屋に入ったら佐藤さんが床で寝ていました。トイレから部屋に戻ったら、急にめまいがして転んだそうです。「どこも痛くない」とおっしゃったので、立ってベッドに座ってもらいました。山本看護師に連絡しました。体温と血圧を測ったら、35度9分、190／100でした。佐藤さんは朝食のとき、手もしびれたし、血圧も高いので医師に診てもらうことになりました。山本看護師は佐藤さんと一緒に病院へ行きました。
　以上です。

報告例2　もっと上手に

14時に315号室の佐藤よねさんの居室で音がしたので、入室すると、佐藤さんが床に横になっていました。トイレを済ませ部屋に戻ったら、急にめまいがして転んだとのことです。痛みもなく、立ってベッドに座ることも可能でした。
　山本看護師を呼び、体温と血圧の測定をしてもらうと、体温は35度9分でしたが、血圧は高く190／100でした。朝食時に手のしびれもあったとのことで、念のため受診することになりました。山本看護師が付き添って病院へ行きました。
　以上です。

1	2　もっと上手に
部屋	居室
部屋に入ったら	入室すると
床で寝ていました	床に横になっていました
	トイレを済ませ
そうです	とのことです
痛くない	痛みもなく
座ってもらいました	座ることも可能でした
測ったら	測定をしてもらうと
朝食のとき	朝食時
手もしびれたし	手のしびれもあったとのことで
	念のため
診てもらう	受診する
一緒に	付き添って

3. 秋山さちさん

　12時、お昼ごはんの時間になったので、食堂へ移動してもらうために304号室の秋山さちさんの部屋へ行った。秋山さんがベッドに臥床していたので声をかけた。

ハン：秋山さん、秋山さん、お食事の時間ですよ。どうかなさいましたか。

秋山：ああ、気持ちが悪いの。それに寒くて、寒くて…。頭も痛いんです。

ハン：それはいけませんね。吐き気がしますか。

秋山：ええ、ちょっと…。

ハン：すぐ鈴木看護師を呼びましょう。

鈴木看護師：秋山さん、大丈夫ですか。

　　　　　　熱を測りましょうね。……37度8分ですね。

　　　　　　今日は主治医の先生がいらっしゃるので、すぐ診ていただきましょう。

秋山：ええ、お願いね。

　主治医に診てもらったら風邪とわかり、3日分の飲み薬が処方された。薬を飲んで様子をみることになった。

報告例1

　304号室の秋山さちさんですが、12時に食堂へ移動してもらうため、部屋へ行きました。「気持ちが悪い。寒い。頭も痛い」とおっしゃってベッドに臥床されていました。すぐ鈴木看護師を呼びました。

　熱が37度8分ありました。主治医の先生がいらっしゃるので、診ていただきました。風邪で、薬が3日分出ました。薬を飲んで様子をみることになりました。

　以上です。

報告例2　もっと上手に

　304号室の秋山さちさんですが、12時に食堂へお連れするため訪室すると、ベッドに臥床されていました。吐き気、寒気、頭痛の訴えがありましたので、すぐ鈴木看護師に連絡しました。

　検温すると37度8分でした。主治医の診察日だったので受診していただきました。主治医の診断は風邪で、薬が3日分処方され経過観察することになりました。

　以上です。

1	2　もっと上手に
移動してもらう	お連れする
部屋へ行きました	訪室すると
寒い	寒気
頭も痛い	頭痛
とおっしゃって	訴えがありました
呼びました	連絡しました
———	検温すると
———	診察日
診ていただきました	受診していただきました
———	診断
出ました	処方され
様子をみる	経過観察する

148

4. 山本幸吉さん

朝、起床時間になったので213号室の山本幸吉さんの部屋へ行く。

ハン：山本さん、おはようございます。よく寝られましたか。

山本：ああ、おはようございます。それがねえ、ゆうべ3回もトイレに起きちゃって。

ハン：それは大変でしたね。お腹の調子が悪いんですか。

山本：いや、お腹は大丈夫なんだけど…冷えたのかな。
　　　今もちょっと寒気がするんだよ。

ハン：そうですか。じゃ、熱を測ってみましょう。
　　　ああ、熱が少しありますね。
　　　37度2分ですね。池田看護師に伝えておきます。今日は水曜日でお医者様の診察の日ですよ。診ていただきますか。

山本：そうだな、診てもらおうかなあ。

ハン：じゃ、予約しておきます。

山本：そうだな、頼むよ。あのう…。

ハン：何でしょうか。

山本：昨日、息子が持ってきたリンゴが冷蔵庫に入っているんだよ。食べたいんだけど…。

ハン：そうですねえ。診察のときにお医者様に聞いてみましょう。

報告例1

　朝、213号室の山本幸吉さんの部屋へ行きました。

　昨日の晩、よく寝られたか聞くと、3回もトイレに起きたとおっしゃいました。

　お腹の調子は悪くないが、寒気がするとおっしゃったので、熱を測りました。

　熱は37度2分でした。池田看護師に連絡しました。

　今日は医師の診察日なので、診てもらいたいか聞きました。診てもらいたいとおっしゃったので、予約しました。

　昨日、息子さんが持ってきたリンゴが食べたいとおっしゃっていたので、診察のときに医師に聞くことにしました。

　以上です。

報告例2　もっと上手に

　起床介助のため213号室の山本幸吉さんを訪室しました。

　山本さんは、昨晩3回もトイレに行ったとのことなので、体調を尋ねました。お腹の調子は悪くないが、寒気がするとのことでした。

　検温すると、37度2分ありました。医師の受診を希望されましたので、池田看護師に山本さんの状態を伝え、診察の予約をとりました。

　また、昨日息子さんが持ってきたリンゴが食べたいとのことでしたので、診察時、医師に伺うことにしました。

　以上です。

1	2　もっと上手に
————	起床介助
部屋へ行きました	訪室しました
昨日の晩	昨晩
トイレに起きたとおっしゃっていました	トイレに行ったとのことなので
————	体調を尋ねました
————	寒気がするとのことでした
熱を測りました	検温すると
診てもらいたい	受診を希望されました
————	状態を伝え
予約しました	予約をとりました
診察のとき	診察時
聞く	伺う

5. 田中庄之助さん

7時に、起床時間になったので、207号室の田中庄之助さんの部屋へ行く。

ハン：田中さん、おはようございます。いいお天気ですよ。今日の午後はお花
　　　見ですね。

田中：うん、楽しみにしているんだ。

ハン：でも、まだ風が冷たいですから、暖かくして出かけてくださいね。

田中：うん、そうだな。あっ、そう、そう、今日の昼に娘が来ることになって
　　　いるんだけど、セーターを持ってきてもらおうかな。
　　　電話してくれないかな。

ハン：わかりました。どんなセーターですか。

田中：娘が編んでくれた赤いセーター。

ハン：はい、赤いセーターですね。わかりました。電話をしておきます。
　　　じゃ、着替えましょうか。お手伝いしますね。

田中：はい、お願いします。

ハン：あ、田中さん、背中が赤くなっていますね。痛くないですか。

田中：ううん、痛くないけど、ちょっとかゆいなあ。

ハン：そうですか。あとで鈴木看護師にみてもらいましょう。

田中：そうだな。

報告例1

　7時に、207号室の田中さんの部屋へ行きました。

　今日の午後、お花見があることを伝えて、風が冷たいので暖かくして出かけてくださいと伝えました。田中さんは、娘さんに赤いセーターを持ってきてほしいとおっしゃっていました。娘さんは今日の昼に来る予定です。電話してほしいと頼まれたので娘さんに電話しました。

　着替えを手伝ったとき、田中さんの背中が赤くなっていました。痛くないけれども、少しかゆいとのことでした。鈴木看護師に伝えて、みてもらいます。

　以上です。

報告例2　もっと上手に

　7時に、207号室の田中庄之助さんを訪室しました。

　今日の午後の花見の予定を伝え、暖かくして出かけることをお勧めしました。

　今日の昼に娘さんがいらっしゃるときに、セーターを持ってきてほしいという希望がありました。娘さんが編んだ赤いセーターだそうです。電話でお願いしておきました。

　更衣介助の際、田中さんの背中に発赤が見られました。痛みはないが、かゆいとのことでしたので、鈴木看護師にみてくれるよう依頼しました。

　以上です。

1	2　もっと上手に
部屋へ行きました	訪室しました
お花見がある	花見の予定
と伝えました	お勧めしました
	希望がありました
―――――――	
電話しました	電話でお願いしておきました
着替えを手伝ったとき	更衣介助の際
背中が赤くなっていました	背中に発赤が見られました
痛くない	痛みはない
みてもらいます	みてくれるよう依頼しました

【執筆】
一般社団法人　国際交流＆日本語支援Y
有賀久美子・内山三枝子・橋本由紀江

【介護専門監修】
植村康生（社会福祉士・介護支援専門員・介護福祉士）
難波正子（介護福祉士・日本語教師）

【翻訳】
・英語　　　　　　箕形洋子（estudio YYB）
・インドネシア語　増田貴之（実践女子大学　非常勤講師）
　協力者　　　　　ヘンリー　メタ　ファディラ（介護福祉士）
・ベトナム語　　　細井園子（介護福祉士）
　協力者　　　　　Tran Thi Kieu Van（ベトナム語教師）他
・ミャンマー語　　モーモータンダー
　協力者　　　　　笹森奎穂

外国人のための　会話で学ぼう!　介護の日本語　第2版
──指示がわかる、報告ができる──

2017年 9 月 1 日　　初 版 発 行
2020年 5 月15日　　第 2 版 発 行
2022年 5 月30日　　第 2 版 第 2 刷 発 行
2023年 3 月 1 日　　第 2 版 第 3 刷 発 行
2024年 6 月 1 日　　第 2 版 第 4 刷 発 行

編　著　　　　　　一般社団法人　国際交流＆日本語支援Y
協　力　　　　　　公益社団法人　国際厚生事業団
　　　　　　　　　株式会社　光洋スクエア
発行者　　　　　　荘村明彦
発行所　　　　　　中央法規出版株式会社
　　　　　　　　　〒110-0016　東京都台東区台東 3 − 29 − 1　中央法規ビル
　　　　　　　　　TEL　03-6387-3196
　　　　　　　　　https://www.chuohoki.co.jp/
装幀・本文デザイン　ラムデザイン（永井俊彦）
イラスト　　　　　やひろきよみ
印刷・製本　　　　大日本印刷株式会社
ISBN　978-4-8058-8153-8

外国人のための

会話で学ぼう！
介護の日本語

第2版

──指示がわかる、報告ができる──

別冊

Translation

Japanese →English

To everyone who studies with this book

This book is intended to help everyone who works at care-taking facilities to communicate more smoothly with staff, residents, and users of the facilities.

Each chapter has a cartoon in order to help to figure out the situation clearly. The corresponding conversation is a bit long to memorize, so you only need to know how to talk each other in those situation.

When you work at care-taking facilities, good communication with others is indispensable, of course, and furthermore, you need to understand the instructions of the staff, and to report to them what you did.

By studying this book, you will be able to understand instructions, to report what you have done, and to master the words that are necessary for your work as a care taker.

Translation of the text is in the separate volume. Please use it to find the meaning of conversations and words. Also make good use of the auditory learning material.

How to learn with this book

Part 1

- Conversation of each chapter
  - Figure out the situation via cartoon.
  - Read the text while listening the auditory learning material.
  - Read the text of the conversation and the translation in the separate volume to understand the situation.
  - Make sure of the meaning of words in the Glossary in the separate volume. If possible, memorize them.
  - Read the script of the conversation again and try to read it aloud.
  - Follow the auditory learning material without the written text.
  - Try to memorize the "report" part of the conversation (what Han-san tells the chief at the end of conversation).
- Patterns, sentences and questions of each chapter
  - In the script, important patterns are underlined. Check them.
  - Make sure you understand the words there and try to memorize them.
  - Make sure you understand the meaning and explanation of the sentences by referring to the translation .
  - Listen to the auditory learning material while reading the text.
  - Memorize the sentences.
  - Answer the questions and check your answers.
- Related Vocabularies
  There are words related to each chapter and used frequently in care-taking facilities.

By learning and mastering more words, you will become more skillful in communicating.

Make sure you understand the meaning of words and then memorize them. Use them as often as possible in your work and daily life.

Part 2 Practice: understanding instructions

Part 3 Practice: making a report

Learn how to make a report by reading and following the instruction on the first page.

Self-Introduction

Han-san, a Vietnamese, is to work at *Tokubetsu Yogo Rojin Home* "Ohisama" from today.

Han: Hello, My name is Han. I'm Vietnamese. I'm going to work here from today. It's nice to meet you.

Takada: Hello, I'm Takada, chief manager of this facility. I hope you'll try to do your best here.
Let me introduce Yamamoto-san, the chief caretaker.

Yamamoto: Hello, I'm Yamamoto. Nice to meet you.

Han: Nice to meet you.

Yamamoto: Han-san, you are to charge Tampopo, a unit on the second floor. I'll introduce you to the unit leader later.

Han: OK.

Yamamoto: Well, I'll show you around.

Han: Thank you.

P11 patterns

1 (to be scheduled, to be fixed)

① A brief meeting is scheduled at nine o'clock every morning.
② It is fixed not to go for a walk on rainy days.
③ It is scheduled to have a meeting on every Monday morning.

2 (to instruct politely)

① Han-san, you will take a break from one o'clock.
② Han-san, you will restock diapers.

3 (to express one's will gently)

① I'm going to change Tanaka-san's diaper.
② I'm going to introduce the unit leader to you.

Chapter 2 **The First Day at Ohisama**

P18-19 conversation

Han: Good morning. This is my first day of work here.

Leader: Good morning. Today, at first, you should memorize all the names of our residents, their room numbers, and also the seating arrangement in the dining room, too.

Han: I see.

Leader: Well, please repeat our instruction, not only a reply, so that we know you understood what we said.

Han: All right. Today, I have to memorize the residents' names, their room numbers and their seats in the dining room.

Leader: I'm going to serve them tea now. Shall we go together?

Han: Certainly.

Leader: Here is room number 201, belonging to Suzuki Tami-san. I'll explain you about the residents' conditions later.

Han: Room number 201, Suzuki Tami-san.... I'll write it down.

Leader: Next, the seating in the dining room. Do you know how many residents are in Tampopo unit?

Han: Nine.

Leader: So, three persons are seated at a table, three tables in total. Here is a copy of the seating list. Please memorize it.

Han: Certainly, I will.

Leader: How was today, your first day?

Han: I think it is difficult to memorize the names of the residents. I haven't finished yet.

Leader: It's the most important thing. Try and master them as soon as possible.

Han: Yes, I'll try to learn them all this evening. I'll do my best.

P19 patterns

1 (not only A but also B)
① I'm going to memorize not only their names but also their room numbers.
② Sometimes our boss is strict with us, but sometimes she is kind.
③ Not only my son but also my grandchild came to see me.

2 (to conclude, to settle)
① It's raining today. So we decided a walk should be cancelled.
② Morishita-san has a fever. So she isn't allowed to take a bath today.

3 (as to, about)
① I'm going to report on the amount Yamada-san eats.
② I'm studying care technology.

Chapter3 Washing and Hair Dressing

P24-25 conversation

Yamada Hana   age:85   female, dementia, osteoporosis, spiral compression fracture

Leader: Han-san, please assist Yamada Hana-san, #202, in washing her face and doing her hair.

Han: Certainly. Yamada Hana-san, #202. I see.

Han: Yamada-san, good morning. How are you today? Did you sleep well?

Yamada: Yes, I did.

Han: Good. Then you can get up from a bed and wash your face. I'm going to lever up your bed.

Can you roll up your sleeves in order not to get wet? And can you pin up your hair? OK, I'll help you.

Han: Finished? Here's a towel.

Yamada: Thanks.

Han: Oh, it's a bit red around your lips. Dose it feel itchy or sore?

Yamada: Mmm, a bit itchy.

Han: I'll tell a nurse to come and see you later. Well, brush your hair please. Here's your hair brush.

Yamada: Thanks. Does it look OK?

Han: Wow, you look nice. OK, I'll come again, later.

Han: I finished assisting Yamada-san, #202, tidy up. I noticed that it's a bit red around her lips. She said it itches a little. I'm going to tell it a nurse.

Leader: I see. Don't forget to do so, please.

P25-26 patterns

1 (in order to, in order not to)

① I'm undergoing a rehabilitation in order to be able to walk by myself again.

② I'm hurrying in order not to be late for a meeting.

③ Take care of our residents so that they do not swallow accidentaly.

2 (They say..., Someone says...)

① She said that she slept well last night.

② He said that he was very happy to see his family.

③ They say that they'll serve *"Gomoku Chirashi"* for dinner today.

3 (without doing...)

① I'm going to work in Japan for three years without going back to my country.

② I go to the office without having breakfast.

③ On holidays, I hang about at home doing nothing.

Chapter4 Changing Clothes

P32-33 conversation

Morishita Kimiko   age:82   female, paralysis on the left side from a cerebral infarction

Leader: Han-san, please assist Morishita san, #203, in changing her clothes.

Han: Morishita-san has a paralysis on her left side, correct?

Leader: Yes, she does. Let her do what she can by herself and assist her with what she cannot do.

Han: I see.

Han: Morishita-san, let's change your clothes.

Morishita: OK.

Han: First, we'll take off your pajamas. Can you take your right arm out of the sleeve?

OK, well done.

Now, your blouse. I'll help you put your left arm through the sleeve.

Then you put your right arm through the other sleeve.

Can you button up? I'll help you.

Morishita: Thanks. Sorry, I always bother you with changing my clothes.

Han: I don't mind at all. Next, your pants. Will you hold this support bar and stand up?

I will pull down your pajama pants a bit. OK, take a seat. And take off the right leg first. Raise your right leg, please.

Now put on your pants. When you put on pants, the left leg should be the first. Stand up once more and I'll pull them up.

Do you prefer to tuck your shirts in your pants or leave it out? Finished.

Morishita-san, as it's a bit cold today, would you like to put on something more?

Morishita: Well.... That red cardigan would be nice.

Han: Sure, here it is. It looks good on you.

Morishita: Really? Thank you.

Han: I finished helping Morishita-san change her clothes. Since it is a bit cold today, I suggested her to put on a cardigan.

Leader: OK, that was thoughtful. Good job!

P33-34 patterns

1 (finish doing something)

① When you finish washing the dishes, dry them with this cloth, please.

② I've already finished the book that I borrowed.

③　When you finish watching TV, please switch it off.

2　(everytime to do···, whenever doing...)

①　Every time I look at a picture of my family, I recall our times together.

②　Every time I walk, I feel a pain on my back.

③　Whenever I have a medical check-up, I get nervous.

3　(to choose something and fix)

①　What would you like to drink? I prefer tea, cold one.

②　Which do you prefer to wear, pants or a skirt? I prefer pants.

③　As it is cold today, I think long sleeved shirt would be better to wear.

Chapter5　Using a Wheelchair

P40-41　conversation

Yamada Hana　age:85　female, dementia, osteoporosis, spiral compression fracture

Leader:　Yamada Hana-san, #201, uses a wheelchair, due to a spiral compression fracture caused by her osteoporosis. Will you assist her to go out?

Han:　Yes, certainly. Yamada Hana-san, #201, OK.

Han:　Yamada-san, it's a beautiful day today. Shall we go out? Are you ready?

Yamada:　Yes, I'm ready.

Han:　Then, please unlock the brake of your wheelchair. Let's go.
Yamada-san, you've got used to operating your wheelchair. You do it smoothly.

Han:　Now I'll push it from here. We go backward on a downslope. Are you OK? Let's go.

Han:　This park is famous for its roses. They are in full bloom , so beautiful!

Yamada:　Yes, it smells sweet.... I think I got a little tired.

Han:　OK, we'll take a break here. Please lock the wheelchair.
Are you OK? Would you like to have some tea?

Yamada:　Yes, I am thirsty. Thank you.

Han:　Oh, it is clouding up quickly. We'd better get back before it starts raining.

Yamada:　OK.

Han:　Please unlock the brake. I'm going to push you, OK?

Yamada:　Yes, please.

Han:　I took Yamada-san, #202, to a rose garden today.

Leader:　Did you get caught in the sudden shower?

Han:　No , we didn't. It began raining just as we got back and entered the entrance.

P41-42 patterns

1 (because of, caused by)

① A lot of injuries are caused by falls.

② Some improvement is expected by doing rehabilitation.

③ Pneumonia caused by an accidental swallowing is highly suspected.

2 (before..., while...)

① You'd better to write down something important before you forget it.

② While eating, he fell asleep.

③ Please try the soup before it gets cold.

3 (as soon as, no sooner··· than)

① No sooner had he tried the miso-soup, than he began to choke.

② As soon as I stood up, I got dizzy.

Chapter6 Cane Walk

P48-49 conversation

Tanaka Masao   age:87   male, a bone fracture in left leg (a month ago), cane walk, frequent urination

Leader: Han-san, Take Tanaka-san, #205, to the dining room, please.

Han: OK, I will take Tanaka-san to the dining room.

Leader: Tanaka-san has been undergoing rehabilitation since he broke his leg and has used a wheelchair. And this week, finally, he started to walk with a cane.

Han: I see, he broke his right leg.

Leader: No, his left leg. Pay enough attention to him not to fall down.

Han: Understood. His left leg, OK.

Han: Tanaka-san, it's time to go to the dining room.

Tanaka: Huh? Time for dinner? Already? Did I have a lunch? I'm not sure.

Han: Yes, you did. Now eat up your dinner.

By the way, do you have any pain on your leg?

Tanaka: No, it feels fine, thanks.

Han: Well, here is your cane.

Tanaka: Thanks.

Han: We'll go slowly. I'm going to chant.

First put your cane ahead, next move your left foot and right foot.

Tanaka: OK. Cane first, right foot and then left foot.

Han: No, no, it's reverse. Cane, left foot and then right foot.

Tanaka: Oops! Cane, left foot and right foot.

Han: Oh, the floor is wet. Please walk on this side in order not to slip and fall. Hold the handrail please.

Han: I took Tanaka-san to the dining room.

Leader: Thank you.

Han: A part of the hallway was wet. It was slipperly, so I wiped it after taking him to the dining room.

Leader: Thanks. Well, we have to keep a record of it in the *Hiyari-Hatt Report*. Will you tell me more details?

Han: Yes, of course.

P49-50   patterns

1   (to make sure something that is uncertain)

① Where did we go last week?

② She is Yamamoto-san, isn't she?

③ Was it cold yesterday ?

2   (a cause or reason which brings a good result)

① My fever went down by taking a medicine.

② Thanks to my good health, I've never been hospitalized.

③ Thanks to Han-san, we could finish the task quickly.

3   (to explain an order)

① When we go up steps, first put your cane on the upper step, then your unaffected foot, then your paralyzed one.

② When you serve Japanese tea, first put tea leaves in the teapot, and add hot water in it to steam, then pour it into teacups.

Chapter7 Eating

P56-57   conversation

Suzuki Tami   age:90   female, dementia, diabetes, light paralysis on the right side

Leader: Please help Suzuki Tami-san, #201, have lunch. As she tends to choke easily recently, please pay attention to her swallowing so that she doesn't choke. And as she is liable to lean while eating, make her sit upright.

Han: OK, Suzuki Tami-san, sure. I'll watch her swallowing and posture.

Han: Suzuki-san, thank you for waiting. Here's a wet hand towel. Would you like to put on a bib?

Suzuki: Yes, please.

Han: How are you feeling? Shall I help you sit up? Please straighten up.

Well, have a sip of tea. Then, miso-soup. Be careful, it's hot.

10

Suzuki: Yes. Cough, cough... gaagaa...

Han: Are you OK? Eat little by little, and slowly.

Suzuki: I'll try this grilled fish fillet. Oh, it's pretty hard for me.

Han: Well, I'll help you a little.

Suzuki: I'd appreciate it.

Han: OK, here you are. Do you need a spoon?

Please chew it well.

Oh you've finished well. I'll wipe your hands and around lips. How was today's lunch?

Suzuki: Good. I enjoyed it.

Han: I finished helping Suzuki Tami-san have lunch. She choked a bit eating miso-soup. And she couldn't break up the fish fillet into pieces.

Leader: I see. Perhaps it's better to serve her thickened soup from now. Keep a record of how much she has eaten. Good job.

P57-58 patterns

1 (be liable to, tend to)

① You tend not to get enough vegetables when you eat out frequently.

② As I tend to get constipated, I take a medicine every night.

2 (something which doesn't go so well as expected)

① Even though I took medicine, my fever hasn't gone down.

② It is difficult for me to learn *kanji* (Japanese characters).

3 (to ask permission/to offer politely)

① As my condition is not good, I'd like to leave the office early, if possible.

② May I put my baggage here?

Chapter8 Excretion

P64-65 conversation

Tanaka Masao   age:87   male, a bone fracture in left leg (a month ago), cane walk, frequent urination

Leader: Please take Tanaka-san, #205, to the toilet, before he goes to bed.

As he frequents to the toilet at night, prepare a portable toilet ···

Han: Sorry, what's the meaning of "frequent"?

Leader: It means he goes to the toilet many times, in other words, "frequent urination".

Be sure to set out a portable toilet for him.

Han: I see. I'll do so.

Han: Tanaka-san, do you want to go to the toilet before going to bed?

Tanaka: Yes, I will.

Han: Hold the handrail please. Is your pad OK? Can you change it by yourself?

Tanaka: Yes, I can.

Han: Well, call me when you finish. We'll go back to your room together.

Tanaka: OK.

Han: Use this portable toilet at night, please. I'll set it here.

Tanaka: OK. I feel safe having it.

Han: And when you use this, push this nurse call button. Someone will come to help you.

Tanaka: OK, thanks.

Han: Good night.

Tanaka: Good night.

Han: I've set up a portable toilet for Tanaka-san.

Leader: OK. And did you set out a paper roll too?

Han: Oh! I think I did, but I'll make sure of it now, thanks.

P65-66 patterns

1 (to take up as a topic)

① What is the *kanji* (Japanese characters) for "Masao"?

② What is the meaning of "*Mimi ga Toi* (hard of hearing)?"

2 (to show another expression, in other words)

① "Bedsore" is the same meaning for "decubitus".

② "*Chokki*" is in other word, "Vest".

3 (must be, be sure to)

① I thought I had memorized the names of residents, but I cannot recall them now.

② The leader must be busy tomorrow, too.

③ I'm sure visiting hours start at three o'clock.

Chapter9 Changing Diapers

P72-73 conversation

Anzai Chie   age:96   a female, disuse syndrome

Leader: If you are free now, can you go to Anzai-san, #204, to change her diaper?

Han: I'm OK now.

Leader: Anzai-san had a high fever a month ago, and she was unable to use a wheelchair, and now she is bedridden. She can't roll over by herself. So be sure to turn her around after changing her diaper.

Han: I see. Anzai-san doesn't say anything even when I talk to her. No response.

Leader: I know. But even if she doesn't respond to you, you should still talk to her as you assist her.

Han: Yes, I will.

Han: Hello, Anzai-san. It's me, Han. May I clear your lower body?

Anzai: Mmmm...

Han: I'm going to draw the curtain. Now I'll take off your futon. And I'll pull down your pajama pants and undo the tape. Can you draw up your knees? OK, I'm going to help.

Now I'll wipe your bottom with a towel. Is it too hot?

Anzai: No....

Han: OK. Then let's change your diaper for a new one. Please turn on your other side, and I'll wipe your bottom.

Now you have a new one. OK, please turn toward me.

Anzai: Ummmm....

Han: Don't worry, I'll help you. Another wipe.... Now I'll turn you over on your back. I'll fix a tape. Finished.

Is everything comfortable ?

Anzai: Ummm....

Han: Now I'll pull up your pants. I'll turn you a bit toward the window. I'll put the futon over you. Good. I'll open the curtain .

I'll come again later.

Han: I finished changing Anzai-san's diaper.

Leader: Thanks. Was anything wrong?

Han: No. I didn't find any rash on her. As usual, she hardly responded to me.

Leader: Is that so? But you should always talk to her. The more you talk to the residents, the more they are assured.

Han: I see. And I turned her a bit toward the window.

P74 patterns

1 (a cause, because of , owing to)

① Owing to a bone fracture, he was forced to lead a life in a wheelchair.

② A change of residences was the start of her dementia.

2 (even if, no matter how···)

① No matter how tired you are, attend to them with a smile.

② Transfer assistance is hard on the lower back, even for male staff.

3 (the more A is, the more B is···, According to A, B varies)

① The longer I live in Japan, the more I like it.

② The fresher vegetables are, the richer they taste.

Chapter 10 Taking a Bath

P80-81 conversation

Morishita Kimiko age:82 female, paralysis on the left side from a cerebral infarction

Leader: Han-san, today is a bath-taking day. Will you assist Morishita-san in taking a bath?

Han: OK. Morishita-san said she had a slight cold yesterday. Is it OK for her to take a bath?

Leader: Yes, our nurse has checked her already. But ask Morishita-san about her condition and if there's any problem, tell me.

Han: I see. I'm going to ask her first.

Han: Hello, Morishita san. Today is a bath-taking day. How do you feel today? Yesterday you said you had a slight cold.

Morishita: Oh thanks. I feel good today. My head itches because I haven't washed my hair since last week.

Han: It needs to be shampooed well. Shall we go?

Han: Morishita-san, I'm going to pour hot water on your right leg, OK? Not too hot?

Morishita: Just right.

Han: Now let's wash your hair. Close your eyes. I'll put shampoo on your hair. Does it still itch?

Morishita: No.

Han: OK, I'll rinse your hair with hot water. Next, let's wash your body. Will you do as much as you can?

Morishita: Sure. ... I think I've done it.

Han: Well, I'll wash your back.

Morishita: Thanks.

Han: Bath-taking assistance is finished. Morishita-san had no problem in taking a bath.

Leader: Good. After the bath, did you give her something to drink?

Han: Yes. I gave her a cup of tea.

Leader: Good job. You are getting accustomed to the job.

P81-82 patterns

1 (feel like, seems to be···.)

① I've been very busy these days and feel like tired.

② Suzuki-san seemed to be tense on talking.

14

2 (if so, in case of…)

① If you still feel painful, we can go to see the doctor again.

② If your swelling doesn't go down, I'll put a compress on it.

③ If you feel you have a high fever, please contact a nurse.

3 (a cause/reason that brings about bad result)

① I couldn't take a bath because of a cold.

② My face is red because of a high fever.

Chapter 11 In-Bed Bath (Wipe-down Bath)

P88-89 conversation

Saito Jiro   age:89   male, enlarged prostate, frequent urination, a rash on his back

Leader: Saito Jiro-san, #206, is now under treatment for a rash on his back, so he'd be better not to take a bath.

Please give him a wipe-down bath, instead.

Han: OK. Saito Jiro-san, #206, I see.

Han: Hello, Saito-san. How are you today?

Saito: Mmm…. My back itches.

Han: Really? Can I look at it? I'm going to draw the curtain. Oh, it redden than yesterday.

Saito: It's unbearably itchy. It seems that I scratch it while I'm sleeping.

Han: Oh, it's bad. I'll ask a nurse to come to see you later.

Now, I'm going to give you a wipe-down bath today too.

Saito: OK. It's a pity I can't take a bath. But it can't be helped. Please go ahead.

Han: Are you fine with this room temperature? Isn't it cold?

Saito: No, no, just right.

Han: Well, please wipe your face and neck by yourself, inside and back of your ears too. Here is a towel. Not too hot?

When you finish, then dry the wet parts with this towel.

Next, your arms.

Han: OK, you finish it. Well done. How do you feel?

Saito: So nice, refreshed! Thank you. Although…, I still want to take a bath.

Han: I understand. I hope your back rash disappear soon. Take care.

Han: Saito Jiro-san, #206, finished his wipe-down bath. A rash on his back is redder than yesterday.

Leader: Is that so? It seems to be getting worse and worse. I'm going to talk about it with a nurse. Good job, thanks.

1 (unbearably)

① I'm unbearably thirsty because I ate something very spicy.

② It is unbearably hot in summer in Japan,

③ I was very uneasy about living in Japan until I got accustomed to it.

2 (it seems···, a guess)

① The entrance bell rang. Someone might come in.

② Yamada-san goes to toilet by himself whenever possible. He seems to hate diapers.

③ My eyes itch and my nose runs. I guess I have a hay fever.

3 (it gets ...er, to increase degrees)

① I'm getting thinner and thinner since I got sick.

② In Japan the number of children is getting reduced.

Chapter 12 Environment Management

Suzuki Tami　age:90　female, dementia, diabetes, light paralysis on the right side

Leader: Today Yamamoto-san took the day off unexpectedly. Han-san, will you go to #201 and #202 to make beds and collect laudry instead of her?

Han: OK. These are the rooms of Suzuki Tami-san and Yamada Hana-san.

Leader: Don't forget to check the names on the laundry.

Han: All right, I will check them.

Han: Hello, Suzuki-san. Today is Thursday, I'm going to change your sheets and collect your laundry.

Suzuki: Eh? It's Thursday today? Not Sunday?

Han: It's Thursday, the day for changing sheets every week.

Suzuki: Oh, you change them only on Thursday?

Han: No, it's not rigidly fixed. Whenever they get dirty, we'll change them. Just tell us.

Suzuki: OK, good.

Han: This is your laundry, isn't it? Oh, the name "Yamada Hana" is on the socks. They are Yamada-san's.

Suzuki: Really? Why are they on my bed? I have to return them to her.

Han: Don't mind. I have something to do in her room later, so I'll return them to her.

Suzuki: Thank you .

Han: Well, I'm going to change the sheets. Will you be out and wait?

Suzuki: Then, I'll go to the dining room. I suppose it's time for supper.

16

Han: Actually, it's almost ten o'clock in the morning, time for tea. Can you wait in the dining room?

Suzuki: OK, I will.

Han: OK, let's go.

Han: I changed the sheets and put their laundry in the laundry room.

Leader: Good job. Anything to report?

Han: Yes. A pair of socks of Yamada-san were on Suzuki-san's bed.
And I'm afraid that Suzuki-san's dementia might getting worse, because she was confused about time and day.

Leader: Really? Please write it down how she was.

P98-99 patterns

1 (instead of)

① It's raining. We'll play a game instead of going for a walk.

② Let's go to see a movie instead of having a dinner at a restaurant.

③ I attended the meeting for the leader.

2 (partial negation)

① I was not told that "absolutely forbidden".

② Not always I'm free even on holidays.

③ I don't have every Sunday off.

3 (to do something when doing other thing)

① I'm going to make a copy of it when I go to the administration office to hand in the paper.

② I bought some stamps at the post office when I went out.

③ I'm going to visit a friend of mine during my trip.

Chapter 13 Oral Care

P104-105 conversation

Tanaka Masao age:87 male, a bone fracture in left leg (a month ago), cane walk, frequent urination

Leader: As Tanaka-san finished dinner, please assist him with his oral care.

Han: OK, Tanaka Masao-san.

Leader: Tanaka-san wears a full set of false teeth, so don't forget to take care his tongue and gums, as well as his dentures.

Han: I see.

Han: Good evening, Tanaka-san. It's me, Han. Shall we brush your teeth after dinner?

Tanaka: OK. After brushing, I can go to bed soon.

Han: Tanaka-san, can you take out your false teeth, the bottom set first?

Tanaka: OK.

Han: Let's brush them with a tooth brush.

Tanaka: Brushing them is not difficult, I can do it.

Han: OK, please.

Tanaka: But this part dosn't clean easily. Han-san, will you show me how to do it?

Han: Certainly. You hold the tooth brush like this and brush them like this.

Tanaka: Ah, I see. Oh, they become clean when I did as you showed me.

Han: Yes, they are clean now. I'll soak them in a cup. Now let's clean your mouth.

Leader: Did you finish with oral care of Tanaka-san?

Han: Yes, I did.

Leader: Did you make sure if all dirts were washed up?

Han: Yes. I checked his false teeth and the inside of his mouth.

Leader: Good. We can depend on you to do everything now, Han-san.

P105-106 patterns

1 (to present something as an easy, facile example)

① It's nothing to write a name.

② To me it's not a problem to lend you ¥10000.

③ Everybody can drive a car after some practice.

2 (to do something as an good example)

① Uchiyama-san danced to present us a model.

② I'll show you how to assist, do as I do.

3 (in the same way. As someone do…)

① I changed diapers in the same way the leader showed me.

② I practice pronunciation following to the CD.

Chapter 14 Emergency Care   Accidental Ingestion

P112-113 conversation

Han: Saito-san, what's the matter?

Saito: I got feel sick and nauseated just after I drank this apple juice....
Glubglub.

Han: What's this? Oh my! This is a liquid bath soap! I'll call a nurse now.

Han: Saito-san, #206, is throwing up in his room. He mistook liquid bath soap for juice and drank it. Please come and take care of him.

Nurse: Saito-san, Saito-san, what happened? Are you OK? Han-san, call an ambulance at once.

Han: Right away.

Nurse: I'll go to the hospital with him, and I'll call and inform you of the course of events later.

Han: About 3:20, Saito-san, #206, pushed the nurse call button. When I arrived there, I found him throwing up. He mistook a bottle of liquid bath soap for a bottle of apple juice and drank it. I called a nurse and we called an ambulance. They took him to the hospital. The nurse is with him and she will call you after the treatment.

Leader: I see. It's serious. I hope he'll be OK. I'll call his family.

Leader: I got a call from the nurse. The treatment is done and he's OK.

Han: Good! By the way, why was there a bottle of bath soap in his room?

Leader: His family said that they brought it to him, believing it was a bottle of apple juice.

We have to pay more attention to our residents' belongings and personal things. All of us should be more careful.

Han: Yes, sure. But to drink liquid bath soap.... I was scared!

P114 patterns

1 (to find)
① When I took my temperature, I found it was 37.2 degrees.
② I opened the window to find it was snowing.

2 (as the result of doing….)
① When I consulted with the leader, she gave me some good advice.
② I had a complete check-up which proved nothing was wrong.

3 (to be astonished/surprised at seeing/hearing something unexpected)
① It's incredible that it's so cold in May.
② It's like a dream to recover this quickly after surgery.

Chapter 15 Dementia Care Paranoia

P120-121 conversation

Chief Careworker: Han-san, have you got accustomed to your job?

Han: Yes, thanks to everyone's help, I've become very used to it. I think I am OK with my routine work, but still not skilled in responding to the residents with dementia.

Chief Careworker: I understand. Their condition is different from person to person. So individualized responses are needed with each of them. It sure is difficult.

Han: For sure! Yamada Hana-san sometimes claims that her wallet was stolen.

Chief Careworker: It is called "paranoia", a very common symptom of dementia.
When she says so, you should search for it together. And while doing so, try to find something or some topic to distract her.

Han: I see. I'll try that.

Han: Yamada-san, what's wrong?

Yamada: I cannot find my wallet. I put it in a drawer of my chest.

Han: That's odd. OK, let's search for it.

Yamada: See, nothing in it. I'm sure Morishita-san must have stolen it, because she came in here a while ago.

Han: Really? But let's keep searching a bit more. Let's look inside of your closet too. Oh, is this a picture of your grandson? Cute!

Yamada: No, it's my son. He is five years old now. He loves trains. When we are out for a walk, we often go to a station to watch trains.

Han: Wow, it sounds nice.
Yamada-san, it's about time for an afternoon snack.
Today they're serving pudding, your favorite one.

Yamada: Fabulous!

P121 patterns

1 (It is called···, to explain something)
① This flower is called "tampopo (dandelion)", and blooms in the beginning of spring.
② This is "linen room" where we stock towels and sheets.

2 (be sure to···, must be···)
① That man must be a son of Takahashi-san.
② It is sure to rain tomorrow.
③ "Sumaho" (smart phone) must be useful.

3 (doing A with doing B)
① I memorize the route with seeing off our residents.
② I come to the facility on foot partly for my exercise.

Han: Recently Suzuki Tami-san misses being at home in the evening and won't eat dinner.

Chief Careworker: She must have some reason for wanting to go home. You'd listen to her.

Han: Yes. Suzuki-san was about to walk out the entrance, saying that she had to prepare dinner before her husband comes home.

Chief Careworker: Dementia causes confusion about when, where, and who. Patients themselves feel uneasy. This uneasiness might be the reason for their desire to go home. We have to listen to them and find the appropriate response.

Han: How do we respond to Suzuki-san?

Chief Careworker: Well, take her for a walk or have a talk about her family memories, for example.

Anyway, the best way is that we should warmly support and assit her to make her believe that here is the best place for her to live peacefully.

Han: I see. As if here is her home?

Chief Careworker: Exactly.

Han: Suzuki-san, where are you going?

Suzuki: I'm going back home.

Han: Are you worried about something?

Suzuki: Yes. I have to prepare dinner for my children and my husband —they will be back soon.

Han: But it's getting dark and cold outside.

Suzuki: That's why I have to be back soon.

Han: OK. I'll come with you.

Suzuki: Thank you.

Han: Look! There's a new cake shop. I heard that you were good at baking cakes.

Suzuki: Yes. I used to bake a cake on my children's birthday.

Han: I'd like to learn how to bake a cake. Can you teach me?

Suzuki: Of course OK.

Han: It's cold, isn't it? Cold wind is bad for you. Shall we go back now?

Suzuki: All right, it sure is cold.

1 (desire, preference...) to mention to other people

① Elderly people often don't drink enough liquid, when they got old.

② Arita-san doesn't like taking a bath.

③ Oyama-san often watches TV and enjoys its drama program.

2 (won't do…, not to do what is expected to do)

① He won't go to hospital even though he has a fever.

② He won't quit from smoking against an advice that it is bad for his health.

3 (used to do, recall and miss some behavior that one did in old days)

① In my childhood, I used to play baseball with my friends.

② When I was young, I used to go for a drink.

Terjemahan

Bahasa Jepang
→Bahasa Indonesia

Kepada Pembaca

Buku ini dibuat untuk anda yang akan bekerja dipanti agar bisa berkomunikasi dengan baik antar pegawai maupun dengan para pengguna panti/pasien.

Isi dalam setiap bab dilengkapi dengan gambar agar lebih mudah membayangkan. Karena kalimatnya panjang, dari pada menghapalnya lebih baik jika anda mengerti bagaimana cara berkomunikasinya pada setiap adegan.

Saat anda bekerja dipanti berkomunikasi dengan pengguna/pasien sudah tentu hal yang penting. Tetapi, pertama-tama bisa mendengar dan mengerti isi dari perintah lalu bisa melaporkan pekerjaan yang telah selesai dilakukan juga merupakan hal yang sangat penting.

Dengan buku ini anda bisa belajar cara mengerti isi perintah, melaporkan tindakan keperawatan yang dilakukan dan juga bisa mengingat kata-kata yang diperlukan dalam pekerjaan perawatan lansia.

Karena tersedia juga versi terjemahannya, cobalah mengerti arti percakapan dan arti katanya baik-baik. Lalu pergunakan juga bahan ajar audionya.

Cara pembelajaran

Bagian 1

● Kalimat percakapan dari setiap BAB
- Baca bagian komiknya, lalu bayangkan adegannya.
- Dengarkan audio pelajarannya sambil melihat buku teksnya.
- Memahami isi dengan cara melihat naskah asli sambil melihat terjemahannya yang disediakan secara terpisah.
- Memeriksa arti kosakata dibuku kosakata (kosakata percakapan). Jika bisa hapalkan kosakatanya.
- Mengulang membaca kalimat percakapannya, pastikan anda sudah mengerti isinya lalu berlatih membaca dengan mengeluarkan suara.
- Dengarkan dan pahami isi instruksi dari audio tanpa melihat buku.
- Cobalah untuk bisa mengucapkan bagian dari laporannya.
● Pola kalimat, contoh kalimat dan soal dari setiap BAB
- Memastikan pola kalimat yang ada didalam kalimat percakapan yang digaris bawahi.
- Memastikan arti pola kalimat, contoh kalimat dan kosakata yang ada disoal dibuku terjemahan kosakata. Jika bisa hapalkan kosakatanya.
- Memastikan arti dari pola kalimat dan penjelasannya di buku terjemahan kosak Ata yang disediakan secara terpisah.
- Baca contoh kalimat sambil melihat buku terjemahan yang disediakan secara terpisah lalu pastikan artinya.

• Sambil membaca buku teksnya dengarkan audionya.

• Hapalkan contoh kalimatnya.

• Kerjakan soalnya, lalu cocokkan jawabannya.

● Kosakata yang berhubungan disetiap BAB.

Kosakata yang berhubungan disetiap BAB telah dikumpulkan. Ini adalah kosakata yang berguna di tempat kerja. Semakin banyak kosakata yang dimiliki/diingat maka semakin mudah untuk berkomunikasi.

Periksa arti kosakatanya dibuku terjemahan yang disediakan secara terpisah, lalu hapalkan. Gunakan di tempat kerja dan dikehidupan sehari-hari. Lalu manfaatkan juga bahan ajar audionya.

Bagian 2 latihan mendengarkan perintah, bagian 3 latihan laporan.

Pada awal setiap latihan tertulis cara pembelajarannya, lanjutkan pembelajaran sesuai dengan perintah yang ada.

Han dari Vietnam mulai hari ini bekerja di Tokubetu-yogo Rojin Home "Ohisama"

Han: Perkenalkan, mulai hari ini saya akan merepotkan. Saya Han dari Vietnam. Senang berkenalan dengan anda.

Takada: Saya Takada kepala fasilitas. Bersemangatlah.

Akan saya perkenalkan penanggung jawab perawat lansianya. Ini adalah penanggung jawab perawat lansia, Bapak Yamamoto.

Yamamoto: Saya Yamamoto. Senang berkenalan dengan anda

Han: Sama-sama. Mohon kerjasamanya.

Yamamoto: Kepada Ibu Han, anda mendapat tugas sebagai penanggung jawab untuk Unit "Tanpopo" di lantai 2. Nanti akan saya perkenalkan dengan pemimpin unit.

Han: Baik.

Yamamoto: Kalau begitu, setelah ini saya akan memandu anda melihat fasilitas.

Han: Baiklah, mohon bantuannya.

1   (Sudah diputuskan)

① Setiap pagi jam 9 (adalah waktu) untuk operan/aplusan/pergantian shift.

② Saat hari hujan, saya memutuskan untuk tidak pergi jalan-jalan.

③ (Telah diputuskan) rapat diadakan pada hari senin setiap minggunya.

2   (Bentuk perintah sopan)

① Kepada Ibu Han, diperbolehkan untuk istirahat dari jam 1.

② Ibu Han anda menerima tugas untuk mengisi popok.

3   (Mengungkapkan kehendak secara sopan)

① Untuk penggantian popok Bapak Tanaka, biar saya yang melakukannya.

② Mari saya perkenalkan dengan pemimpin unit.

Han: Selamat Pagi. Mulai hari ini mohon kerjasamanya.

Pemimpin: Selamat pagi. Hari ini pertama-tama adalah mengingat nama dan kamar
(Ibu Satou Sakura)   pengguna/pasien. Kemudian juga tempat duduk diruang makan.

Han: Baiklah, saya mengerti.

Pemimpin: Ya...ya. Hal yang diinstruksikan bukan hanya merespon saja, tetapi mengerti isi dari instruksi tersebut dan mengulanginya.

Karena saya juga bisa memastikan apakah Bapak Han mengerti atau tidak.

Han: Baiklah, hari ini adalah mengingat nama, ruangan dan nomor tempat duduk di ruang makan.

Pemimpin: Setelah ini, karena teh akan dibagikan, mari pergi bersama-sama.

Han: Baik, tolong.

Pemimpin: Di kamar 201 adalah Ibu Suzuki Tami. Mengenai kondisi pengguna/pasien akan saya jelakan nanti secara detail.

Han: Ibu Suzuki dikamar 201 ya. Akan saya catat.

Pemimpin: Selanjutnya hapalkan tempat duduk di ruang makan. Pengguna/pasien di unit tanpopo ada berapa orang?

Han: 9 orang

Pemimpin: Pada saat makan, ada 3 meja dan masing masing meja diisi oleh 3 orang. Saya akan mengcopy daftar tempat duduknya. Lihat dan hapalkan baik-baik ya.

Han: Baik, akan saya ingat.

Pemimpin: Bagaimana pekerjaan hari pertama?

Han: Sulit untuk mengingat nama pengguna/pasien. Saya belum bisa mengingat semuanya.

Pemimpin: Karena itu hal yang paling penting, mari cepat hapalkan nama dan wajah penghuni.

Han: Baik, malam ini akan saya ulangi. Saya akan berusaha.

P19 Pola Kalimat

1 (Hal lain juga ada)

① Bukan hanya mengingat nama saja tetapi juga ingat nomor kamarnya.

② Pemimpinnya tidak hanya tegas tetapi juga baik hati.

③ Bukan hanya anak laki-lakinya saja yang datang menjenguk tetapi juga cucunya.

2 (Menyimpulkan)

① Karena hari ini hujan, acara jalan-jalannya ditunda.

② Karena Bapak Morishita sedang demam, hari ini tidak mandi.

3 (Mengenai~)

① Akan saya informasikan mengenai porsi makan Bapak Yamada.

② Saya sedang belajar tentang teknik ilmu keperawatan lansia.

Ibu Hana Yamada, 85 tahun, Perempuan

Pikun/dementia, osteoporosis/pengeroposan tulang, spinal compression fracture/ patah tulang belakang yang disebabkan tekanan

Pemimpin: Ibu Han, tolong jaga untuk pencucian muka dan penataan rambut Ibu Yamada di kamar 202

Han: Baiklah, Ibu Yamada di kamar 202 ya. Saya mengerti.

Han: Ibu Yamada, selamat pagi. Bagaimana keadaannya? Apakah kemarin bisa tidur nyenyak?

Yamada: Ya, bisa tidur nyenyak.

Han: Oh ya?

Kalau begitu mari mencuci muka. Saya bantu anda bangun dari tempat tidur ya. Supaya tidak basah bisakah anda gulung lengan bajunya?

Mari tahan rambutnya supaya tidak basah. Saya bantu ya.

Han: Sudah selesai. Silahkan ini handuknya.

Yamada: Terima kasih.

Han: Aah, ada sedikit kemerahan disekitar mulut. Apakah tidak gatal? Tidak sakit?

Yamada: Yaa, sedikit gatal.

Han: Oh, begitu. Nanti coba kita periksakan pada perawat.

Sekarang mari menyisir rambut. Silahkan ini sisir nya.

Yamada: Terima kasih. ···apakah ini sudah bagus?

Han: Ya, sudah terlihat cantik.

Kalau begitu, saya akan datang lagi nanti.

Han: Pencucian muka dan penataan rambut Ibu Yamada Hana sudah selesai. Disekitar mulutnya menjadi merah. Dan katanya sedikit gatal. Saya akan menghubungi perawat.

Pemimpin: Saya mengerti. Tolong jangan sampai lupa.

1 (Tujuan)

① Supaya bisa berjalan, melakukan terapi

② Supaya rapat tidak terlambat, pergi dengan cepat.

③ Tolong hati-hati supaya penghuni tidak tersedak.

2 (Dikatakan bahwaˉ)

① Kemarin katanya bisa tidur nyenyak.

②　Katanya senang bisa bertemu dengan keluarga.

③　Menu malam ini katanya Gomoku Chirasi

3　(Dengan tidak ˜)

①　Saya bekerja 3 tahun di Jepang tanpa (sekalipun) pulang kenegara asal.

②　Saya pergi ke perusahaan tanpa sarapan,

③　Saat hari libur tanpa melakukan apapun, saya bersantai-santai di kamar.

Bab 4　Melepas Pakaian

P32-33　Percakapan

Ibu Morishita Kimiko, 82 tahun, Perempuan

Karena stroke bagian sebelah kiri tubuhnya lumpuh

Pemimpin: Bapak han, tolong bantuannya untuk mengganti pakain Ibu Morishita Kimiko di kamar 203

　　　Han: Ibu Morishita tubuh bagian kirinya lumpuh ya?

Pemimpin: Ya, hal yang bisa dilakukan, lakukan sendiri dan hal yang tidak bisa dilakukan sendiri tolong dibantu ya.

　　　Han: Baik, saya mengerti.

　　　Han: Ibu Morishita, mari ganti pakaian.

Morishita: Baik

　　　Han: Kalau begitu, mari lepas piyamanya. Bisakah dilepas dari tangan kanan?

　　　Han: Sudah dilepas ya. Kalau begitu, mari pakai blus. Mari sedikit saya bantu untuk tangan kiri.

　　　　　Saya masukkan tangan kiri ke lengan. Sekarang, silakan masukkan tangan kanannya. Bisakah mengancingkan kancingnya sendiri......sedikit saya bantu ya.

Morishita: Tolong ya. Selalu membantu setiap kali ganti pakaian. Maaf, ya.

　　　Han: Tidak, jangan sungkan-sungkan. Berikutnya, mari ganti celana.

　　　　　Bisakah anda pegang tongkat bantu ini dan berdiri?

　　　　　Saya lepas celananya ya.

　　　　　Baik, silahkan duduk.

　　　　　Mari dilepas dari kaki kanan. Tolong angkat kaki kanannya.

　　　　　Lalu, mari dipakai celananya. Saat memakai, dari sebelah kiri ya.

　　　　　Tolong berdiri sekali lagi. Saya angkat celananya ya.

　　　　　Kemejanya mau dimasukkan kedalam celana? Atau mau dikeluarkan?

　　　　　Ya, sudah selesai.

　　　　　Bapak Morishita, karena hari ini sedikit dingin, maukah memakai sesuatu untuk menghangatkan?

Morishita: Yaa, saya mau cardigan merah itu.

Han: Baik, saya mengerti. Silahkan. Sangat cocok, lho.

Morishita: Ya, terima kasih.

Han: Saya sudah selesai membantu Bapak Morishita berganti pakaian. Karena hari ini sedikit dingin, saya memakaikan cardigan.

Pemimpin: Oh, begitu. Anda menyadari dengan baik ya. Kerja yang bagus!

P33-34 Pola Kalimat

1 (Menyelesaikan tindakan)

① Kalau sudah selesai mencuci alat makan, tolong dilap dengan kain ini.

② Saya sudah selesai membaca buku yang saya pinjam.

③ Kalau sudah selesai menonton TV, tolong dimatikan.

2 (Setiap kali)

① Setiap kali melihat foto keluarga, menjadi teringat masa lalu.

② Setiap kali berjalan, pinggang menjadi sakit.

③ Setiap kali pemeriksaan, saya gugup.

3 (Keputusan)

① Ingin minuman apa?

② Anda ingin memakai celana atau rok? Saya mau memakai celana.

③ Karena hari ini dingin, saya mau memakai lengan panjang.

Bab 5 Menggerakkan Kursi Roda

P40-41 Percakapan

Ibu Yamada Hana, 85 tahun, Perempuan

Pikun/dementia, osteoporosis/pengeroposan tulang, spinal compression fracture/ patah tulang belakang yang disebabkan tekanan

Pemimpin: Ibu Yamada Hana dari kamar 202 mengalami pengeroposan tulang yang menyebabkan patah tulang belakang karena tekanan, menggunakan kursi roda. Tolong dibantu untuk jalan jalan.

Han: Ibu Yamada Hana di kamar 202 ya. Saya mengerti.

Han: Ibu Yamada, karena hari ini cuaca bagus, mari pergi keluar. Apakah sudah siap?

Yamada: Ya

Han: Kalau begitu, lepaskan remnya dan mari kita berangkat. Ibu Yamada, anda sudah cukup terbisa menjalankan kursi roda ya. Sangat lancar.

Han: Dari sini saya yang akan mendorong. Berbalik arah dan berjalan mundur saat jalanan menurun. Apakah sudah siap? Kita bergerak.

Han: Taman ini terkenal dengan bunga mawar. Semuanya mekar dan indah.

Yamada: Ya, baunya harum ya···saya sedikit lelah.

Han: Kalau begitu, mari kita beristirahat di sekitar sini. Tolong direm.
Apakah anda tidak apa-apa? Mau minum teh?

Yamada: Ya, saya haus. Terima kasih.

Han: Ah, tiba-tiba menjadi mendung ya. Mari kita kembali sebelum hujan turun.

Yamada: Ya, benar.

Han: Kalau begitu, tolong lepas remnya. Kita akan bergerak. Apakah sudah siap?

Yamada: Baiklah, tolong ya.

Han: Hari ini saya sudah mengantar Ibu Yamada Hana dari kamar 202 jalan-jalan
di taman mawar.

Pemimpin: Apakah tidak apa-apa dengan hujan?

Han: Ya, tidak apa-apa. Tetapi, begitu masuk gerbang hujan langsung turun.

P41-42 Pola Kalimat

1 (Disebabkan oleh˜)

① Banyak kecelakaan karena terjatuh.

② Dengan/karena sedang rehabilitasi bisa mengharapkan hasilnya.

③ Karena tersedak, kemungkinan terkena radang paru-paru tinggi.

2 (Sebelum˜/selama˜)

① Mari catat hal yang penting sebelum lupa.

② Tertidur selagi/selama makan.

③ Silahkan minum supnya selama masih hangat

3 Begitu masuk (Begitu selesai melakukan˜/hampir terjadi bersamaan)

① Setelah minum misoshiru, dia tersedak dan kelihatannya merasa kesakitan.

② Begitu berdiri langsung merasa pusing.

Bab 6 Tongkat bantu jalan

P48-49 Percakapan

Bapak Tanaka Masao, 87 tahun, laki-laki

Patah tulang pada kaki kiri 1 tahun yang lalu, berjalan menggunakan tongkat, sering buang air kecil

Pemimpin: Tolong dipandu Bapak Tanaka dari kamar 205 ke ruang makan.

Han: Baik. Memandu Bapak Tanaka ke ruang makan ya.

Pemimpin: Rehabilitasi Bapak Tanaka berjalan dengan baik, mulai minggu ini baru saja
beralih dari kursi roda menjadi berjalan dengan tongkat.

Han: Ya, luka Bapak Tanaka di sebelah kanan ya.
Pemimpin: Bukan, yang patah tulang adalah kaki sebelah kiri. Berhati-hatilah agar tidak terjatuh.
Han: Baik, saya mengerti. Kaki kiri ya.
Han: Bapak Tanaka, waktunya makan malam. Mari kita ke ruang makan.
Tanaka: Eh? Sudah waktunya makan malam? Apakah sudah makan siang?
Han: Ya, tadi sudah makan. Silahkan makan malamnya juga makan yang banyak ya.
Apakah kakinya tidak sakit?
Tanaka: Berkat anda, sudah membaik.
Han: Baik, silahkan tongkatnya.
Tanaka: Terima kasih.
Han: Karena saya akan memandu, mari jalan perlahan-lahan.
Pertama, keluarkan tongkat ke depan, selanjutnya kaki kiri lalu kaki kanan.
Tanaka: Oh, begitu. Tongkat, kaki kanan, kaki kiri.
Han: Bukan, terbalik. Tongkat, kaki kiri, kaki kanan.
Tanaka: Ah, begitu ya. Tongkat, kiri, kanan ya.
Han: Ahh, Lantainya basah ya. Mari lewat tepi agar tidak tergelincir.
Tolong pegang pegangannya ya.
Han: Saya sudah memandu Bapak Tanaka dengan tongkat ke ruang makan.
Pemimpin: Kerja yang bagus.
Han: Lantai dilorong basah. Karena berbahaya jika tergelincir, saya sudah mengepelnya setelah memandu.
Pemimpin: Terima kasih. Kalau begitu mari bersama sama kita menulis laporan peringatan Hiyari-hatto. Tolong ceritakan sedikit lagi secara detail.
Han: Baik, saya mengerti.

P49–50 Pola Kalimat

1 (Memastikan hal yang tidak diingat dengan jelas)

① Minggu lalu, pergi kemana ya?

② Orang itu apakah Bapak Yamamoto?

③ Apakah kemarin dingin?

2 (Alasan terjadi hasil yang baik / sebab)

① Berkat minum obat, panasnya turun.

② Berkat tubuh yang kuat, tidak pernah masuk rumah sakit (opname)

③ Berkat Bapak Han, pekerjaan menjadi cepat selesai.

3 (Urutan)

① Saat naik tangga, pertama letakkan tongkat, dianak tangga atas, selanjutnya kaki yang sehat. Lalu naikkan kaki yang lumpuh.

② Saat menuangkan teh, pertama masukkan daun teh ke teko, selanjutnya didihkan dengan air panas, kemudian tuangkan kegelas.

Bab 7 ▶ Makan

P56-57 Percakapan

Ibu Suzuki Tami, 90 tahun, perempuan

Dementia, diabetes/kencing manis, lumpuh ringan dibagian tubuh sebelah kanan

Pemimpin: Tolong bantu Ibu Suzuki Tami dari kamar 201 untuk makan. Karena mudah batuk, jadi tolong berhati-hati agar tidak tersedak.
Setelah itu, saat makan, karena badannya sering miring tolong dibantu membetulkan postur/posisi tubuhnya ya.

Han: Baik, saya mengerti. Ibu Suzuki Tami ya. Saya akan berhati-hati dengan postur/posisi tubuh dan saat beliau menelan.

Han: (maaf) Sudah membuat anda menunggu Ibu Suzuki. Silahkan oshiborinya. Apakah anda memerlukan celemek?
Oshibori → handuk kecil panas/dingin yang digunakan saat makan.

Suzuki: Ya, tolong.

Han: Bagaimana kondisi tubuh anda?
Mari saya sedikit betulkan postur/posisi tubuhnya ya. Mari luruskan punggungnya.
Kalau begitu pertama-tama mari minum tehnya seteguk.
Selanjutnya misoshiru? Karena panas, tolong berhati hati ya

Suzuki: Yaa···. (suara batuk)

Han: Apakah anda tidak apa-apa? Tolong minumnya pelan-pelan dan sedikit demi sedikit.

Suzuki: Selanjutnya makan ika..... saya tidak bisa melakukannya dengan baik

Han: Kalau begitu, biarkan saya sedikit membantu ya.

Suzuki: Maaf ya. Terima kasih.

Han: Tidak apa-apa. Ya, silahkan. Apakah mau memakai sendok? Tolong dikunyah dengan baik ya.
Anda makan dengan bersih ya. Mari lap tangan dan sekitar mulut.
Apakah anda cocok dengan makanannya.

Suzuki: Ya, enak. Terima kasih.

Han: Saya sudah selesai membantu Ibu Suzuki Tami dari kamar 201 untuk makan.
Saat minum misoshiru, sempat batuk.
Beliau tidak bisa memotong keci-kecil ikannya.

Pemimpin: Oh, begitu. Mungkin sebaiknya kita menyajikan misoshiru yang kental ya. Tolong pastikan untuk mencatat porsi makannya. Kerja yang bagus.

Toromi → bubuk untuk mengentalkan minuman/makanan cair agar lebih mudah ditelan oleh orang yang mempunyai gangguan menelan.

P57-58 Pola Kalimat

1 (Sering~)

① karena sering makan diluar, jadi cenderung kurang (makan) sayuran.

② karena cenderung sering sembelit, setiap malam sebelum tidur minum obat.

2 (Sesuatu tidak berjalan sesuai yang dibayangkan)

① Padahal sudah minum obat, tetapi panasnya tidak turun-turun.

② Rasa-rasanya saya tidak bisa mengingat Kanji.

3 (Meminta ijin · Proposal sopan)

① Karena kondisi badan buruk, saya minta dipulangkan lebih cepat.

② Bolehkah saya meletakkan barang disini?

Bab 8 Buang Air

P64-65 Percakapan

Bapak Tanaka Masao, 87 tahun, laki-laki

1 bulan yang lalu kaki kirinya patah tulang. Berjalan dengan tongkat. Sering buang air kecil

Pemimpin: Bapak Tanaka Masao dari kamar 205 sebelum tidur, tolong didampingi dan dijaga pergi ke toilet. Karena Bapak Tanaka toiletnya dekat, saat tengah malam menggunakan toilet portable.

Han: Ah, maaf. "Toiletnya dekat" maksudnya apa?

Pemimpin: Artinya "berkali-kali pergi ke toilet". Juga bisa dikatakan sering buang air kecil.

Jangan lupa menyiapkan toilet portablenya ya.

Han: Baik, akan saya siapkan agar tidak lupa.

Han: Bapak Tanaka, sebelum tidur mari pergi ke toilet sekali lagi.

Tanaka: Ya.

Han: Tolong pegang pegangannya ya. Apakah popoknya tidak kotor? Apakah anda bisa sendiri?

Tanaka: Ya, tidak apa-apa.

Han: Kalau sudah selesai, silahkan panggil saya ya. Mari kita kembali ke kamar bersama-sama.

Tanaka: Baik, saya mengerti.

Han: Saat tengah malam, silahkan menggunakan toilet portable. Saya letakkan di sini.

Tanaka: Ah, begini nyaman.

Han: Ketika akan memakainya, silahkan tekan tombol panggilnya. Karena saya akan memabantu.

Tanaka: Baik, terima kasih.

Han: Selamat tidur.

Tanaka: Selamat tidur.

Han: Saya sudah meletakkan toilet portable di kamar Bapak Tanaka.

Pemimpin: Baik. Tissue toiletnya juga sudah diletakkan kan?

Han: Ah, seharusnya sudah diletakkan. Tapi akan saya lihat sekali lagi. Maaf.

P65-66   Pola Kalimat

1   (Mengambil topik lawan bicara sebagai subject)

① "Masao" bagaimana menulis Kanji nya?

② "Telinganya jauh" maksudnya apa?

2   (Menunjukkan cara lain untuk mengatakan)

① Tokozure juga bisa disebut jokusou.

② Chokki juga bisa disebut vest .

3   (Pasti)

① Padahal seharusnya kemarin sudah ingat nama penghuni, tetapi menjadi lupa.

② Pemimpin besok juga pasti sibuk.

③ Waktu berkunjung/menjenguk seharusnya dari jam 15.

Bab 9   Penggantian Popok

P72-73   Percakapan

Ibu Anzai Chie, 96 tahun, perempuan

Haiyo Shoko gun

Pemimpin: Kalau sedang tidak ada kerjaan, bisakah tolong bantu mengantikan popok Ibu Anzai Chie dari kamar 204?

Han: Baik, tidak apa-apa. Saya bisa.

Pemimpin: Ibu Anzai, karena demam tinggi 1 bulan yang lalu, hidup dengan kursi roda pun menjadi susah dan hidupnya menjadi di tempat tidur. Karena tidak bisa membalikkan badan sendiri setelah menggantikan popok jangan lupa untuk membantu membalikkan badan ya.

Han: Baik, saya mengerti. Ibu Anzai, walupun dipanggil, suaranya tidak keluar ya.

Saya berpikir tidak ada respon.

Pemimpin: Ya, tetapi walaupun tidak ada respon, sambil memanggil (bersuara, tidak diam saja) tolong lakukan perawatan ya.

Han: Baik, akan saya lakukan.

Han: Ibu Anzai, selamat siang. Saya Han. Bolehkah saya bersihkan bagian bawahnya?

Anzai: Yaa....

Han: Saya tutup tirainya ya.

Saya lipat selimutnya ya. Saya lepas celana piyamanya.

Kalau begitu, saya lepas tapenya. Apakah lututnya bisa ditekuk? Saya bantu ya.

Saya elap ya, apakah handuknya tidak terasa panas?

Anzai: Tidak...

Han: Kalau begitu, saya ganti ya. Mari menghadap kearah sana.

Pantatnya saya elap ya. Mari saya ganti dengan yang baru ya.

Baik, sekarang tolong menghadap kesini.

Anzai: Yaaa···

Han: Karena saya yang melakukannya jadi tidak apa-apa.

Saya elap sekali lagi ya. Karena sudah selesai dilap mari menghadap ke atas.

Saya akan menempelkan tapenya. Ya, selesai.

Apakah ada bagian yang terasa tidak enak?

Anzai: Tidak...

Han: Saya pasang celananya ya. Mari sedikit arahkan badan ke jendela. Saya pasang selimutnya ya. Saya buka tirainya. Kalau begitu, saya akan datang lagi nanti.

Han: Saya sudah selesai menggantikan popok Ibu Anzai.

Pemimpin: Kerja yang bagus. Apakah tidak ada hal yang berubah?

Han: Ya, tidak ada bagian yang memerah. Tetapi tidak banyak respon.

Pemimpin: Oh, begitu. Tetapi dalam keadaan apapun tetap harus memanggil/bersuara. Karena semakin banyak memanggil, pengguna/pasien akan merasa nyaman.

Han: Baik saya mengerti. Oh ya, saya juga sedikit menghadapkannya ke jendela.

P74 **Pola Kalimat**

1 (Disebabkan karena...)

① Dikarenakan patah tulang, menjadi hidup dengan kursi roda.

② Dikarenakan pindah rumah, pikunnya semakin parah.

2 (Walaupun⁻)

① Meskipun lelah, tolong tetap merespon dengan senyum.

② Meskipun pegawai laki-laki sekalipun tetap menjadi beban dipinggang saat membantu mengangkat (pasien).

3 (Bila frekuensi suatu hal berubah, hal lain juga ikut berubah)

① Semakin lama tinggal semakin suka Jepang.

② Sayuran kalau semakin segar akan semakin enak.

Bab 10 Mandi

P80-81 Percakapan

Ibu Morishita Kimiko, 82 tahun, perempuan

Karena stroke, lumpuh tubuh bagian sebelah kiri

Pemimpin: Ibu Han, hari ini adalah hari untuk mandi (pengguna). Tolong bantu untuk memandikan.

Han: Baik Ibu Morishita Kimiko kemarin katanya sedikit masuk angin, apakah tidak apa-apa untuk mandi?

Pemimpin: Ya, sudah dikonfirmasi oleh perawat. Tapi tanyakan kondisi tubuhnya sekali lagi kepada orang yang bersangkutan, kalau sepertinya ada masalah, tolong laporkan.

Han: Baiklah, pertama akan saya coba tanyakan Ibu Morishita.

Han: Ibu Morishita, selamat siang. Hari ini adalah hari untuk mandi. Bagaimana kondisi anda?

Kemarin, katanya sedikit masuk angin ya?

Morishita: Terima kasih, sudah tidak apa-apa. Karna sejak minggu lalu tidak keramas, kepala menjadi gatal.

Han: Saya mengerti. Mari kita mencucinya sampai bersih. Kalau begitu, mari kita mandi.

Han: Ibu Morishita, pertama saya akan siramkan air hangat dari kaki kanan. Bagaimana tingkat kepanasan airnya?

Morishita: Sudah pas.

Han: Pertama mari kita keramas. Tolong pejamkan mata.

Saya tuangkan samponya.

Apakah sudah tidak ada bagian yang gatal?

Morishita: Ya.

Han: Kalau begitu saya bilas ya.

Sekarang mari kita mencuci badan.

Bagian yang bisa dijangkau, apakah bisa dicuci sendiri?

Morishita: Baik, apakah sudah rata?

Han: Kalau begitu, saya cuci punggungnya ya.

Morishita: Tolong ya.

Han: Saya sudah selesai membantu memandikan. Ibu Morishita Kimiko sudah mandi tanpa ada masalah.

Pemimpin: Syukurlah. Apakah sudah diberi minum setelah mandi?

Han: Ya. (Ibu Morishita) sudah meminum teh.

Pemimpin: Anda sudah terbiasa dengan pekerjaan ini ya. Kerja yang bagus.

P81-82 Pola Kalimat

1 (Merasa sedikit˜) . (Situasinya agak/sedikit˜)

① Akhir-akhir ini sibuk dengan pekerjaan, jadi sedikit lelah.

② Bapak Suzuki berbicara dengan sedikit gugup.

2 (Keadaan. Perkiraan)＋Jika (Sebab). Saat itu situasinya/kelihatannya)

① Kalau sepertinya sakitnya berkelanjutan, mari kita periksakan kepada dokter.

② Kalau sepertinya bengkaknya tidak berkurang/mengempis, mari kita tempel koyo.

③ Kalau sepertinya panasnya tinggi, silahkan hubungi perawat.

3 (Sebab · Penyebab)

① Karena masuk angin, tidak bisa mandi.

② Karena panas/demam, wajahnya memerah.

Bab 11 Mengelap Badan

P88-89 Percakapan

Bapak Saitou Jirou, 89 tahun, laki-laki

Pembesaran prostat Sering buang air kecil, Ruam di belakang

Pemimpin: Bapak Saitou Jirou dari kamar 206, karena sedang dalam pengobatan ruam merah di punggungnya, masih sedikit harus bersabar untuk bisa mandi. Hari ini juga tolong mengelapkan badannya ya.

Han: Baiklah, Bapak Saitou Jirou dari kamar 206 ya. Saya mengerti.

Han: Bapak Saitou, selamat siang. Hari ini bagaimana keadaannya?

Saitou: Hmm···punggung terasa gatal...

Han: Oh begitu. Bisa tolong perlihatkan? Saya tutup tirainya ya. Ah, lebih merah dari kemarin ya.

Saitou: Saya tidak tahan dengan gatalnya. Selama tertidur sepertinya saya menggaruknya.

Han: Itu tidak boleh. Nanti mari periksakan ke perawat. Kalau begitu, hari ini juga kita lap badannya.

Saitou: Oh, begitu. Sayang sekali ya hari ini tidak bisa mandi. Apa boleh buat, tolong ya.

Han: Apakah tidak apa-apa dengan suhu ruangannya? Apakah tidak dingin?

Saitou: Ya, tidak apa-apa.

Han: Kalau begitu pertama-tama, mari mengelap wajah dan leher ya. Tolong bersihkan juga bagian dalam dan belakang telinganya ya.

Silahkan handuknya. Bagaimana dengan suhunya? Apakah tidak terlalu panas? Jika sudah selesai mengelapnya, a tolong elap dengan handuk kering ya.

Selanjutnya mari kita mengelap lengan.

Han: Ya, sudah selesai. Terima kasih. Bagaimana rasanya?

Saitou: Ah, sudah segar. Terima kasih. Tapi, tetap rasanya ingin mandi.

Han: Iya ya (pasti ingin mandi). Alangkah baiknya jika ruam merah dipunggung cepat membaik ya.

Semoga cepat sembuh.

Han: Saya sudah selesai mengelap badan Bapak Saitou Jirou.

Ruam merah di belakang dipunggungnya lebih merah dibandingkan hari kemarin.

Gatal dan dia menggaruknya selama/selagi tidur katanya.

Pemimpin: Oh, begitu. Sepertinya semakin bertambah parah ya. Mari coba diskusikan kepada perawat. Terima kasih.

P90-91 Pola Kalimat

1 (=Seperti sudah tidak bisa bersabar˜, apa boleh buat)

① Karena makan-makanan asin, tenggorokan menjadi haus tak tertahankan.

② Tidak tahan dengan panasnya musim panas di Jepang.

③ Sampai terbiasa, saya tidak nyaman/khawatir dan tidak tahan dengan kehidupan di Jepang.

2 (=Dipikirnya begitu / perkiraan)

① Bel pintu masuk berbunyi. Sepertinya ada seseorang datang.

② Bapak Yamada sepertinya tidak suka memakai popok, jadi sebisa mungkin pergi ke toilet sendiri.

③ Mata gatal dan hidung juga keluar ingus. Sepertinya alergi serbuk bunga.

3 (=Semakin ˜)

① Setelah sakit badannya menjadi semakin kurus.

② Populasi anak di Jepang semakin berkurang.

P96-97 Percakapan

Ibu Suzuki Tami, 90 tahun, perempuan

Pikun diabetes lumpuh ringan pada tubuh sebelah kanan

Pemimpin: Pak Han, hari ini karena tiba-tiba Bapak Yamamoto libur, tolong gantikan Bapak Yamamoto untuk mengumpulkan cucian dan merapikan tempat tidur di kamar 201 dan 202.

Han: Baik, kamar Ibu Suzuki Tami dan Ibu Yamada Hana ya.

Pemimpin: Tolong jangan lupa memastikan nama-nama pakaian yang mau dicuci.

Han: Baik, akan saya pastikan nama-namanya.

Han: Ibu Suzuki, selamat siang. Saya Han. Karena hari ini adalah hari kamis, saya datang untuk mengumpulkan cucian dan mengganti sprei.

Suzuki: Eh, hari ini hari kamis ya? Bukan hari minggu?

Han: Ya, hari kamis. Hari untuk menganti sprei sekali dalam seminggu .

Suzuki: Eh, apakah hanya bisa diganti pada hari kamis?

Han: Tidak, bukan berarti telah ditentukan hanya satu kali dalam seminggu. Kapanpun akan diganti jika kotor. Saat itu, bilang saja ya.

Suzuki: Oh, syukurlah.

Han: Ini adalah pakaian yang akan dicuci ya? Ah, di kaos kaki itu tertulis "Yamada Hana". Milik Ibu Yamada ya.

Suzuki: Oh ya? Kenapa bisa ada di atas tempat tidur saya ya...? Harus dikembalikan.

Han: Karena nanti saya akan ke kamar Ibu Yamada, akan sekalian saya kembalikan.

Suzuki: Maaf ya. Tolong ya.

Han: Kalau begitu, karena saya akan mengganti spreinya, silahkan tunggu sebentar di luar.

Suzuki: Kalau begitu, saya mau ke ruang makan. Sudah waktunya makan malam kan?

Han: Karena sudah hampir jam 10, waktu minum teh. Apakah mau menunggu di ruang makan?

Suzuki: Ya.

Han: Kalau begitu, mari kita pergi ke ruang makan bersama-sama.

Han: Saya sudah mengganti sprei, mengumpulkan cucian lalu meletakkannya diruang cucian.

Pemimpin: Terima kasih. Apakah ada hal yang aneh/berubah?

Han: Ya, kaos kaki milik Ibu Yamada ada ditempat tidur Ibu Suzuki. Apakah pikunnya sudah bertambah parah ya? Sepertinya menjadi tidak mengerti hari dan waktu.

Pemimpin: Oh begitu. Bagaimana kondisinya, tolong dicatat dengan baik.

1 (Perwakilan)

① Karena hujan mari kita bermain game didalam ruangan sebagai pengganti jalan jalan.

② Sebagai ganti makan di restoran mari kita pergi menonton film.

③ Saya hadir dalam rapat menggantikan pemimpin.

2 (Penyangkalan sebagian)

① Bukan berati dikatakan "benar-benar tidak boleh".

② Sekalipun hari libur, bukan berarti selalu senggang.

③ Bukan berarti setiap minggu, hari minggu itu libur.

3 (Saat melakukan sesuatu, hal lain juga dilakukan)

① Saat menyerahkan dokumen kepada orang kantor, sekalian mengcopy.

② Saat pergi keluar, sekalian membeli perangko di kantor pos.

③ Saat traveling (jalan-jalan) sekalian pergi kerumah teman.

Bab 13 ▶ Perawatan Mulut

Bapak Tanaka Masao, 87 tahun, laki-laki

Pikun, patah tulang kaki kiri 1 tahun yang lalu, berjalan dengan tongkat, sering kencing

Pemimpin: Karena makan malam sudah selesai, mohon bertugas untuk perawatan mulut Bapak Tanaka Masao.

Han: Baik, Bapak Tanaka Masao ya.

Pemimpin: Bapak Tanaka memakai full gigi palsu. tidak hanya gigi palsu saja tapi juga jangan lupa untuk merawat lidah dan gusinya.

Han: Baik, saya mengerti.

Bapak Tanaka, selamat malam. Saya Han. karena sudah selesai makan mari menggosok gigi.

Tanaka: Ya. Kalau dibersihkan akan bisa segera tidur.

Han: Bapak Tanaka, tolong dilepas dari gigi palsu yang bawah.

Tanaka: Ya, ya.

Han: Mari menggosok gigi menggunakan sikat gigi.

Tanaka: Kalau sekedar menggosok menggunakan sikat gigi saja saya bisa sendiri.

Han: Iya, tolong ya.

Tanaka: Tapi, dibagian ini rasa rasanya tidak bisa bersih. Pak han tolong coba lakukan dan perlihatkan (caranya kesaya).

Han: Baik, pegang sikat giginya seperti ini, lalu menggosok dengan cara seperti ini.

Tanaka: Oh, begitu. Kalau saya melakukan seperti yang Pak Han lakukan menjadi bersih....

Han: Ya, sudah menjadi bersih ya.

Saya taruh gigi palsunya di air ya. Sekarang mari kita bersihkan bagian dalam mulut.

Pemimpin: Apakah sudah selesai melakukan perawatan mulut Bapak Tanaka?

Han: Ya, sudah selesai.

Pemimpin: Apakah sudah dipastikan bahwa kotoran nya sudah terambil semua?

Han: Ya, terakhir saya juga sudah memastikan gigi palsu dan rongga mulutnya.

Pemimpin: Sudah saya serahkan pada Ibu Han, tidak apa-apa ya.

P105-106   Pola Kalimat

1   (Memberi contoh sebagai hal yang sangat mudah)

① Kalau sekedar menulis nama saja, mudah.

② Kalau sekedar meminjamkan 10.000 yen saja tidak masalah.

③ Kalau sekedar menyetir mobil saja, kalau berlatih siapapun bisa.

2   (Melakukan untuk diperlihatkan)

① Sebagai contoh, Ibu Uchiyama akan menari dan menunjukkan.

② Karena saya akan menunjukkan caranya, (setelah itu) lakukan perawatannya seperti yang saya lakukan.

3   (Seperti)

① Saya mengganti popok sesuai dengan yang saya pelajari dari pemimpin.

② Berlatih melafalkan sesuai dengan CD.

Bab 14 ▶ Tindakan Saat Keadaan Darurat

P112-113   Percakapan

Han: Bapak Saitou, ada apa?

Saitou: Setelah meminum jus apel ini, tiba tiba saya menjadi tidak enak badan (mual) .... (*suara terbatuk-batuk...muntah.*)

Han: Ini apa? Eh...ini, serbuk mandi ! Sekarang saya hubungi perawat ya.

Nyuyoku zai→ zat aditif untuk mandi dengan berbagai aroma.

Han: Maaf, Bapak Saitou dari kamar 206 muntah di kamar. Dia salah meminum serbuk mandi karena mengira itu adalah jus apel. Tolong ditangani.

Perawat: Bapak Saitou, Bapak Saitou, kenapa? Tidak apa-apa? Pak Han, tolong segera panggil ambulans.

Han: Baik.

Perawat: Kalau begitu saya akan mendampingi, perkembangannya akan saya hubungi nanti. Tolong segera hubungi pemimpin.

Han: Bapak Saitou Jirou dari kamar 206, jam 15:20 panggilan perawat nya berdering.

Begitu saya ke kamar Bapak Saitou muntah-muntah. Sepertinya telah meminum serbuk mandi karena mengira itu adalah jus apel. Lalu saya segera meminta perawat untuk memeriksa.

Saya panggilkan ambulans dan Bapak Saitou dibawa ke Rumah Sakit.

Perawat ikut pergi bersama-sama. Kalau pengobatannya sudah selesai, akan dihubungi.

Pemimpin: Oh, begitu. Pasti repot ya. Bagus kalau tidak ada hal yang parah/mudah-mudahan tidak ada hal yang parah ya. Saya akan menghubungi keluarganya.

Pemimpin: Ada laporan dari perawat. Pengobatan telah selesai dan Bapak Saitou selamat.

Han: Syukurlah. Mengapa bisa ada serbuk mandi di kamar Bapak Saitou?

Pemimpin: Saat saya tanyakan pada keluarganya, mereka datang membawa serbuk mandi yang dikira jus apel.

Kita memang harus mengamati barang-barang milik pengguna dan barang-barang yang ada disekitarnya.

Mari semuanya berhati-hati ya.

Han: Baik⋯. Telah meminum serbuk mandi.....membuat saya terkejut.

P114 Pola Kalimat

1 (Penemuan)

① Begitu diukur panasnya, 37.2 derajat.

② Begitu membuka jendela, turun salju.

2 (Kalau˜ hasilnya˜)

① Saat saya berdiskusi dengan pemimpin, beliau memberi nasehat yang bagus.

② Saat saya melakukan pemeriksaan menyeluruh, tidak hal yang abnormal.

3 (Perasaan terkejut melihat dan mendengar hal yang tidak dibayangkan)

① Padahal bulan Mei tapi sedingin ini. Tidak bisa dipercaya.

② Setelah operasi bisa menjadi sesehat ini, seperti mimpi.

Bab 15 ▸ Penanganan Terhadap Orang Pikun (Delusi Barangnya Diambil/Dicuri)

P120-121 Percakapan

Penanggung jawab perawat lansia:

Ibu Han, apakah sudah terbiasa dengan pekerjaan?

Han: Ya, berkat anda sudah terbisa.Pekerjaan setiap hari rata-rata tidak ada masalah.

Tapi saya belum bisa melakukan penanganan terhadap orang pikun dengan baik.

Penanggung jawab perawat lansia:

Ya, karena setiap pengguna itu keadaannya berbeda-beda, lalu penanganannya harus disesuaikan satu persatu. Sulit ya.

Han: Ya. Ibu Yamada Hana berkata bahwa kadang-kadang dompetnya diambil (hilang).

Penanggung jawab perawat lansia:

Itu disebut (Delusi barangnya diambil/dicuri). Gejala yang sering muncul pada orang pikun.

Saat seperti itu, pertama-tama ajak untuk mencari bersama. Lalu saat mencari, alihkan pikirannya ke hal yang lain.

Han: Saya mengerti. Akan saya coba lakukan.

Han: Ibu Yamada, anda kenapa?

Yamada: Dompet saya hilang. Tadi saya memasukkannya kelaci lemari.

Han: Aneh ya. Coba saya lihat.

Yamada: Nah, tidak ada kan? Tidak salah lagi pasti Ibu Morishita yang mengambilnya. Karena tadi dia masuk ke kamar.

Han: Oh, begitu. Tapi mari coba mencari lagi sebentar. Saya juga akan mencari di dalam kloset.

Han: Ah, foto ini apakah cucu anda? Lucu ya.

Yamada: Bukan, itu anak laki-laki saya. Sekarang berumur 5 tahun. Sangat suka kereta. Sering jalan-jalan sampai stasiun sambil pergi untuk melihat kereta.

Han: Kelihatannya menyenangkan ya. Ah, sudah waktunya makan snack. Hari ini adalah puding kesukaan Ibu Yamada lho.

Yamada: Oh ya? Senangnya.

P121 Pola Kalimat

1 (Delusi barangnya diambil/dicuri)

① Bunga ini disebut "Tanpopo", mekar pada awal musim semi.

② Disini disebut ruang linen. Sprei dan handuk diletakkan disini.

2 (Berpikir bahwa pasti ˜)

① Orang itu pasti anak laki-laki Bapak Takahashi.

② Besok pasti akan turun hujan

③ Smart phone pasti praktis.

3 (Melakukan A sambil melakukan B)

① Saya mengingat jalan sambil mengantarkan pengguna.

② Sambil berolah raga, saya datang ke fasilitas dengan berjalan kaki.

Bab 16 Penanganan Terhadap Orang Pikun (Keinginan Untuk Pulang Kerumah)

P126-127 Percakapan

Han: Ibu Suzuki Tami, akhir-akhir ini kalau sudah malam merasa ingin pulang ke rumah dan tidak mau makan malam.

Penanggung jawab perawat lansia:

Karena pasti ada alasan ingin pulang, pertama mari tanyakan alasan itu.

Han: Iya. Ibu Suzuki bilang karena suaminya pulang dia harus membuat makanan. Kemarin dia hampir pergi keluar dari pintu gerbang.

Penanggung jawab perawat lansia:

Kalau pikun menjadi tidak paham dengan waktu, tempat dan orang. Diri sendiri pun merasa sangat gelisah. Bisa dikatakan bahwa keinginan untuk pulang itu menjadi penyebab dia gelisah. Perlu untuk menanyakan perasaan beliau dengan baik dan memberi respon yang pas.

Han: Bagaimana sebaiknya menangani keadaan Ibu Suzuki?

Penanggung jawab perawat lansia:

Ya, mungkin dengan mengajak jalan-jalan atau berbicara tentang kenangan bersama keluarga.

Tapi, yang paling penting adalah membantu agar beliau bisa merasa nyaman menjalani kehidupan disini.

Han: Bagus ya jika fasilitas ini bisa menjadi rumah bagi Ibu Suzuki.

Penanggung jawab perawat lansia:

Yaa.

Han: Ibu Suzuki, anda mau kemana?

Suzuki: Pulang ke rumah.

Han: Apakah ada hal yang dikhawatirkan?

Suzuki: Saya harus membuat nasi untuk anak-anak. Suami saya juga mau pulang.

Han: Di luar sudah gelap dan juga dingin lho.

Suzuki: Karena itu harus cepat-cepat pulang.

Han: Saya mengerti. Saya juga akan pergi bersama dengan anda.

Suzuki: Oh, maaf ya.

Han: Ah, disana sudah ada toko kue ya.

Ibu Suzuki katanya pintar membuat kue ya?

Suzuki: Ya. Pada hari ulang tahun anak-anak pasti membuat kue.

Han: Kapan-kapan tolong ajari saya juga cara membuat kue.

Suzuki: Baiklah.

Han: Dingin ya? Karena angin dingin tidak baik untuk badan, mari kita kembali.

Suzuki: Ya, dingin ya.

P127-128 Pola Kalimat

1 (Keinginan·Emosi/Perasaan) (tidak bisa digunakan utuk diri sendiri)

① Begitu bertambah usia, tidak terlau ingin minum.

② Bapak Arita benci mandi.

③ Bapak Ooyama tertarik dengan drama TV dan sering menonton.

2 (Tidak melakukan hal yang diharapkan)

① Meskipun demam, tidak mau pergi ke rumah sakit.

② Meskipun sudah diingatkan bahwa buruk untuk kesehatan, tidak mau berhenti merokok.

3 (Teringat dan rindu pada hal yang sering dilakukan di masa lalu)

① Ketika masih anak-anak, sering bermain baseball bersama teman.

② Ketika masih muda, sering pergi untuk minum sake.

Bản dịch

Tiếng Nhật
→ Tiếng Việt

Gửi các bạn học sách giáo trình này

Cuốn sách này đã được biên soạn nhằm mục đích giúp các bạn làm việc ở nơi điều dưỡng chăm sóc có thể giao tiếp được với các nhân viên và các người cần được chăm sóc ở đó một cách trôi chảy.

Câu hội thoại của các chương được minh họa trong truyện tranh để các bạn có thể tưởng tượng ngữ cảnh một cách dễ dàng. Vì các câu hội thoại hơi dài nên không cần học thuộc lòng mà tốt hơn hết là phải hiểu rõ cách nói chuyện như thế nào trong từng ngữ cảnh.

Khi các bạn làm việc ở nơi điều dưỡng chăm sóc thì đương nhiên là cần phải có khả năng giao tiếp với các người được chăm sóc, tuy nhiên điều cần thiết trước tiên là phải có khả năng nghe, hiểu lời chỉ dẫn của các nhân viên và khả năng báo cáo công việc mà mình đã thực hiện.

Các bạn học theo giáo trình này thì sẽ có được khả năng nghe, hiểu lời chỉ dẫn, báo cáo công việc chăm sóc của mình và có thể học thuộc lòng từ vựng sử dụng ở nơi điều dưỡng chăm sóc.

Có bản dịch tiếng Việt trong sách kèm theo, vì vậy các bạn hãy hiểu ý nghĩa của hội thoại và từ vựng thật chính xác, đồng thời, hãy tận dụng luôn cả tài liệu âm thanh.

Cách học tập

Phần 1

● Câu hội thoại trong các chương
  • Hãy đọc truyện tranh, sau đó tưởng tượng đến ngữ cảnh của hội thoại.
  • Vừa xem sách giáo trình vừa nghe tài liệu âm thanh.
  • Đọc hội thoại và câu dịch trong sách kèm theo để hiểu nội dung.
  • Xác nhận lại ý nghĩa của các từ trong hội thoại ở danh sách từ vựng. Hãy học thuộc lòng từ vựng, nếu có thể.
  • Đọc câu hội thoại thêm 1 lần để xác nhận lại là đã hiểu nội dung hay chưa, sau đó tập đọc thành tiếng.
  • Không nhìn sách giáo trình mà chỉ tập nghe nội dung chỉ dẫn bằng tài liệu âm thanh.
  • Hãy tập để có thể nói được những câu báo cáo.
● Mẫu câu, câu thí dụ, bài tập của các chương
  • Xác nhận lại các mẫu câu được gạch dưới trong hội thoại.
  • Xem danh sách từ vựng để xác nhận lại ý nghĩa của các từ trong mẫu câu, câu thí dụ và bài tập. Hãy học thuộc lòng từ vựng, nếu có thể.
  • Xem câu dịch trong sách kèm theo để xác nhận lại phần giải thích và ý nghĩa của mẫu câu.
  • Xem bản dịch trong sách kèm theo, đồng thời đọc câu thí dụ để xác nhận lại ý nghĩa.
  • Vừa xem sách giáo trình vừa nghe tài liệu âm thanh.

• Hãy học thuộc lòng các câu thí dụ.

• Làm bài tập, sau đó so lại với đáp án.

● Từ vựng liên quan của các chương

Liệt kê ra những từ liên quan đến nội dung của các chương. Đó là những từ giúp ích cho công việc ở nơi điều dưỡng chăm sóc. Càng biết nhiều từ càng có thể nâng cao khả năng giao tiếp.

Hãy xác nhận lại ý nghĩa của các từ ở danh sách từ vựng và học thuộc lòng các từ đó để sử dụng ở nơi làm việc và sinh hoạt.

Phần 2: Luyện tập nghe lời chỉ dẫn

Phần 3: Luyện tập báo cáo

Cách học tập đã được ghi ở phần đầu của các bài tập, hãy tiến hành theo hướng dẫn đó.

Chương 1 Tự giới thiệu

P10

Chị Hạnh là người Việt Nam, bắt đầu làm việc ở Tokubetsu Yogo Rojin Home (viện dưỡng lão đặc biệt) "Ohisama" từ hôm nay.

Hạnh: Xin chào các anh chị. Em là Hạnh, người Việt Nam, bắt đầu làm việc ở đây từ hôm nay. Mong được sự giúp đỡ của các anh chị.

Takada: Tôi là Takada, giám đốc cơ sở này. Chị hãy cố gắng làm việc nhé.

Tôi giới thiệu hộ lý trưởng với chị. Đây là chị Yamamoto, hộ lý trưởng.

Yamamoto: Tôi là Yamamoto, mong được sự hợp tác của chị.

Hạnh: Em cũng mong được sự hướng dẫn của chị.

Yamamoto: Tôi giao chị Hạnh phụ trách Unit "Tanpopo" ở tầng 2.

Tôi sẽ giới thiệu Unit leader (Unit trưởng) với chị sau nhé.

Hạnh: Dạ.

Yamamoto: Vậy thì bây giờ tôi hướng dẫn chị đến các phòng trong cơ sở nhé.

Hạnh: Dạ. Xin chị hướng dẫn cho em.

P11 Mẫu câu

1 (Có dự định, được quyết định làm gì đó)

① Thông thường, mỗi buổi sang chúng tôi họp giao ban vào lúc 9 giờ.

② Thông thường, không đi dạo vào những ngày trời mưa.

③ Thông thường, chúng tôi họp vào mỗi sáng thứ hai.

2 (Câu mệnh lệnh lịch sự)

① Chị Hạnh nghỉ trưa từ 1giờ nhé.

② Chị Hạnh hãy để thêm tã vào tủ nhé.

3 (Cách thể hiện ý định của mình một cách lịch sự)

① Để tôi thay tã của ông Tanaka cho.

② Để tôi giới thiệu Unit leader cho chị nhé.

Chương 2 Ngày làm việc thứ nhất

P18–19

Hạnh: Xin chào các anh chị. Từ hôm nay em bắt đầu làm việc.

Mong được sự hướng dẫn của các anh chị.

Unit trưởng (Sato Sakura):

Chào chị. Hôm nay thì trước tiên là chị hãy nhớ tên và số phòng của các ông bà. Sau đó là nhớ chỗ ngồi của họ ở phòng ăn nhé.

Hạnh: Dạ, em hiểu rồi.

Unit trưởng: À, những việc được chỉ định thì không chỉ trả lời là dạ thôi mà chị hãy lặp lại nội dung nhé.

Như vậy thì tôi cũng có thể biết được là chị đã hiểu hay chưa.

Hạnh: Dạ. Hôm nay em nhớ tên, số phòng và chỗ ngồi ở phòng ăn của các ông bà, phải không chị ?

Unit trưởng: Bây giờ tôi phát trà cho các ông bà. Chúng ta hãy cùng đi nhé.

Hạnh: Dạ. Xin chị hướng dẫn cho em.

Unit trưởng: Phòng 201 là phòng của bà Suzuki Tami. Về tình hình của các ông bà thì tôi sẽ giải thích tỉ mỉ sau.

Hạnh: Phòng 201 là bà Suzuki Tami, phải không chị ? Em ghi nhớ.

Unit trưởng: Tiếp theo thì chị hãy nhớ chỗ ngồi của các ông bà ở phòng ăn nhé. Ở "Tanpopo" có tất cả bao nhiêu người ?

Hạnh: Dạ, 9 người.

Unit trưởng: Khi ăn cơm thì cho 3 người ngồi 1 bàn, tất cả là 3 bàn nhé.

Tôi đã copy sơ đồ chỗ ngồi rồi. Chị hãy xem sơ đồ này để nhớ chính xác nhé.

Hạnh: Dạ, em sẽ nhớ.

Unit trưởng: Công việc của ngày thứ nhất thì chị thấy thế nào ?

Hạnh: Em thấy nhớ tên của các ông bà khó quá . Em chưa nhớ hết được.

Unit trưởng: Đây là việc quan trọng nhất nên chị hãy nhớ mặt và tên của các ông bà càng sớm càng tốt nhé.

Hạnh: Dạ. Tối nay em sẽ xem lại và cố gắng nhớ.

P19 Mẫu câu

1 (Ngoài ra có cái khác nữa/làm việc khác nữa)
   ① Không chỉ nhớ tên mà còn nhớ số phòng.
   ② Trưởng nhóm không phải lúc nào cũng nghiêm khắc mà có lúc hiền lành.
   ③ Không những con trai mà các cháu cũng đến thăm tôi.

2 (Nói kết luận)
   ① Hôm nay trời mưa nên hủy kế hoạch đi dạo, phải không ?
   ② Bà Morishita bị sốt cao nên hôm nay bà ấy không tắm, phải không ?

3 (Về cái gì đó, việc gì đó)
   ① Tôi báo cáo về số lượng ăn của bà Yamada.
   ② Tôi đang học về kỹ năng điều dưỡng chăm sóc.

P24-25

Bà Yamada Hana 85 tuổi, nữ, bị chứng sa sút trí nhớ, chứng loãng xương, gãy xương chèn ép cột sống

Unit trưởng: Chị Hạnh ơi, chị hãy trông chừng bà Yamada Hana ở phòng 202 rửa mặt, chải tóc nhé.

Hạnh: Dạ. Bà Yamada Hana, phòng 202, phải không chị ? Em hiểu rồi.

Hạnh: Cháu chào bà Yamada. Bà có khỏe không ? Hôm qua bà ngủ ngon không ?

Yamada: Ừ, bà ngủ ngon.

Hạnh: Vậy hả bà ? Vậy thì bà hãy ngồi dậy rồi rửa mặt nhé.

Cháu cho nâng đầu giường lên nhé.

Bà xăn tay áo lên để tay áo không bị ướt được không ?

Bà hãy kẹp tóc để không bị ướt nhé. Cháu giúp bà nhé.

Hạnh: Bà xong chưa ? Mời bà dùng khăn này.

Yamada: Cảm ơn cháu nhé.

Hạnh: Ủa. Xung quanh miệng của bà hơi bị đỏ rồi.

Bà có bị ngứa hay bị đau không ?

Yamada: Ừ, bà hơi bị ngứa một chút.

Hạnh: Vậy hả bà ? Vậy thì cháu nhờ y tá xem cho bà sau nhé.

Bây giờ thì bà hãy chải tóc nhé. Lược đây bà.

Yamada: Cảm ơn cháu. Như vậy thì được chưa ?

Hạnh: Dạ, bà chải tóc đẹp rồi. Vậy thì cháu sẽ quay lại sau nhé.

Hạnh: Em đã trông chừng bà Yamada Hana, phòng 202 rửa mặt và chải tóc xong rồi.

Vùng xung quanh miệng của bà ấy đã bị đỏ lên rồi. Bà ấy nói là bị ngứa một chút. Em sẽ liên lạc với y tá.

Unit trưởng: Tôi hiểu rồi. Chị đừng quên nhé.

P25-26 **Mẫu câu**

1 (Mục đích)

① Luyện tập để phục hồi chức năng đi bộ.

② Tôi đi gấp để không bị trễ cuộc họp.

③ Hãy chú ý để các ông bà không nuốt nhầm.

2 (Nghe nói là ...)

① Nghe nói là hôm qua ngủ ngon.

② Nghe nói là sung sướng được gặp gia đình.

③ Nghe nói món ăn tối nay là Gomoku-Chirashi (cơm sushi trộn).

3 (Làm việc A trong trạng thái không làm việc B)

① Tôi không về nước mà sẽ làm việc ở Nhật Bản 3 năm.

② Tôi không ăn sáng mà đi công ty luôn.

③ Ngày nghỉ thì tôi thường không làm gì cả mà chỉ nghỉ ngơi tà tà ở phòng thôi.

Chương 4   Cởi, mặc quần áo

P32-33

Bà Morishita Kimiko 82 tuổi, nữ, bị liệt nửa người bên trái do nhồi máu não.

Unit trưởng: Chị Hạnh ơi, chị hãy phụ giúp bà Morishita Kimiko, phòng 203 thay đồ nhé.

Hạnh: Bà Morishita bị liệt nửa người bên trái, phải không chị ?

Unit trưởng: Đúng vậy. Những việc bà ấy có thể tự làm thì để bà tự làm, còn những việc bà ấy không làm được thì chị hãy phụ giúp nhé.

Hạnh: Dạ, em hiểu rồi.

Hạnh: Bà Morishita ơi, bà hãy thay đồ nhé.

Morishita: Ừ.

Hạnh: Vậy thì bà hãy cởi áo ngủ ra. Bà cởi từ tay phải được không ?

Hạnh: Bà cởi áo ngủ xong rồi. Vậy thì bà hãy mặc áo sơ mi vào.

Tay trái thì cháu phụ giúp bà một chút nhé. Cháu cho tay phải của bà vào tay áo.

Bà hãy cho tay phải vào tay áo nhé.

Bà có thể cài nút được không ? Cháu phụ giúp một chút nhé.

Morishita: Cháu giúp bà nhé. Lần nào thay đồ cũng nhờ cháu giúp nên bà thấy ngại quá.

Hạnh: Dạ không sao bà. Tiếp theo thì bà thay quần nhé.

Bà cầm tay vịn này đứng dậy được không ?

Bà cho cháu kéo quần xuống nhé.

Rồi, bà hãy ngồi xuống.

Bà cởi quần từ chân phải nhé. Bà hãy nâng chân phải lên.

Tiếp theo thì bà mặc quần nhé. Khi mặc thì bà mặc từ bên trái nhé.

Bà hãy đứng đậy lần nữa. Cháu kéo quần lên, bà nhé.

Áo sơ mi thì để bình thường (cho ra từ quần) hay là cho vào trong quần, bà ? Xong rồi.

Bà ơi, hôm nay trời hơi lạnh nên mặc áo gì nữa không ?

Morishita: Vậy thì bà mặc áo khoác đỏ đó nhé.

Hạnh: Dạ, cháu hiểu rồi. Bà mặc nhé. Áo này hợp với bà quá !

Morishita: Vậy hả. Cảm ơn cháu.

Hạnh: Em đã phụ giúp bà Morishita thay đồ xong rồi. Hôm nay trời hơi lạnh nên em đã cho bà ấy mặc áo khoác.

Unit trưởng: Vậy hả ? Chị chu đáo quá. Cảm ơn chị nhé.

1 (Sự kết thúc hành động)

　① Sau khi rửa đĩa chén xong thì hãy lau bằng khăn này.

　② Tôi đã đọc xong cuốn sách mà tôi đã mượn rồi.

　③ Khi nào xem xong thì hãy tắt TV.

2 (Mỗi lần, lần nào cũng)

　① Mỗi lần xem ảnh của gia đình là tôi đều nhớ ngày xưa.

　② Mỗi lần đi bộ là tôi đều bị đau eo lưng.

　③ Khi kiểm tra thì lúc nào tôi cũng căng thẳng.

3 (Quyết định)

　① Anh muốn uống gì ? – Tôi uống trà lạnh. (Xin chị cho tôi trà lạnh.)

　② Chị muốn mặc/lấy cái nào ? Quần hay là váy ? - Tôi mặc/lấy quần.

　③ Hôm nay trời lạnh nên tôi mặc áo dài tay.

Chương 5　Di chuyển bằng xe lăn

Bà Yamada Hana 85 tuổi, nữ, bị chứng sa sút trí nhớ, chứng loãng xương, gãy xương chèn ép cột sống

Unit trưởng: Bà Yamada Hana, phòng 202 đang sử dụng xe lăn vì đã bị gãy xương chèn ép cột sống bởi chứng loãng xương. Chị hãy phụ giúp bà ấy đi dạo nhé.

　　Hạnh: Dạ, bà Yamada Hana, phòng 202, phải không chị ? Em hiểu rồi.

　　Hạnh: Bà Yamada ơi, hôm nay trời đẹp nên chúng ta cùng đi dạo nhé.

　　　　Bà chuẩn bị xong chưa ?

　Yamada: Rồi.

　　Hạnh: Vậy thì bà hãy mở thắng xe và bắt đầu đi nhé.

　　　　Bà đã quen sử dụng xe lăn lắm rồi. Bà đi xe giỏi quá.

　　Hạnh: Từ chỗ này thì bà cho cháu đẩy xe nhé.

　　　　Khi xuống dốc thì quay ngược xe lăn, đi lùi lại về phía sau đó. Bà sẵn sàng chưa ? Bây giờ bắt đầu đi xuống nhé.

　　Hạnh: Công viên này nổi tiếng với hoa hồng đó. Hoa nở rộ rồi, đẹp quá bà nhỉ.

　Yamada: Ừ, có mùi thơm quá... Bà thấy hơi mệt rồi.

　　Hạnh: Vậy thì chúng ta nghỉ ngơi ở đây nhé. Bà hãy gài thắng nhé.

　　　　Bà có sao không ? Bà uống trà không ?

　Yamada: Ừ, bà khát nước rồi. Cảm ơn cháu nhé.

Hạnh: Ủa, trời đột nhiên tối sầm lại rồi. Chúng ta tranh thủ về trước khi có mưa nhé.

Yamada: Ừ, chúng ta về đi.

Hạnh: Bà hãy mở thắng xe nhé. Bây giờ bắt đầu đi đó, bà sẵn sàng chưa ?

Yamada: Rồi. Cháu giúp bà nhé.

Hạnh: Bà Yamada, phòng 202 thì hôm nay em đã dẫn bà ấy đi dạo ở công viên hoa hồng rồi.

Unit trưởng: Chị không bị mắc mưa hả ?

Hạnh: Dạ, không sao. Nhưng mà ngay sau khi vào sảnh thì trời bắt đầu mưa.

P41-42 Mẫu câu

1 (Nguyên nhân)

① Có nhiều tai nạn do bị té ngã.

② Có thể hy vọng là sẽ có hiệu quả do luyện tập phục hồi chức năng cơ thể.

③ Khả năng bị viêm phổi do nuốt nhầm cao.

2 (Trước khi, trong khi)

① Những điều quan trọng thì hãy ghi nhớ, đừng để quên.

② Khi đang ăn cơm thì tự nhiên bác ấy ngủ mất tiêu rồi.

③ Ăn súp đi cho nóng.

3 (Xảy ra đúng lúc làm gì đó / xảy ra hầu như cùng lúc)

① Bà ấy đã bị mắc nghẹn ngay sau khi ăn súp Miso có vẻ rất khó thở.

② Tôi bị chóng mặt ngay sau khi đứng dậy.

Chương 6 Chống gậy đi bộ

P48-49

Ông Tanaka Masao 87 tuổi, nam, gãy xương chân trái cách đây 1 tháng, chống gậy khi đi bộ, bị chứng đi tiểu nhiều lần

Unit trưởng: Chị hãy dẫn ông Tanaka, phòng 205 đến phòng ăn nhé.

Hạnh: Dạ. Em dẫn ông Tanaka đến phòng ăn, phải không chị ?

Unit trưởng: Việc luyện tập để hồi phục chức năng sau khi gãy xương của ông Tanaka vẫn đang tiến triển tốt, và tuần này ông ấy mới bắt đầu đi bằng gậy thay cho xe lăn.

Hạnh: Dạ. Ông Tanaka bị thương bên phải, phải không chị ?

Unit trưởng: Không phải. Ông ấy bị gãy xương bên trái chứ. Chị hãy chú ý để ông ấy không bị té nhé.

Hạnh: Dạ. Em hiểu rồi. Chân bị thương là chân trái.

Hạnh: Ông Tanaka ơi, tới giờ ăn tối rồi. Chúng ta đến phòng ăn nhé.

Tanaka: Ủa ? Tới giờ ăn tối rồi hả ? Ông đã ăn trưa rồi sao ?

Hạnh: Dạ, ông đã dùng bữa trưa rồi. Bữa tối ông cũng dùng nhiều nhé. Ông có bị đau chân không ?

Tanaka: Nhờ trời, đã khá rồi.

Hạnh: Cây gậy đây ông.

Tanaka: Cảm ơn cháu.

Hạnh: Ông nghe cháu hướng dẫn và đi từ từ nhé.

Trước tiên là ông hãy đưa cây gậy ra phía trước rồi, tiếp theo là chân trái, sau đó là chân phải nhé.

Tanaka: Đúng vậy. Cây gậy, chân phải, chân trái.

Hạnh: Dạ không phải, ngược lại ông ơi. Cây gậy, chân trái, chân phải chứ.

Tanaka: À, đúng vậy. Cây gậy, chân trái, chân phải chứ.

Hạnh: Ủa, sàn bị ướt rồi. Chúng ta hãy đi ven tường để không bị trượt. Ông hãy cầm tay vịn chắc nhé.

Hạnh: Em đã dẫn ông Tanaka chống gậy đi đến phòng ăn rồi.

Unit trưởng: Cảm ơn chị.

Hạnh: Sàn bị ướt nên em đã lau sau khi dẫn ông ấy rồi vì nếu bị trượt thì rất nguy hiểm.

Unit trưởng: Cảm ơn chị. Vậy thì chúng ta hãy cùng viết báo cáo "Hiyari-Hatto" nhé. Chị hãy cho tôi biết tỉ mỉ hơn.

Hạnh: Dạ, em hiểu rồi.

P49-50 Mẫu câu

1 (Xác nhân lại những điều mình không nhớ rõ)
   ① Tuần trước tôi đã đi đâu nhỉ ?
   ② Người đó hình như là anh Yamamoto, đúng không ?
   ③ Hôm qua có lạnh không nhỉ ?

2 (Lý do và nguyên nhân dẫn đến kết quả tốt)
   ① Nhờ uống thuốc, nên tôi đã hạ nhiệt rồi.
   ② Nhờ khỏe mạnh, nên tôi chưa từng nhập viện.
   ③ Nhờ có chị Hạnh, nên tôi làm xong việc sớm rồi.

3 (Thứ tự)
   ① Khi lên cầu thang thì trước tiên là đặt cây gậy lên bậc trên rồi, đưa chân không bị liệt lên, sau đó là đưa chân bị liệt lên.
   ② Khi pha trà thì trước tiên là cho lá trà vào ấm tra, tiếp theo là cho nước nóng vào và đậy nắp ấm trà, sau đó là rót trà vào ly.

P56-57

Bà Suzuki Tami 90 tuổi, nữ, bị chứng sa sút trí nhớ, bệnh tiểu đường, liệt nửa người bên phải mức độ nhẹ

Unit trưởng: Chị hãy phụ giúp bà Suzuki Tami phòng 201 ăn cơm nhé.

Gần đây bà ấy dễ bị mắc nghẹn nên chị hãy chú ý kỹ khi bà ấy nuốt để không bị nuốt nhầm.

Ngoài ra, cơ thể của bà ấy dễ bị mất thăng bằng khi ăn nên chị hãy giúp bà ấy ngồi lại cho thẳng nhé.

Hạnh: Dạ, em hiểu rồi. Bà Suzuki Tami, phải không chị ? Em sẽ lưu ý khi bà ấy nuốt và tư thế của bà ấy.

Hạnh: Bà Suzuki ơi, cháu xin lỗi đã để bà chờ. Mời bà sử dụng khăn tay này. Bà sử dụng tạp dề không ?

Suzuki: Ừ, cho bà sử dụng đi.

Hạnh: Sức khỏe thế nào rồi bà ?

Cháu giúp bà ngồi lại một chút nhé ? Bác hãy ngồi thẳng lưng nhé.

Trước tiên là bà hãy uống một ngụm trà nhé.

Rồi bây giờ bà ăn súp Miso không ? Súp nóng nên bà cẩn thận nhé.

Suzuki: Ừ, ...khặc khặc... khù khụ...

Hạnh: Bà có sao không ? Bà hãy uống từ từ từng chút nhé.

Suzuki: Tiếp theo là ăn cá... Bà gắp hoài mà không được.

Hạnh: Vậy thì bà cho cháu phụ giúp một chút nhé.

Suzuki: Làm phiền cháu nhiều quá. Cảm ơn cháu nhé.

Hạnh: Dạ không sao bà. Mời bà dùng. Bà sử dụng muỗng không ?

Bà hãy nhai kỹ nhé.

Bà ăn gọn gàng quá. Bà hãy lau tay và xung quanh miệng nhé.

Món ăn có hợp với khẩu vị của bà không ?

Suzuki: Ừ, bà ăn ngon rồi đó. Cảm ơn cháu nhé.

Hạnh: Em đã phụ giúp bà Suzuki Tami, phòng 201 ăn cơm xong rồi. Em thấy bà ấy mắc nghẹn khi ăn súp Miso.

Bà ấy xé thịt cá không được.

Unit trưởng: Vậy hả. Về các món súp thì chắc nên làm đặc cho bà ấy. Chị hãy nhớ ghi lại số lượng bà ấy đã ăn nhé. Cảm ơn chị.

P57-58 Mẫu câu

1 (Thường bị tình trạng nào đó)

① Nếu đi ăn ở ngoài hoài thì thường bị thiếu rau.

② Tôi thường bị táo bón nên mỗi buổi tối tôi uống thuốc trước khi ngủ.

2 (Không thể thực hiện tốt như dự định)

① Uống thuốc lâu rồi mà chưa hạ nhiệt.

② Học chữ Hán hoài mà chưa nhớ được.

3 (Được cho phép, cách xin phép lịch sự)

① Sức khỏe không tốt nên tôi xin phép về sớm.

② Tôi để hành lý ở đây có được không ?

Chương 8 Bài tiết

P64-65

Ông Tanaka Masao 87 tuổi, nam, gãy xương chân trái cách đây 1 tháng, chống gậy khi đi bộ, bị chứng đi tiểu nhiều lần

Unit trưởng: Chị hãy dẫn ông Tanaka Masao phòng 205 đi nhà vệ sinh và trông chừng ông ấy trước khi ông ấy đi ngủ nhé. Ông Tanaka thường "Toire- ga-chikai" nên ban đêm thì sử dụng bồn cầu di động...

Hạnh: À, chị ơi, "Toire- ga-chikai" nghĩa là gì vậy ?

Unit trưởng: Nghĩa là "đi tiểu nhiều lần" đó. Có cách nói khác là "Hinnyou". Chị đừng quên chuẩn bị bồn cầu di động nhé.

Hạnh: Dạ, em sẽ chuẩn bị.

Hạnh: Ông Tanaka ơi, ông đi vệ sinh một lần nữa trước khi đi ngủ nhé.

Tanaka: Ừ, ông đi.

Hạnh: Ông hãy cầm tay vịn nhé. Pad (miếng lót tã) có bị dơ không ? Ông tự làm được không ?

Tanaka: Ừ, không sao.

Hạnh: Vậy thì khi nào xong thì ông hãy gọi cháu nhé. Chúng ta cùng về phòng của ông nhé.

Tanaka: Ông hiểu rồi.

Hạnh: Ban đêm thì ông hãy dùng bồn cầu di động. Cháu để ở đây nhé.

Tanaka: Ừ, vậy thì ông yên tâm rồi.

Hạnh: Cháu sẽ phụ giúp ông nên khi nào sử dụng thì ông hãy bấm chuông gọi y tá nhé.

Tanaka: Cảm ơn cháu.

Hạnh: Chúc ông ngủ ngon.

Tanaka: Chúc ngủ ngon.

Hạnh: Em đã để bồn cầu di động ở phòng của ông Tanaka rồi.

Unit trưởng: Ừ. Chị đã để giấy vệ sinh phải không ?

58

Hạnh: À, chắc em đã để rồi nhưng em sẽ đi xem lần nữa. Em xin lỗi chị.

P65-66 Mẫu câu

1 (Đưa ra điều gì đó để nói chuyện)
　① "Masao" thì viết chữ Hán nào ?
　② "Mimi ga tooi (lãng tai, khiếm thính)" nghĩa là gì ?
2 (Đưa ra cách nói khác, đổi cách nói khác)
　① "Tokozure(chứng loét vì nằm liệt giường)" còn gọi là "Jokusou".
　② "Chokki (áo gi-lê)" còn được gọi là "Besuto".
3 (Chắc chắn là...)
　① Hôm qua tôi đã nhớ tên của các ông bà, vậy mà lại quên mất tiêu rồi.
　② Trưởng nhóm thì chắc chắn là ngày mai cũng bận rộn rồi.
　③ Thời gian cuộc gặp gỡ chắc phải là từ 3 giờ.

Chương 9 ## Thay tã lót

P72-73

Bà Anzai Chie 96 tuổi, nữ, bị chứng teo cơ do không sử dụng lâu ngày

Unit trưởng: Nếu chị đang rảnh tay thì tôi có thể nhờ chị thay tã cho bà Anzai Chie phòng 204 được không ?

Hạnh: Dạ, không sao chị. Em làm được.

Unit trưởng: Bà Anzai thì phải nằm trên giường suốt ngày vi ngồi xe lăn cũng rất khó khăn sau khi bị sốt cao cách đây một tháng. Bà ấy trở mình cũng không được nên chị hãy nhớ giúp bà ấy xoay người sau khi thay tã nhé.

Hạnh: Dạ, em hiểu rồi. Bà Anzai thì mặc dù em bắt chuyện với bà ấy nhưng bà ấy hầu như nói không ra tiếng. Em thấy bà ấy không phản ứng gì.

Unit trưởng: Đúng vậy. Nhưng tùy bà ấy không phản ứng gì nhưng chị hãy nhớ thường bắt chuyện với bà ấy khi chăm sóc nhé.

Hạnh: Dạ, em sẽ làm việc như vậy.

Hạnh: Cháu chào bà Anzai. Cháu là Hạnh. Cháu làm vệ sinh phần dưới giúp bà được không ?

Anzai: Umm...

Hạnh: Cháu kéo màn nhé.
Cháu kéo mền ra nhé. Cháu kéo quần pijama xuống nhé.
Bây giờ cháu mở băng dính. Bà cong đầu gối lên được không ? Cháu phụ giúp bà nhé.
Cháu lau chùi nhé. Khăn có nóng không bà ?

Anzai: K..h..ô..n..g

Hạnh: Bây giờ cháu thay tã nhé. Bà xoay người sang bên kia nhé.

Cháu lau chùi mông của bà. Bà cho cháu thay tã mới nhé.

Rồi bây giờ bà xoay người sang bên này nhé.

Anzai: Ui…ui…

Hạnh: Cháu làm giúp nên không sao, bà. Cháu lau chùi lần nữa nhé.

Cháu lau xong rồi nên bà hãy xoay người lại nhé.

Cháu dán băng dính. Cháu làm xong rồi.

Bà có chỗ nào khó chịu không ?

Anzai: K..h..ô..n..g...

Hạnh: Cháu kéo quần lên nhé. Bà hãy hơi xoay người nhìn về hướng cửa sổ nhé.

Cháu đắp mền cho bà. Chắc bà cũng mệt rồi. Cháu mở màn nhé.

Cháu sẽ quay lại sau nhé.

Hạnh: Em đã thay tã cho bà Anzai xong rồi.

Unit trưởng: Cảm ơn chị. Có gì bất thường không ?

Hạnh: Dạ, em không thấy chỗ nào bị đỏ lên. Nhưng bà ấy không phản ứng nhiều.

Unit trưởng: Vậy hả. Nhưng trường hợp nào chị cũng cần phải bắt chuyện với các ông bà đó.

Chị nói chuyện càng nhiều, các ông bà càng yên tâm nhiều.

Hạnh: Dạ, em hiểu rồi. À, ngoài ra, em đã để bà ấy hơi xoay người nhìn về hướng cửa sổ rồi.

P74 Mẫu câu

1 (Lý do của tình trạng nào đó)

① Từ khi bị gãy xương anh ấy phải ngồi xe lăn suốt ngày.

② Chứng sa sút trí nhớ trở nên nặng hơn từ khi dọn nhà.

2 (Mặc dù ... nhưng ...)

① Mặc dù thấy mệt nhưng hãy cư xử với vẻ mặt tươi cười.

② Mặc dù là nhân viên nam nhưng vẫn bị nặng ở eo lưng khi phụ giúp di chuyển.

3 (Nếu tình trạng của một bên thay đổi thì tình trạng của bên kia cũng sẽ thay đổi.)

① Càng sống lâu ở Nhật Bản càng thấy thích Nhật Bản.

② Rau thì càng tươi càng ngon.

Chương 10 Tắm rửa

P80-81

Bà Morishita Kimiko 82 tuổi, nữ, bị liệt nửa người bên trái do nhồi máu não

Unit trưởng: Chị Hạnh ơi, hôm nay là ngày tắm đó. Chị hãy phụ giúp các ông bà tắm nhé.

Hạnh: Dạ. Hôm qua bà Morishita Kimiko nói là có vẻ hơi bị cảm, tắm cũng không sao hả chị ?

Unit trưởng: Không sao, tôi đã nhờ y tá xác nhận rồi. Nhưng chị hãy hỏi lại bà ấy và nếu có vấn đề gì thì liên lạc với tôi nhé.

Hạnh: Dạ, em sẽ hỏi bà Morishita xem sao.

Hạnh: Cháu chào bà Morishita. Hôm nay là ngày tắm. Bà có khỏe không ?
Hôm qua bà nói là có vẻ hơi bị cảm, phải không bà ?

Morishita: Cảm ơn cháu, bà không sao rồi. Bà bị ngứa đầu vì không gội đầu từ tuần trước đó.

Hạnh: Dạ, cháu hiểu rồi. Bà hãy gội đầu cho sạch sẽ nhé. Nào, chúng ta đi.

Hạnh: Bà ơi, cháu đổ nước nóng từ chân phải bà nhé. Nhiệt độ nước nóng có vừa không bà ?

Morishita: Vừa rồi đó.

Hạnh: Trước tiên là bà gội đầu nhé. Bà hãy nhắm mắt lại.
Cháu cho dầu gội đầu trên tóc của bà nhé. Không còn chỗ nào bị ngứa sao bà ?

Morishita: Không có.

Hạnh: Vậy thì cháu mở nước cho bà nhé.
Tiếp theo là bà rửa cơ thể nhé. Chỗ nào mà bà có thể với tới thì bà tự rửa, có được không bà ?

Morishita: Ừ. Như vậy thì được chưa ?

Hạnh: Vậy thì cháu cho nước chảy vào lưng bà nhé.

Morishita: Cháu giúp bà nhé.

Hạnh: Em đã phụ giúp tắm xong rồi. Bà Morishita Kimiko cũng đã tắm không có vấn đề gì.

Unit trưởng: Tốt quá. Chị đã cho bà ấy uống nước sau khi tắm chưa ?

Hạnh: Dạ, em đã mời bà ấy dùng trà rồi.

Unit trưởng: Chị có vẻ quen với công việc nhiều rồi đó. Cảm ơn chị.

P81-82 Mẫu câu

1 (Có cảm giác hơi..., có vẻ hơi...)

① Gần đây công việc bận rộn nên tôi có cảm giác mệt mỏi.

② Anh Suzuki nói chuyện có vẻ hơi căng thẳng.

2 (Nếu như..., trong trường hợp đó thì...)

① Nếu vẫn bị đau thì hãy xin khám một lần nữa.

② Nếu không bớt sưng thì dán cao dán nhé.

③ Nếu bị sốt cao thì xin hãy liên lạc với y tá.

3 (Nguyên nhân, lý do dẫn tới kết quả xấu)

① Vì bị cảm nên tôi đã không tắm được.

② Vì sốt cao nên mặt tôi đỏ lên.

Chương 11 Lau chùi cơ thể

P88-89

Ông Saito Jiro 89 tuổi, nam, bị chứng phì đại tuyến tiền liệt, chứng đi tiểu nhiều lần, phát ban sau lưng

Unit trưởng: Ông Saito Jiro phòng 206 thì đang điều trị phát ban sau lưng nên hãy nói với ông ấy cố chịu đựng không tắm một thời gian nữa. Hôm nay chị cũng lau chùi cơ thể giúp ông ấy nhé.

Hạnh: Dạ, ông Saito Jiro phòng 206 phải không chị. Em hiểu rồi.

Hạnh: Cháu chào ông Saito. Hôm nay sức khỏe thế nào rồi ông ?

Saito: Ừ, ông bị ngứa lưng...

Hạnh: Vậy hả ông ? Ông cho cháu xem một chút được không ? Cháu kéo màn nhé. Ủa, da bị đỏ hơn hôm qua rồi...

Saito: Bị ngứa không chịu nổi đó. Hình như ông tự nhiên gãi trong khi ngủ.

Hạnh: Như vậy là không tốt rồi. Một lát cháu sẽ nhờ y tá xem nhé. Hôm nay cháu cũng lau chùi cơ thể cho ông nhé.

Saito: Vậy hả. Chưa tắm bồn được thì tiếc quá nhưng ông đành phải chịu thôi. Nhờ cháu giúp ông nhé.

Hạnh: Nhiệt độ trong phòng thế nào ông ? Ông có lạnh không ?

Saito: Không sao.

Hạnh: Vậy thì trước tiên, ông hãy lau mặt và cổ nhé. Ông nhớ lau trong lỗ tai và phía sau tai nhé.
Mời ông dùng khăn này. Nhiệt độ khăn thế nào ? Có nóng quá không ông ?
Sau khi lau xong thì ông lấy khăn khô lau nước cho kỹ nhé.
Tiếp theo thì ông hãy lau cánh tay nhé.

Hạnh: Xong rồi ông. Chắc ông cũng mệt rồi. Ông cảm thấy thế nào ?

Saito: Ôi, ông sảng khoái lắm rồi. Cảm ơn cháu. Nhưng mà ông vẫn muốn tắm bồn lắm.

Hạnh: Dạ, cháu hiểu. Mong ông sẽ mau lành phát ban. Ông sớm khỏe nhé.

Hạnh: Em đã lau chùi cơ thể cho ông Saito Jiro phòng 206 rồi.
Em thấy ông bị phát ban sau lưng đỏ hơn hôm qua. Em đã nghe ông ấy nói là bị ngứa nên tự nhiên gãi trong khi ngủ.

Unit trưởng: Vậy hả. Hình như tình trạng da càng ngày càng nặng nhỉ. Chúng ta hỏi ý kiến của y tá xem nhé.
Cảm ơn chị.

1 (Muốn làm gì đó đến mức không thể nào chịu nổi)

  ① Vì đã ăn cay nên tôi khát nước không thể nào chịu nổi.

  ② Mùa hè ở Nhật Bản nóng không thể nào chịu nổi.

  ③ Tôi đã sống rất bất an cho đến khi quen với cuộc sống ở Nhật.

2 (Hình như... / suy đoán)

  ① Có tiếng bấm chuông ở cửa ra vào. Hình như có người nào đó đến rồi.

  ② Hình như bà Yamada không thích sử dụng tã lót nên cố gắng tự đi toilet.

  ③ Tôi vừa bị ngứa mắt, vừa bị sổ mũi. Hình như tôi bị dị ứng với phấn hoa rồi.

3 (Ngày càng)

  ① Sau khi bị bệnh thì tôi ngày càng ốm đi.

  ② Dân số trẻ em của Nhật Bản ngày càng giảm đi.

Chương 12 — Sắp xếp môi trường sống

P96-97

Bà Suzuki Tami 90 tuổi, nữ, bị chứng sa sút trí nhớ, bệnh tiểu đường, bị liệt nửa người bên phải mức độ nhẹ

Unit trưởng: Chị Hạnh ơi, hôm nay chị Yamamoto nghỉ làm đột xuất nên chị hãy dọn giường và thu gom đồ giặt của phòng 201 và 202 thay thế chị ấy giúp nhé.

Hạnh: Dạ, phòng của bà Suzuki Tami và bà Yamada Hana, phải không chị ?

Unit trưởng: Chị đừng quên xem kỹ tên ghi trên đồ giặt nhé.

Hạnh: Dạ, em sẽ xem kỹ tên.

Hạnh: Cháu chào bà Suzuki. Cháu là Hạnh. Hôm nay là thứ năm nên cháu đến phòng bà để thay tấm trải giường và thu gom đồ giặt.

Suzuki: Ủa ? Hôm nay là thứ năm hả ? Không phải là chủ nhật sao ?

Hạnh: Dạ, hôm nay là thứ năm đó, là ngày thay tấm trải giường mỗi tuần 1 lần.

Suzuki: Sao, chỉ thay vào thứ năm thôi hả ?

Hạnh: Dạ không. Không nhất định là mỗi tuần 1 lần thôi mà nếu bị dơ thì lúc nào cháu cũng thay.

Khi nào cần thay thì bà cho cháu biết nhé.

Suzuki: Vậy thì bà yên tâm rồi.

Hạnh: Đây là đồ giặt, phải không bà ? Ủa, vớ đó có ghi tên là "Yamada Hana" mà. Đây là vớ của bà Yamada chứ.

Suzuki: Vậy hả ? Sao lại có trên giường của bà vậy... Bà phải đi trả lại chứ.

Hạnh: Lát nữa cháu đi đến phòng của bà Yamada nên nhân tiện đó cháu sẽ trả lại giúp bà nhé.

Suzuki: Xin lỗi cháu. Cháu trả lại giúp nhé.

Hạnh: Vậy thì bây giờ cháu thay tấm trải giường nên bà chịu khó chờ ở ngoài phòng một chút nhé.

Suzuki: Vậy thì bà đi phòng ăn nhé. Sắp tới giờ ăn tối rồi phải không ?

Hạnh: Bây giờ sắp tới 10giờ nên giờ uống trà đó. Bà chờ ở phòng ăn không ?

Suzuki: Ừ, vậy đi

Hạnh: Vậy thì chúng ta cùng đi phòng ăn nhé.

Hạnh: Em đã thay tấm trải giường, thu gom đồ giặt và để đồ giặt ở phòng giặt đồ rồi.

Unit trưởng: Cảm ơn chị. Có gì bất thường không ?

Hạnh: Dạ, trên giường của bà Suzuki lại có vớ của bà Yamada rồi. Ngoài ra, hình như triệu chứng sa sút trí nhớ của bà Suzuki đã nặng hơn trước đây hay sao đó. Bà ấy có vẻ như không nhận thức được ngày giờ chính xác.

Unit trưởng: Vậy hả. Chị hãy ghi lại chi tiết là bà ấy đã có tình trạng như thế nào nhé.

P98-99 Mẫu câu

1 (Làm thay thế, thay vào đó)

① Vì trời mưa nên chúng ta chơi trò chơi trong phòng thay cho đi dạo nhé.

② Chúng ta đi xem phim thay vì đi ăn ở nhà hàng nhé.

③ Tôi đã tham dự cuộc họp thay thế trưởng nhóm.

2 (Phủ định một phần)

① Không phải bị nói là "tuyệt đối không được".

② Không phải là ngày nghỉ thì luôn luôn rảnh rỗi.

③ Không phải là mỗi chủ nhật thì đều được nghỉ

3 (Thực hiện thêm việc khác khi thực hiện việc gì đó)

① Nhân tiện nộp giấy tờ cho nhân viên văn phòng tôi sẽ copy giấy tờ đó luôn.

② Nhân tiện đi ra ngoài tôi đã mua tem ở bưu điện.

③ Nhân tiện đi du lịch tôi sẽ ghé nhà bạn.

Chương 13 Chăm sóc răng miệng

P104-105

Ông Tanaka Masao 87 tuổi, nam, gãy xương chân trái cách đây 1 tháng, chống gậy khi đi bộ, bị chứng đi tiểu nhiều lần

Unit trưởng: Ăn tối xong rồi nên chị hãy giúp ông Tanaka Masao đánh răng, súc miệng nhé.

Hạnh: Dạ, ông Tanaka Masao, phải không chị ?

Unit trưởng: Tất cả răng của ông Tanaka là răng giả. Chị hãy nhớ làm vệ sinh cả lưỡi và hàm răng chứ không riêng về răng giả nhé.

　　Hạnh: Dạ, em hiểu rồi.

　　Hạnh: Cháu chào ông Tanaka. Cháu là Hạnh. Ông ăn tối xong rồi nên hãy đánh răng nhé.

　Tanaka: Ừ. Nếu đánh răng sạch sẽ thì chắc ông sẽ ngủ được ngay.

　　Hạnh: Ông ơi, ông hãy lấy hàm răng dưới ra trước nhé.

　Tanaka: Ừ, ừ.

　　Hạnh: Ông hãy chải rửa răng bằng bàn chải đánh răng nhé.

　Tanaka: Chải rửa bằng bàn chải đánh răng thì có gì mà khó. Ông tự làm được mà.

　　Hạnh: Dạ. Ông tự làm giúp cháu nhé.

　Tanaka: Nhưng...chỗ này rửa hoài mà không làm được sạch lắm. Cháu ơi, cháu làm cho ông xem đi.

　Tanaka: À, ông hiểu rồi.

　　　　　Ông làm như cháu làm thì đã sạch sẽ rồi.

　Tanaka: À, ông hiểu rồi. Ông làm như cháu làm thì đã sạch sẽ rồi.

　　Hạnh: Dạ, ông chải rửa sạch sẽ rồi.

　　　　　Cháu ngâm răng giả vào nước nhé. Bây giờ ông hãy làm vệ sinh trong miệng nhé.

Unit trưởng: Chị đã giúp ông Tanaka làm vệ sinh răng miệng chưa ?

　　Hạnh: Dạ, em đã làm xong rồi.

Unit trưởng: Chị có chắc là tẩy hết chất dơ chưa ?

　　Hạnh: Dạ, em đã xem lại răng giả và bên trong miệng trước khi kết thúc rồi.

Trưởng nhóm: Như vậy thì sau này chúng tôi giao việc cho chị được rồi.

```
P105-106  Mẫu câu
```

1　(Đưa ra việc gì đó xem như là việc có thể thực hiện dễ dàng)

　① Viết tên thì có gì mà khó, đơn giản thôi.

　② Cho mượn 10,000 yen thì có gì mà khó, không sao cả.

　③ Lái xe thì có gì mà khó, nếu luyện tập thì ai cũng lái xe được.

2　(Thực hiện việc gì đó để cho người khác xem, làm theo)

　① Chị Uchiyama đã múa làm mẫu cho chúng tôi xem.

　② Tôi làm cho chị xem nên chị hãy thực hiện giống như vậy khi phụ giúp mọi người.

3　(Theo như)

　① Tôi đã thay tã theo như trưởng nhóm hướng dẫn.

　② Tôi tập phát âm theo như CD.

Cách ứng phó trong trường hợp khẩn cấp - Uống nhầm

P112-113

Hạnh: Ông Saito ơi, ông có sao không ?

Saito: Ông uống nước táo này thì đột nhiên lại bị buồn nôn...

Oẹ... Oẹ...

Hạnh: Cái này là cái gì vậy ông ? Trời, đây là tinh dầu tắm mà !

Bây giờ cháu liên lạc với y tá ngay nhé !

Hạnh: "Chị ơi, ông Saito phòng 206 đang ói ở phòng của ông ấy. Hình như ông ấy đã uống tinh dầu tắm vì tưởng nhầm là nước táo. Nhờ chị đến xử lý giúp em".

Y tá: Ông ơi, ông. Ông bị sao rồi. Ông có sao không ông ?

Chị Hạnh ơi, chị hãy kêu xe cấp cứu ngay đi.

Hạnh: Dạ.

Y tá: Vậy thì tôi cùng đi với ông ấy. Tôi sẽ liên lạc báo cáo tình hình sau.

Chị hãy báo cáo cho unit trưởng biết ngay.

Hạnh: Lúc khoảng 3giờ20, em nghe chuông gọi y tá của phòng 206 của ông Saito Jiro reo.

Em đến phòng thì thấy ông Saito đang ói. Theo ông ấy thì ông đã tưởng tinh dầu tắm là nước táo nên lỡ uống nhầm. Em nhờ y tá đến xem ngay. Sau đó em kêu xe cấp cứu và ông ấy đã được chở đến bệnh viện.

Y tá đã cùng đi với ông ấy. Y tá sẽ liên lạc sau khi điều trị xong.

Unit trưởng: Vậy hả. Chị đã gặp sự cố bất ngờ quá há. Hy vọng là không có chuyện lớn...

Tôi sẽ liên lạc với gia đình của ông ấy.

Unit trưởng: Y tá đã liên lạc rồi. Nghe nói là ông Saito đã được điều trị xong rồi, không sao.

Hạnh: Như vậy thì em yên tâm rồi. Tại sao lại có tinh dầu tắm ở phòng của ông Saito nhỉ ?

Unit trưởng: Theo gia đình nói thì họ tưởng nhầm tinh dầu tắm đã được tặng là nước táo nên mang đến đây cho ông ấy. Chúng ta phải xem kỹ những đồ mang theo và đồ dùng cá nhân của các ông bà.

Tất cả chúng ta hãy chú ý kỹ nhé.

Hạnh: Dạ... Ông ấy lại uống nhầm tinh dầu tắm thì em ngạc nhiên thiệt.

P114 **Mẫu câu**

1 (Phát hiện)

① Đo nhiệt độ thì thấy là 37độ 2

② Mở cửa sổ thì thấy tuyết rơi.

2 (Sau khi thực hiện việc gì đó thì có kết quả gì đó)

① Sau khi báo cáo cho trưởng nhóm thì trưởng nhóm đã góp ý tốt cho tôi
② Sau khi kiểm tra chi tiết thì không có kết quả gì bất thường.

3 (Ngạc nhiên vì xem, nghe những điều mình không ngờ)
① Tôi không thể tin được là lạnh đến độ như vậy, mặc dù hiện đang là tháng 5.
② Tôi có cảm giác như là giấc mơ vì lại được khỏe như vậy sau khi mổ.

⬤Chương 15 Cách đối xử với người sa sút trí nhớ - Hoang tưởng bị trộm cắp

P120-121

Hộ lý trưởng: Chị Hạnh ơi, chị đã quen với công việc chưa ?

Hạnh: Dạ, nhờ có sự hướng dẫn của các anh chị, em đã khá quen rồi. Công việc hàng ngày thì em đã làm được hầu hết rồi.

Nhưng em đối xử với người sa sút trí nhớ chưa được tốt.

Hộ lý trưởng: Vậy hả. Tình hình có khác tùy theo từng ông bà. Chúng ta phải đối xử một cách thích hợp với từng người một nên khó lắm đó.

Hạnh: Đúng vậy chị. Bà Yamada Hana thì thỉnh thoảng nói là bà ấy đã bị ăn trộm ví.

Hộ lý trưởng: Đó là triệu chứng thường thấy ở người sa sút trí nhớ, được gọi là "hoang tưởng bị trộm cắp" đó.

Trong trường hợp như vậy thì trước tiên là chị hãy cùng tìm đồ với bà ấy giúp nhé. Khi tìm đồ thì chị làm cho bà ấy quan tâm đến những chuyện khác thì sẽ có hiệu quả đó.

Hạnh: Dạ, em hiểu rồi. Em sẽ làm thử xem.

Hạnh: Bà Yamada ơi, có chuyện gì vậy bà ?

Yamada: Ví của bà bị mất rồi. Bà đã cất vào ngăn kéo của tủ rồi mà.

Hạnh: Kỳ quá, bà nhỉ . Vậy thì cháu tìm thử xem nhé.

Yamada: Cháu cũng không thấy chứ ? Chắc chắn là bà Morishia đã ăn trộm đó vì lúc nãy bà ấy vào phòng của bà mà.

Hạnh: Vậy hả bà ? Nhưng bà cho cháu tìm thử xem một chút nữa nhé. Cháu cũng tìm trong tủ quần áo nhé.

Ủa, tấm ảnh này có phải là cháu của bà không ? Dễ thương quá.

Yamada: Không phải, con trai của bà đó. Bây giờ lên 5 tuổi rồi.

Nó thích xe điện lắm nên bà thường cùng đến ga với nó để xem xe điện, tiện thể bà đi dạo luôn.

Hạnh: Câu chuyện nghe vui quá. À, sắp đến giờ ăn nhẹ rồi, bà ơi. Hôm nay là bánh flan mà bà thích đó.

Yamada: Vậy hả. Mừng quá.

1 (Được gọi là)

① Hoa này được gọi là "Tanpopo", nở hoa vào đầu xuân.

② Phòng này được gọi là "Linen-shitsu", cất các loại khăn và tấm trải giường.

2 (Suy đoán chắc chắn là như vậy)

① Tôi nghĩ người đó chắc chắn là con trai của anh Takahashi.

② Tôi nghĩ ngày mai chắc chắn có mưa.

③ Tôi nghĩ Smart phone chắc chắn là tiện lợi.

3 (Nhân tiện)

① Nhân tiện đưa các ông bà đi, tôi thường nhớ đường đi luôn.

② Tôi đi bộ đến cơ sở, tiện thể tập thể dục luôn.(Tôi đi bộ đến cơ sở xem như tập thể dục.)

Chương 16   Cách đối xử với người sa sút trí nhớ - Mong muốn về nhà

Hạnh: Bà Suzuki Tami thì gần đây cứ tới giờ tối là muốn về nhà, không chịu ăn tối.

Hộ lý trưởng: Chắc chắn là có lý do vì sao bà ấy muốn về nhà nên trước tiên là chị hãy hỏi thăm bà ấy lý do cho kỹ nhé.

Hạnh: Dạ. Hôm qua bà Suzuki nói là vì chồng của bà ấy sắp về nhà nên bà ấy phải nấu cơm và suýt nữa là bà ấy ra ngoài từ cửa ra vào rồi.

Hộ lý trưởng: Bị chứng sa sút trí nhớ thì người ta dần dần không nhận thức được thời gian, địa điểm và người. Bản thân họ cũng lo lắng lắm đó. Có thể nghĩ rằng mong muốn về nhà cũng là do họ lo lắng đó. Chị cần phải sẵn sàng lắng nghe tâm tư của họ và đối xử một cách thích hợp với từng người.

Hạnh: Trường hợp của bà Suzuki thì em nên làm như thế nào ?

Hộ lý trưởng: Ừ, thí dụ như chị cùng bà ấy đi dạo hoặc cùng nói chuyện về kỷ niệm trong gia đình của bà ấy, chẳng hạn. Theo tôi nghĩ thì quan trọng nhất là chúng ta chăm sóc các ông bà để mọi người cảm thấy đây là nơi mình có thể sống an toàn.

Hạnh: Nghĩa là cơ sở này trở thành nhà ở của bà Suzuki là được, phải không chị ?

Hộ lý trưởng: Đúng vậy đó.

Hạnh: Bà Suzuki ơi, bây giờ bà đi đâu vậy ?

Suzuki: Bà đi về nhà đó.

Hạnh: Bà có gì lo lắng hả bà ?

Suzuki: Bà phải nấu cơm cho con chứ. Chồng của bà cũng sắp về rồi.

Hạnh: Bà ơi, ở ngoài thì trời đã tối và lạnh nữa đó.

Suzuki: Bởi vậy bà phải về sớm đó.

Hạnh: Dạ, cháu hiểu rồi. Cháu cùng đi với bà nhé.

Suzuki: Vậy hả ? Làm phiền cháu nhiều quá.

Hạnh: À, bên kia có tiệm bánh ngọt mới, bà ơi.

Cháu nghe nói là bà làm bánh ngọt giỏi lắm, phải không bà ?

Suzuki: Đúng vậy. Sinh nhật của các con thì bà thường làm bánh ngọt đó.

Hạnh: Nếu có dịp thì bà hướng dẫn cho cháu cách làm bánh ngọt nhé.

Suzuki: Được chứ.

Hạnh: Lạnh quá, bà ơi. Gió lạnh có hại cho sức khỏe nên chúng ta về thôi nhé.

Suzuki: Ừ, lạnh quá.

P127-128 Mẫu câu

1 (Mong muốn, cảm xúc) *Mẫu câu này không sử dụng khi thể hiện ý muốn của bản thân.

① Về tuổi già thì người ta không thích uống nước nhiều.

② Ông Arita không chịu tắm.

③ Bà Ohyama thường xem phim truyền hình vì bà ấy thấy hay.

2 (Không chịu thực hiện việc gì đó theo ý muốn của người khác.)

① Mặc dù bị sốt cao mà không chịu đi bệnh viện.

② Mặc dù bị nhắc nhở là có hại cho sức khỏe nhưng vẫn không chịu bỏ thuốc lá.

3 (Tưởng nhớ những việc mà ngày xưa thường làm)

① Hồi nhỏ thì tôi thường cùng bạn chơi bóng chày.

② Hồi trẻ thì tôi thường đi nhậu.

ဘာသာပြန်

ဂျပန်ဘာသာ
➡ မြန်မာဘာသာ

လေ့လာသူများသို့

ကူညီပြုစုစောင့်ရှောက်ပေးရေးနေရာမှာ အလုပ်လုပ်သောသူတွေက ထိုနေရာမှ ဂန်ထမ်းများ၊ နေထိုင်သူများနှင့် အဆင်ပြေချောမွေ့စွာ ပြောဆိုဆက်ဆံနိုင်ရန် ဤစာအုပ်ကို ပြုစုထားပါသည်။

သင်ခန်းစာအခန်းတိုင်းရဲ့ ဇာတ်လမ်းပြကွက်ကို အလွယ်တကူ ပုံဖော်နိုင်အောင် ကာတွန်းတွေ ဆွဲပေးထားပါသည်။ စကားပြောတွေ ရှည်တဲ့အတွက် အလွတ်ကျက်မည့်အစား ဇာတ်လမ်းပြကွက်တစ်ခုစီမှာ ဘယ်လိုစကားပြောတွေ သုံးလဲဆိုတာကို နားလည်အောင် လုပ်တာက ပိုကောင်းပါသည်။

ကူညီပြုစုစောင့်ရှောက်ပေးရေးနေရာမှာ အလုပ်လုပ်တဲ့အခါ နေထိုင်သူများနှင့် ကျိန်းသေ ပြောဆိုဆက်ဆံရမှာဆိုပေမယ့်၊ ပထမဆုံးလိုအပ်တာက ဂန်ထမ်းတွေရဲ့၊ ညွှန်ကြားချက်ကိုနားထောင်ပြီး သဘောပေါက်ဖို့နဲ့ ကိုယ်ဘာလုပ်ခဲ့တယ်ဆိုတာကို အစီရင်ခံနိုင်ဖို့ ဖြစ်ပါသည်။

ဤဖတ်စာအုပ်နဲ့ဆို ညွှန်ကြားချက်ကိုနားလည်သဘောပေါက်နိုင်၊ ကိုယ်ရဲ့ ပြုစုစောင့်ရှောက်ပေးမှုလုပ်ရပ်ခ တွကိုအစီရင်ခံနိုင်၊ ပြုစုစောင့်ရှောက်ပေးရေးနေရာမှာသုံးတဲ့ စကားလုံးတွေကို ကျက်မှတ်လာနိုင်မှာဖြစ်ပါသည်။

သီးခြားစာအုပ်မှာ ဘာသာပြန်ဆိုမှုရှိတဲ့အတွက် အပြန်အလှန်စကားပြောတွေရဲ့ အဓိပ္ပာယ်၊ စကားလုံး တွေရဲ့အဓိပ္ပာယ်ကို ရှင်းရှင်းလင်းလင်း နားလည်အောင်လုပ်ပါ။ ထို့အပြင် အသံထွက် သင်ထောက်ကူ ပစ္စည်းတွေကိုလည်း အသုံးပြုပါ။

လေ့လာရန်နည်းလမ်း

၁ အပိုင်း ၁

၁။ သင်ခန်းစာအခန်းတိုင်းမှ စကားပြောစာကြောင်း

ဆုံး ၁။ ကာတွန်းစာအုပ်ကိုဖတ်ပြီး ဇာတ်လမ်းပြကွက်ကို ပုံဖော်ကြည့်ရအောင်။

ဆုံး ၂။ ဖတ်စာအုပ်ကိုကြည့်ပြီး အသံထွက်သင်ထောက်ကူပစ္စည်းကိုလည်း နားထောင်ပါ။

ဆုံး ၃။ အပြန်အလှန်စကားပြောဖတ်ညွှန်းနဲ့၊ သီးခြားစာအုပ်က ဘာသာပြန်ဆိုမှုကိုကြည့်ပြီး ဆိုလိုသည့်အကြောင်းအရာကို နားလည်အောင်လုပ်ပါ။

ဆုံး ၄။ ဝေါဟာရစာရင်းထဲမှာ (အပြန်အလှန်စကားပြောထဲမှ စကားလုံးများ)ရဲ့ အဓိပ္ပာယ်ကို ရှာပါ။ ဖြစ်နိုင်ရင် ဝေါဟာရကို ကျက်မှတ်ပါ။

ဆုံး ၅။ တစ်ဖန် အပြန်အလှန်စကားပြောစာကြောင်းကိုဖတ်ပြီး အဓိပ္ပာယ်ကို နားလည်သလားဆန်းစစ်ပြီး အ သံထွက်ဖတ်တဲ့လေ့ကျင့်မှုကိုလုပ်ပါ။

ဆုံး ၆။ ဖတ်စာအုပ်ကိုမကြည့်ဘဲ အသံထွက်သင်ထောက်ကူပစ္စည်းမှ ညွှန်ကြားချက် အကြောင်းအရာကို နားထောင်ပါ။

ဆုံး ၇။ အစီရင်ခံစာရဲ့တစ်စိတ်တစ်ပိုင်းကို ပြောနိုင်တဲ့အထိ ကြိုးစားကြရအောင်။

၂။ သင်ခန်းစာအခန်းတိုင်းမှ ဂါကျပုံစံ၊ ဥပမာဂါကျ နှင့် မေးခွန်း

ဆုံး ၁။ စကားပြောစာကြောင်းမှာပါတဲ့ ဂါကျပုံစံကို မျိုးသားထားတဲ့အတွက် ဆန်းစစ်ပါ။

ဆုံး ၂။ သီးခြားဝေါဟာရစာရင်းထဲမှာ ဂါကျပုံစံ၊ ဥပမာဂါကျ၊ မေးခွန်းတို့ထဲမှ ပစ္စည်းတွေကိုလည်း အသုံးပြုပါ။

အဓိပ္ပါယ်ကို ရှာဖွေပါ။ ဖြစ်နိုင်ရင် ဝေါဟာရကို ကျက်မှတ်ပါ။

၃။ ဂါထျာပုံစံရဲ့ အဓိပ္ပါယ်နဲ့ ရှင်းလင်းချက်ကို သီးခြားစာအုပ်မှ ဘာသာပြန်ဆိုမှုကို ကြည့်ပြီး ဆန်းစစ်ပါ။

၄။ သီးခြားစာအုပ်မှ ဘာသာပြန်ဆိုမှုကိုကြည့်ရင်း ဥပမာဂါထျာကိုဖတ်ပြီး အဓိပ္ပါယ်ကို ဆန်းစစ်ပါ။

၅။ ဖတ်စာအုပ်ကိုကြည့်ရင်း အသံထွက်သင်ထောက်ကူပစ္စည်းကိုလည်း နားထောင်ပါ။

၆။ ဥပမာဂါထျာကို ကျက်မှတ်ကြရအောင်။

၇။ မေးခွန်းကိုဖြေပြီး အဖြေတိုက်ကြည့်ပါ။

၃။ သင်ခန်းစာအခန်းတိုင်းနှင့်သက်ဆိုင်သောစကားလုံး

    သင်ခန်းစာအခန်းတိုင်းရဲ့ အကြောင်းအရာနှင့်ပတ်သက်သော စကားလုံးများကို စုထားပါသည်။ ကူညီပြုစု စောင့်ရှောက်ပေးရေးနေရာမှာ အလုပ်လုပ်လျှင် အသုံးဝင်မည့် စကားလုံးများဖြစ်ပါသည်။ စကားလုံးများများသိလေ ပြောဆိုဆက်ဆံရေးအတွက် ကောင်းလေဖြစ်ပါသည်။ ဝေါဟာရစာရင်းမှာ အဓိပ္ပါယ်ကိုရှာကြည့်ပြီး ကျက်မှတ်ကြရအောင်။ အလုပ်ထဲမှာရော နေ့စဉ်လူမှုဘဝမှာပါ သုံးပါ။ အသံထွက် သင်ထောက်ကူပစ္စည်းကိုလည်း လက်တွေ့သုံးပါ။

၂။ အပိုင်း ၂
ညွှန်ကြားချက်အများကို နားထောင်ခြင်းလေ့ကျင့်ခန်း
၃။ အပိုင်း ၃
အစီရင်ခံစာရေးခြင်းလေ့ကျင့်ခန်း
    လေ့ကျင့်ခန်းတိုင်းရဲ့ အစမှာ လေ့လာပုံနည်းကိုရေးထားတဲ့အတွက် ညွှန်ကြားချက်အတိုင်းဆ က်လေ့လာကြရအောင်။

မိမိကိုယ်ကိုယ်မိတ်ဆက်ခြင်း

P10

ဗီယက်နမ်လူမျိုး ဟန်းစံ ဟာ ဒီနေ့ကစပြီး "နေဝန်း" လို့ခေါ်တဲ့ သက်ကြီးရွယ်အိုများ အထူးပြုစုစောင့်ရှောက်ရေး ဂေဟာမှာ အလုပ်လုပ်ဖို့ဆုံးဖြတ်ထားတယ်။

ဟန်း- တွေ့ရတာဂမ်းသာပါတယ်။ ဗီယက်နမ်နိုင်ငံက ဟန်း ပါ။ ဒီနေ့ကစပြီး ကူညီစောင့်ရှောက်ပေးပါ။ မေတ္တာရပ်ခံပါတယ်။

တာခါဒါ - ကျွန်တော်ကတော့ ဂေဟာမှူး တာခ ပါ။ ကြိုးစားပေးပါ။ ဒီဂေဟာက အကြီးဆုံး ကူညီပြုစုစောင့်ရှောက်သူနဲ့ မိတ်ဆက်ပေးပါမယ်။ ဒါကတော့ အကြီးဆုံးကူညီပြုစုစောင့်ရှောက်သူ ယာမမိုတိုပါ။

ယာမမိုတို - ယာမမိုတိုပါ။ တွေ့ရတာဂမ်းသာပါတယ်။

ဟန်း - အတူတူပါပဲ။ တွေ့ရတာ ဂမ်းသာပါတယ်။

ယာမမိုတို - ဟန်း စံ က ဒုတိယထပ်က "တန်းပိုပို" ဆိုတဲ့ ယူနစ်မှာ တာဝန်ယူပေးပါ။ နောက်မှ အဲဒီယူနစ်ရဲ့ ခေါင်းဆောင်နဲ့ မိတ်ဆက်ပေးပါမယ်။

ဟန်း - ဟုတ်ကဲ့။

ယာမမိုတို - ကဲ ခုချိန်ကစပြီး ဂေဟာအထဲကို လိုက်ပြပေးပါမယ်။

ဟန်း - ဟုတ်ကဲ့ လိုက်ပြပေးပါ။

P11　ဂါကျပုံစံ

1　=ဆုံးဖြတ်ထားပြီ/ဆုံးဖြတ်ထားသည်
  ①　မနက်တိုင်း ၉ နာရီကနေစပြီး တာဝန်ချိန်လွဲဖို့ ဆုံးဖြတ်ထားတယ်။
  ②　မိုးရွာတဲ့နေ့ဆိုရင် လမ်းထွက်မလျှောက်ဖို့ ဆုံးဖြတ်ထားတယ်။
  ③　အပတ်တိုင်း တနင်္ဂနွေနေ့ဆိုရင် အစည်းအဝေးလုပ်ဖို့ ဆုံးဖြတ်ထားတယ်။
2　=ယဉ်ကျေးသောညွှန်ကြားချက်
  ①　ဟန်း စံ က ၁ နာရီမှ နေ့လည်နားချိန်ယူပေးပါ။
  ②　ဟန်း စံ က သေးခံဘောင်းဘီတွေ ပြန်ဖြည့်ပေးပါ။
3　=(ယဉ်ကျေးသော)ဘာလုပ်ပေးတော့မယ်ဆိုတာ ရှင်းပြချက်
  ①　တနခ စံ ရဲ့ သေးခံဘောင်းဘီလဲတာကို ကျွန်မက လုပ်ပေးပါမယ်။
  ②　ယူနစ်ခေါင်းဆောင်ကို မိတ်ဆက်ပေးပါမယ်။

အလုပ် ပထမဆုံးနေ့

P18-19

ဟန်း - မင်္ဂလာပါ။ ဒီနေ့ကစပြီး ကူညီစောင့်ရှောက်ပေးပါဦး။

ခေါင်းဆောင် (ဆတိုး ဆာကူရာ) -

　　　　　မင်္ဂလာပါ။ ဒီနေ့တော့ ပထမဆုံးအနေနဲ့ ဂေဟာမှာနေတဲ့သူတွေရဲ့ နာမည်နဲ့အခန်းနံပါတ်ကို မှတ်ထားပေးပါ။ နောက်ပြီးတော့ ထမင်းစားခန်းထဲက ထိုင်ခုံတွေရောပေ့ါ။

　ဟန်း　- 　ဟုတ်ကဲ့။ နားလည်ပါပြီ။

ခေါင်းဆောင် - ဟုတ်ပြီ ဟုတ်ပြီ။ အလုပ်လုပ်ခိုင်းခံရပြီဆိုရင် ဟုတ်ကဲ့လို့ ပြန်ပြောတာတစ်ခုတည်းမဟုတ်ဘဲနဲ့ အခိုင်းခံရတဲ့အလုပ်အကြောင်း (ဘာလုပ်ရမယ်ဆိုတာ)ကို ပြန်ထပ်ပြောစေချင်တယ်။ ကျွန်မလည်း ဟန်း စံ တကယ် နားလည်လား နားမလည်ဘူးလား ဆိုတာ စစ်ဆေးလို့ရတာပေ့ါ။

　ဟန်း　- 　ဟုတ်ကဲ့။ ဒီနေ့က ဂေဟာမှာနေသူတွေရဲ့ နာမည်၊ အခန်းနံပါတ်၊ထမင်းစားခန်းထဲက ခုံတွေကို မှတ်ထားရမှာဖြစ်ပါတယ်။

ခေါင်းဆောင် - အဲဒါပြီးရင် ရေနွေးကြမ်းပေးမှာမို့ အတူတူသွားရအောင်။

　ဟန်း　- 　ဟုတ်ကဲ့။ သင်ပြပေးပါဦး။

ခေါင်းဆောင် - အခန်း ၂၊၁ က စုဇုခိ တမီး စံ အခန်းပါ။ ဂေဟာမှာနေသူတွေရဲ့ အခြေအနေနဲ့ပတ်သက်ပြီး နောက်မှ အသေးစိတ် ရှင်းပြပေးပါမယ်။

　ဟန်း　- 　အခန်း၂၊၁ က စုဇုခိ တမီး စံ ပေ့ါ။ မှတ်ထားပါမယ်။

ခေါင်းဆောင် - နောက်တစ်ခုက ထမင်းစားခန်းက ခုံတွေကို မှတ်ထားနော်။ "တန်းပိုပို" မှာနေသူ စုစုပေါင်း ဘယ်နှစ်ယောက်ရှိလဲ။

　ဟန်း　- 　၉ ယောက်ပါ။

ခေါင်းဆောင် - ထမင်းစားတဲ့အချိန်မှာ ၃ ယောက်ကို စားပွဲတစ်လုံးနှုန်းနဲ့ စားပွဲ၃လုံးမှာ ထိုင်ခိုင်းပါ။ ထိုင်ခုံနေရာချတဲ့ပုံကို မိတ္တူ၊ဆွဲထားတယ်။ အဲဒါကိုကြည့်ပြီး သေချာမှတ်ထားပါ။

　ဟန်း　- 　ဟုတ်ကဲ့။ မှတ်ထားပါမယ်။

ခေါင်းဆောင် - အလုပ်ဝင်တဲ့ပထမဆုံးရက်ကဘယ်လိုလဲ?

　ဟန်း　- 　သုံးစွဲသူ(အသုံးပြုသူ)တွေရဲ့အမည်ကိုမှတ်ရတာခက်ခဲတယ်။အမည်အားလုံးတော့မမှတ်နိုင်သေးဘူး။

ခေါင်းဆောင် - သုံးစွဲသူ(အသုံးပြုသူ)တွေရဲ့အမည်နဲ့မျက်နှာကိုမှတ်မိနေဖို့ကအရေးအကြီးဆုံးဖြစ်တဲ့အတွက်ကြောင့်မြန်မြန်ဆန်ဆန်မှတ်မိအောင်လုပ်ပါ။

　ဟန်း　- 　ဟုတ်ကဲ့။ဒီညလေ့ကျင့်လိုက်ပါမယ်။ကြိုးစားပါ့မယ်။

P19　ဝါကျပုံစံ

1　=တစ်ခြားဟာတွေလည်းရှိသေးတယ်၊ တစ်ခြားဟာတွေလည်းလုပ်ရဦးမယ်

　① 　နာမည်မှတ်ရုံတင်မဟုတ်ဘဲ၊စာသင်ခန်းနံပါတ်လည်း မှတ်ထားပါ။

　② 　ခေါင်းဆောင်က စည်းကမ်းတင်းကျပ်တာတင်မဟုတ်ဘဲ၊သဘောကောင်းတဲ့အခါလည်းရှိပါတယ်။

　③ 　သားတစ်ယောက်တည်းတင်မဟုတ်ဘဲ၊ မြေးပါ အလည်လာတယ်။

2　=ကောက်ချက်ချသည်

　① 　ဒီနေ့ မိုးရွာလို့ လမ်းထွက်လျှောက်တာကို ဖျက်လိုက်တာဖြစ်ပါတယ်။

　② 　မိုရိရှီတ စံ ဖျားနေလို့ ဒီနေ့ ရေမချိုးရတာဖြစ်ပါတယ်။

3　=~ နဲ့ပတ်သက်ပြီး

①　ယာမဒါ စံ စားတဲ့ပမာဏနဲ့ပတ်သက်ပြီး အကြောင်းကြားပါတယ်။

②　ကူညီပြုစုစောင့်ရှောက်မှုပညာနဲ့ပတ်သက်ပြီး သင်ယူနေပါတယ်။

အခန်း ၃　မျက်နှာသစ်ခြင်းနှင့် ဆံပင်ပုံသွင်းခြင်း

P24-25

ယာမဒါ ဟာန စံ၊ ၅၅နှစ်၊အမျိုးသမီး၊

သူငယ်ပြန်ရှောဂ အရိုးပွရှောဂါရှိ့ ကျောရိုးညွတ်ပြီးကျိုး

ခေါင်းဆောင်　-　ဟန် စံ၊ အခန်း ၂၊၂ က ယာမဒါ ဟာန စံ ကို မျက်နှာသစ် ဆံပင်ပုံသွင်းဖို့စောင့်ကြည့်ပေး
　　　　　　　　နော်။

　　ဟန်　-　ဟုတ်ကဲ့။ အခန်း ၂၊၂ က ယာမဒါ ဟာန စံ နော်။ ကောင်းပါပြီ။

　　ဟန်　-　ယာမဒါ စံ မင်္ဂလာနံနက်ခင်းပါ။ နေကောင်းရဲ့လား။ မနေ့ညက
　　　　　　ကောင်းကောင်းအိပ်ပျော်ရဲ့လား။

ယာမဒါ　-　အင်း အိပ်ပျော်ပါတယ်။

　　ဟန်　-　ဟုတ်လား။ ကဲ အိပ်ယာထပြီး မျက်နှာသစ်ရအောင်။ ကုတင်ကို မတ်လိုက်မယ်နော်။
　　　　　　အကျီလက်မဆိုအောင် ခေါက်ပေးမယ်။
　　　　　　ဆံပင်မဆိုအောင်လည်း သိမ်းရအောင်။ ကူညီပေးမယ်နော်။

　　ဟန်　-　ပြီးသွားပါပြီးလား။ မျက်နှာသုတ်ပုဝါ ဒီမှာပါ။

ယာမဒါ　-　ကျေးဇူးတင်ပါတယ်။

　　ဟန်　-　ဟယ် ပါးစပ်တစ်ပိုက်မှာ နည်းနည်းနီနေတယ်နော်။
　　　　　　မယားဘူးလား မနာဘူးလား။

ယာမဒါ　-　အင်းဟုတ်တယ် နည်းနည်းယားတယ်။

　　ဟန်　-　ဟုတ်လား ခဏနေမှ သူနာပြုကို ပြကြည့်ရအောင်။
　　　　　　ဒီတစ်ခါ ဆံပင်ဖြီးရအောင်။ (ဂက်မှင်ဘီး)ဘရက်ရှိပါ။

ယာမဒါ　-　ကျေးဇူးတင်ပါတယ်။ .....ဒီလိုနဲ့ရပြီလား။

　　ဟန်　-　ဟုတ်ကဲ့။ လှသွားပြီ။ ကဲ နောက်မှ ထပ်လာမယ်နော်။
　　　　　　အခန်းနံပါတ် ၃၁၅ က ယာမဒါ ဟာန စံ ရဲ့မျက်နှာသစ် ဆံပင်ပုံသွင်းတာစောင့်ကြည့်ပြီးသွား
　　　　　　ပါပြီ။ ပါးစပ်တစ်ပိုက်မှာ နီနေတယ်။ နည်းနည်းယားတယ်လို့ပြောတယ်။ သူနာပြုဆီ
　　　　　　အကြောင်းကြားထားလိုက်မယ်။

ခေါင်းဆောင်　-　ကောင်းပါပြီ။ မမေ့အောင် ဂရုစိုက်ပါနော်။

P25-26　ဂါကျပုံစံ

1　=ရည်ရွယ်ချက်

①　လမ်းလျှောက်နိုင်အောင် ပြန်လည်ထူထောင်ရေးလေ့ကျင့်ခန်းလုပ်ပါတယ်။

76

② အစည်းအဝေး နောက်မကျအောင် မြန်မြန်သွားမယ်။

③ လူနာမသီးအောင် ဂရုစိုက်ပါ။

2 =~လို့ပြောတယ်။

① မနေ့က ကောင်းကောင်းအိပ်ပျော်တယ်လို့ ပြောတယ်။

② မိသားစုနဲ့တွေ့ရလို့ ဝမ်းသာတယ်လို့ ပြောတယ်။

③ ဒီညနေမီးနူးက "ဝေါ်မိုခုချိလ္လာ့ရှ" လို့ ပြောတယ်။

3 =မလုပ်ဘဲ

① တိုင်းပြည်မပြန်ဘဲ ၃နှစ် ဂျပန်မှာအလုပ်လုပ်မယ်။

② မနက်စာမစားဘဲ ကုမ္ပဏီသွားတယ်။

③ အလုပ်နားရက်မှာ ဘာမှမလုပ်ဘဲ အခန်းမှာ ဟိုလိုမှိုဒီလိုမှိုလုပ်နေတယ်။

အခန်း ၄) အဝတ်အစားလဲခြင်း

P32-33

မိုရိရှိတ ခိမိကို စံ၊ ၅၂ နှစ်၊ အမျိုးသမီး

ဦးနောက်သွေးကြောပိတ်ခြင်းကြောင့် ခန္ဓာကိုယ်ဘယ်ဖက်အခြမ်းလေဖြတ်နေသူ

ခေါင်းဆောင် - ဟန်း စံ အခန်း ၂၀၃ က မိုရိရှိတ ခိမိကို စံ ကို အဝတ်ကူလဲပေးလိုက်ပါဦး။

ဟန်း - မိုရိရှိတ စံ က ခန္ဓာကိုယ်ဘယ်ဖက်အခြမ်းလေဖြတ်နေတာနော်။

ခေါင်းဆောင် - အင်း။ သူ့ဟာသာလုပ်နိုင်တာလုပ်ခိုင်းပြီး မလုပ်နိုင်တာကို ကူလုပ်ပေးလိုက်ပါ။

ဟန်း - ဟုတ်ကဲ့။ နားလည်ပါပြီ။

မိုရိရှိတ စံ အဝတ်လဲကြရအောင်လား။

မိုရိရှိတ - ကောင်းပါပြီ။

ဟန်း - ကဲ ညဝတ်အကျီကို ချွတ်ကြရအောင်။ ညာဖက်လက်ကနေ ချွတ်ပေးပါလား။

ချွတ်လို့ပြီးပြီလဲ။

ဒါပြီးရင် ဘလောက်စ်အကျီ ဝတ်ရအောင်။

ဘယ်ဖက်လက်ကို နည်းနည်းကူဝတ်ပေးမယ်နော်။ ဘယ်ဖက်လက်ကို

အကျီလက်ထဲသွင်းပါမယ်။ ပြီးရင် ညာဖက်လက်ကို သွင်းလိုက်ပါ။

ကြယ်သီးတပ်လို့ရလား .... နည်းနည်းကူလုပ်ပေးမယ်နော်။

မိုရိရှိတ - ကူညီပေးပါဦး။ အမြဲတမ်း အကျီလဲတဲ့အခါတိုင်း အကူအညီတောင်းရတာ

မကောင်းဘူးနော်။

ဟန်း - မဟုတ်တာ...စိတ်ထဲမထားပါနဲ့။ ဒီတစ်ခါ ဘောင်းဘီလဲကြရအောင်။

ဒီနားက လက်ကိုင်ဘားတန်းကို ကိုင်ပြီး မတ်တပ်ရပ်ပေးမလား။

ဘောင်းဘီချွတ်ချမယ်နော်။

ဟုတ်ကဲ့ ထိုင်ပါဦး။

ညာဖက်ခြေထောက်ကနေစပြီး ချွတ်ရအောင်။ ညာဖက်ခြေထောက်ကို မြှောက်ပေးနော်။

ပြီးရင် ဘောင်းဘီဝတ်ရအောင်။ ဘောင်းဘီဝတ်တဲ့အခါ ဘယ်ဖက်ကနေစမယ်နော်။ နောက်တစ်ကြိမ် မတ်တပ်ရပ်ပါဦး။ ဘောင်းဘီ ဆွဲတင်မယ်နော်။ ရှပ်အင်္ကျီကို ဘောင်းဘီထဲထည့်မလား။ အပြင်ထုတ်ထားမလား။ ဟုတ်ကဲ့ ပြီးပါပြီ။

မို့ရို့ရီတ စံ ဒီနေ့နည်းနည်းအေးလို့ တစ်ခု အပေါ်ကနေထပ်ဝတ်မလား။

မို့ရို့ရီတ - ဟုတ်(အေး)တယ်နော်။ အဲ့ဒီ အနီရောင် ရှေ့ကွဲသိုးမွေးအင်္ကျီ ဝတ်မယ်။

ဟန်း - ဟုတ်ကဲ့ နားလည်ပါပြီ။ ဒီမှာပါ။ တော်တော် လိုက်တာပဲ။

မို့ရို့ရီတ - ဟုတ်လား။ ကျေးဇူးပါ။

ဟန်း- မို့ရို့ရီတ စံ ကို အဝတ်ကူလဲပေးတာ ပြီးသွားပါပြီ။ ဒီနေ့ နည်းနည်းအေးလို့ ရှေ့ကွဲသိုးမွေး အင်္ကျီ ဝတ်ပေးခဲ့ပါတယ်။

ခေါင်းဆောင် - ဟုတ်လား။ တော်တော် သတိထားမိတာပဲ။ ပင်ပန်းသွားပြီ။

P33-34 ဂါကျပုံစံ

1 =လုပ်ဆောင်ချက်ပြီးစီးသွားခြင်း
① ပန်းကန်တွေဆေးလို့ ပြီးသွားရင် ဒီအဝတ်နဲ့သုတ်ပါ။
② ၄ှားလာတဲ့စာအုပ်ကိုဖတ်လို့ပြီးသွားပြီ။
③ တီဗွီကြည့်လို့ပြီးသွားရင် ပိတ်ထားလိုက်ပါ။

2 =အခါတိုင်း/ အကြိမ်တိုင်း
① မိသားစုဓာတ်ပုံကိုကြည့်တဲ့အခါတိုင်း ဟိုအရင်အချိန်တွေကို သတိရမိတယ်။
② လမ်းလျှောက်တဲ့အခါတိုင်း တင်ပါးကနာလာတယ်။
③ စမ်းသပ်တဲ့အခါတိုင်း စိတ်လှုပ်ရှားတယ်။

3 =ဆုံးဖြတ်ပြီး
① သောက်စရာ ဘာသောက်ချင်သလဲ။ လက်ဖက်ရေအေး သောက်မယ်။
② ဘောင်းဘီနဲ့စကတ် �‌ဘယ်ဟာ ဝတ်မလဲ။ ဘောင်းဘီ ဝတ်မယ်။
③ ဒီနေ့ချမ်းတဲ့အတွက် အင်္ကျီလက်ရှည်ဝတ်မယ်။

အခန်း ၅   ဘီးတပ်ကုလားထိုင်ရွှေ့ခြင်း

P40-41

ယာမဒါ ဟာန စံ ၊ �၅နှစ်၊ အမျိုးသမီး။

သူ့ငယ်ပြန် အရိုးပွရောဂါရဲ့ ကျောရိုးညပ်ပြီးကျိုး

ခေါင်းဆောင် - အခန်း၂၊၂ က ယာမဒါ ဟာန စံ က အရိုးပွရောဂါကြောင့် ကျောရိုးညပ်ပြီးကျိုး‌နေတဲ့အတွက် ဘီးတပ်ကုလားထိုင် သုံးနေရတယ်။ အပြင်ထွက်လမ်းလျှောက်တာ ကူပေးလိုက်ပါဦး။

ဟန်း - အခန်း၂၊၂ က ယာမဒါ ဟာန စံ နော်။ နားလည်ပါပြီ။
ယာမဒါ စံ ဒီနေ့ရာသီဥတုသာယာလို့ အပြင်ထွက်ကြရအောင်။ ပြင်ဆင်ထားပြီးပါပြီလား

(အဆင်သင့်ဖြစ်ပြီလား)။

ယာမဒါ - ဟုတ်ကဲ့။

ဟန်း - ဒါဆို ဘရိတ် ဖြုတ်ပြီး စထွက်ရအောင်။ ယာမဒါ စံ က ဘီးတပ်ကုလားထိုင်
ကိုင်တွယ်အသုံးပြုတာ တော်တော်ကျင့်သားရနေပြီပဲ။ အရမ်းချောချောမွေ့မွေ့
ဖြစ်နေပြီနော်။

ဒီနေရာကစပြီး ကျွန်မက တွန်းပါမယ်။ ကုန်းဆင်းဆိုရင် အနောက်ဖက်လှည့်ပြီး ဆင်းပါမယ်။
အဆင်ပြေရဲ့လား ရွှေ့တော့မယ်နော်။

ဒီပန်းခြံမှာ နင်းဆီခြံက နာမည်ကြီးတယ်နော်။ အကုန်ပွင့်နေတော့ လှလိုက်တာ။

ယာမဒါ - ဟုတ်တယ်။ အနံ့မွှေးမွှေ့ ရတယ်။ .....နည်းနည်းပင်ပန်းလာပြီ။

ဟန်း - ဒါဆို ဒီနားမှာ နားရအောင်။ ဘရိတ်ဆွဲထားလိုက်ပါ။ အဆင်ပြေရဲ့လား။
ရေနွေးသောက်မလား။

ယာမဒါ - သောက်မယ်။ လည်ချောင်းခြောက်တယ်။ ကျေးဇူးတင်ပါတယ်။

ဟန်း - ဟယ်....ရုတ်တရက် မိုးတွေအုံ့လာပြီ။ မိုးမရွာခင် ပြန်ကြရအောင်။

ယာမဒါ - အင်း..ပြန်မယ်။

ဟန်း - ဒါဆို ဘရိတ်ဖြုတ်ပါ။ ရွှေ့တော့မယ်နော် အဆင်ပြေရဲ့လား။

ယာမဒါ - ဟုတ်ကဲ့ ကူညီပေးပါဦး။

ဟန်း - အခန်း၂၊၂က ယာမဒါ ဟန စံ ကို ဒီနေ့လမ်းထွက်လျှောက်တော့ နင်းဆီခြံဆီ
ခေါ် သွားပေးခဲ့ပါတယ်။

ခေါင်းဆောင် - မိုးမမိခဲ့ဘူးမဟုတ်လား။

ဟန်း - ဟုတ်ကဲ့ မမိပါဘူး။ ဒါပေမယ့် ဝင်းပေါက်ထဲ့ဝင်ဝင်ချင်း မိုးရွာချခဲ့တယ်။

P41-42 ဂါကျပုံစံ

1 =အကြောင်းရင်း
① ချော်လဲခြင်းကြောင့်ဖြစ်တဲ့ မတော်တဆထိခိုက်မှုတွေများပါတယ်။
② ပြန်လည်ထူထောင်ရေးလေ့ကျင့်ခန်းကြောင့်ဖြစ်တဲ့ အကျိုးသက်ရောက်မှုကို မျှော်လင့်နိုင်ပါတယ်။
③ အစာသီးတာကြောင့်ဖြစ်တဲ့ အဆုတ်ရောင်ရောဂါ ဖြစ်ဖို့များပါတယ် ။

2 =မတိုင်ခင်/ ကြားထဲ/တုန်း
① အရေးကြီးကိစ္စဆိုရင် မမေ့ခင် မှတ်စုစာအုပ်ထဲမှာ မှတ်ထားကြရအောင်။
② ထမင်းစားနေတုန်း အိပ်ပျော်သွားတယ်။
③ ပူနေတုန်း စွပ်ပြုတ်သောက်လိုက်ပါ။

3 =လုပ်ပြီးချိန်မှာ/ ဖြစ်ဖြစ်ချင်း/ လုပ်လုပ်ချင်း
① မီဆိုးဟင်းချိုသောက်သောက်ချင်း သီးပြီး ဒုက္ခရောက်သွားခဲ့ပုံပဲ။။
② မတ်တပ်ရပ်ရပ်ချင်း မူးဝေသွားတယ်။

P48-49

တနခ မစအို စံ၊ ၇၇နစ်၊ အမျိုးသား၊

လွန်ခဲ့တဲ့၁လက ဘယ်ဖက်ခြေထောက်ကျိုး တုတ်ကောက်နှင့်လမ်းလျှောက် မကြာခဏဆီးသွား

ခေါင်းဆောင် - အခန်း ၂(၅) က တနခ စံ ကို ထမင်းစားခန်းဆီ လမ်းညွှန်ပေးပါ။

ဟန် - ဟုတ်ကွဲ။ တနခ စံကို ထမင်းစားခန်းဆီ လမ်းညွှန်ရမှာနော်။

ခေါင်းဆောင် - တနခ စံ က အရိုးကျိုးပြီးနောက်ပိုင်း ပြန်လည်ထူထောင်ရေးလေ့ကျင့်ခန်း
ဆက်တိုက်လုပ်လာတာ ဒီတစ်ပတ် ဘီးတပ်ကုလားထိုင်ကနေ တုတ်ကောက်နှင့်
လမ်းလျှောက်ကာစနော်။

ဟန် - ဟုတ်ကွဲ။ တနခ စံ ရဲ့ ဒဏ်ရာက ညာဖက်နော်။

ခေါင်းဆောင် - မဟုတ်ဘူး။ ကျိုးတာက ဘယ်ဖက်ခြေထောက်လေ။ ချော်မလဲအောင် ဂရုစိုက်နော်။

ဟန် - ဟုတ်ကွဲ။ နားလည်ပါပြီ။ ဘယ်ဖက်ခြေထောက်နော်။

- တနခ စံ ညစာစားရမယ့်အချိန်ရောက်ပါပြီ။ ထမင်းစားခန်းသွားရအောင်။

တနခ - အယ် ညစာစားချိန်တောင်ရောက်ပြီလား။ နေ့လည်စ စားပြီးပြီလားမသိဘူး။

ဟန် - ဟုတ်ကွဲ စားပြီးသွားပြီလေ။ ညစာလည်း အများကြီးစားပါနော်။ ခြေထောက်
မနာတော့ဘူးလား။

တနခ - ကျေးဇူးကြောင့် တော်တော်ကောင်းနေပါပြီ။

ဟန် - ဟုတ်ကွဲ တုတ်ကောက် ဒီမှာပါ။

တနခ - ကျေးဇူးတင်ပါတယ်။

ဟန် - ကျွန်မ ပြောပြပေးမှာမို့ ဖြေးဖြေးချင်း သွားကြရအောင်နော်။
ပထမဆုံး တုတ်ကောက်ကို အရှေ့ကိုထုတ်၊ ပြီးရင် ဘယ်ဖက်ခြေထောက် ပြီးတော့မှ
ညာဖက်ခြေထောက်နော်။

တနခ - အဲ့လိုလား။ တုတ်ကောက် ညာဖက်ခြေထောက် ဘယ်ဖက်ခြေထောက်။

ဟန် - မဟုတ်ဘူး။ ပြောင်းပြန်ဖြစ်နေတယ်။ တုတ်ကောက် ဘယ်ဖက်ခြေထောက်
ညာဖက်ခြေထောက်လေ။

တနခ - အာ အဲ့လိုလား။ တုတ်ကောက် ဘယ် ညာ ပဲ။

ဟန် - ဟာ ကြမ်းပြင်က စိုနေတာပဲ။ ချော်မလဲအောင် ဂရုစိုက်ပြီး တံတားကိုကျော်ကြရအောင်။
လက်ကိုင်ကို ကိုင်နော်။

ဟန် - တနခ စံ ကို တုတ်ကောက်နဲ့ လမ်း လျှောက်ပြီး ထမင်းစားခန်းဆီ လမ်းညွှန်ပေးပြီးပါပြီ။

ခေါင်းဆောင် - ပင်ပန်းသွားပြီ။

ဟန် - စကြ ရဲ့ ကြမ်းပြင်က စိုနေတယ်။ ချော်လဲရင် အန္တရာယ်ရှိတာမို့ လိုက်ပို့ပေးပြီးတဲ့နောက်
သုတ်ထားခဲ့ပါပြီ။

ခေါင်းဆောင် - ကျေးဇူးတင်ပါတယ်။ ကဲ အတူတူ ဒီဖြစ်ရပ်ကို အစီရင်ခံစာရေးရအောင်။
နောက်ထပ်နည်းနည်း အသေးစိတ်ပြောပြပါ။

ဟန် - ဟုတ်ကွဲ။ နားလည်ပါပြီ။

P49-50 ပါကျပုံစံ

1 =သေချာမမှတ်မိတဲ့အရာကို သေချာအောင်မေးသည်
① ပြီးခဲ့တဲ့အပတ်က ဘယ်သွားခဲ့တာပါလိမ့်။
② အဲဒီလူက ယာမာမိုတို စံ မဟုတ်လား။
③ မနေ့က အေးတယ်မဟုတ်လား။
2 =ရလာဒ်ကောင်းရခြင်းရဲ့ အကြောင်းရင်း
① ဆေးသောက်ထားသောကြောင့် အဖျားကျသွားတယ်။
② ကျန်းမာသန်းစွမ်းသောကြောင့် ဆေးရုံတက်ရတာ မရှိဘူး။
③ ဟန်း စံ (ရဲ့ကျေးဇူး)ကြောင့် အလုပ်မြန်မြန်ပြီးသွားတယ်။
3 =အစီအစဉ်
① လှေကားတတ်တဲ့အခါ ပထမဆုံး တုတ်ကောက်ကို အပေါ်လှေကားထစ်ပေါ်တင်၊ ပြီးရင်ကောင်းတဲ့ ဖက်ရဲ့ခြေထောက်၊ ပြီးတော့မှ လေဖြတ်ထားတဲ့ခြေထောက်ကို တင်ပါ။
② ရေနွေးကြမ်းထည့်တဲ့အခါ ပထမဆုံး ရေနွေးအိုးအသေးလေးထဲကို လက်ဖက်ခြောက်ဖက်ထည့်၊ ပြီးရင် ရေနွေးကိုထည့်ပြီး နပ်ထား၊ အဲဒါပြီးရင် ကြွေခွက်ထဲကိုလောင်းထည့်ပါ။

အခန်း ၇ ထမင်း၊ အစားအသောက်

P56-57

စုဇုခိ တမိ စံ၊အသက် ၉၇နှစ်၊အမျိုးသမီး၊
သူငယ်ပြန်ရောဂါ၊ ဆီးချိုရောဂါ ညာဖက်အခြမ်းလေနည်းနည်းဖြတ
ခေါင်းဆောင် - အခန်း ၂၀၁ က စုဇုခိ တမိ စံ ရဲ့ထမင်းစားတာကိုကူညီပါ။
ခုအတောအတွင်း အစာသီးလွယ်တဲ့အတွက် လေပြွန်ထဲအစာများမဝင်အောင် မျိုချတဲ့အခါမှာ သေသေချာချာ သတိထားပါ။
နောက်ပြီး အစားစားတဲ့အခါ ခန္ဓာကိုယ်စောင်းလေ့ရှိတဲ့အတွက် ခပ်မတ်မတ်ဖြစ်အောင် ပြန်ပြင်ပေးပါ။
ဟန်း - ဟုတ်ကဲ့။ နားလည်ပါပြီ။ စုဇုခိ တမိ စံနော်။ မျိုချတဲ့အခါ နဲ့ မတ်မတ်လေးဖြစ်နေအောင် ဂရုစိုက်ပါမယ်။
ဟန်း - စုဇုခိ စံ စောင့်ရတာကြာသွားပြီနော်။ လက်သုတ်အဝတ် ဒီမှာပါ။ ခါးစည်းရှေ့ဖုံး ဝတ်မလား။
စုဇုခိ - အင်း လုပ်ပေးပါ။
ဟန်း - နေကောင်းလား။
မတ်မတ်လေးဖြစ်အောင် နည်းနည်းပြင်ရအောင်လား။ ကျောကို တည့်တည့်လေးထားရအောင်။
ကဲ ပထမဆုံး ရေနွေးကြမ်း တစ်ငုံသောက်ရအောင်။
ပြီးရင် မီဆိုး ဟင်းချိုသောက်မလား။ ပူတဲ့အတွက် ဂရုစိုက်နော်။
စုဇုခိ - အင်း ..... အဟွတ် အဟွတ်

ဟန်း - အဆင်ပြေရဲ့လား။ ဖြည်ဖြည်လေး နည်းနည်းစီ သောက်နော်။

စုဇခိ - ဒါပြီးရင် ငါ.....တော်တော်နဲ့ ကောင်းကောင်းကိုမလုပ်တတ်သေးပါလား။

ဟန်း - ကဲ နည်းနည်း ကူလုပ်ပေးမယ်နော်။

စုဇခိ - တောင်းပန်ပါတယ်။ ကျေးဇူးတင်ပါတယ်။

ဟန်း - ရပါတယ်။ ဟော့ဒီမှာ စားပါ။ ဇွန်းကိုသုံးမလား။

သေချာငါးနော်။

သေသေသပ်သပ်စားပြီးပြီပဲ။ ပါးစပ်ပတ်ပတ်လည်နဲ့ လက်ကို သုတ်ရအောင်။

ထမင်းစားလို့ ကောင်းရဲ့လား။

စုဇခိ - အင်း စားကောင်းတယ်။ ကျေးဇူးတင်ပါတယ်။

ဟန်း - အခန်း ၂၇၁ က စုဇခိ တမိ စံ ထမင်းစားတာကို ကူညီပြီးပါပြီ။ မီဆိုး

ဟင်းချိုသောက်တဲ့အချိန်မှာ သီးတယ်။

ငါးအသားမနွင်နိုင်ဘူး။

ခေါင်းဆောင် - ဟုတ်လား။ အဲဒါဆိုရင်တော့ ဟင်းချိုထဲမှာ ပျစ်ခဲတာထည့်ပြီး

ပြင်ဆင်ပေးတာကောင်းမယ်ထင်တယ်။ ထမင်းစားတဲ့ ပမာဏကို ကျိန်းသေမှတ်ထားပါ။

ကျေးဇူးပဲနော်။

P57-58 ဂါကျပုံစံ

1 = ဖြစ်တတ်တယ်

① အပြင်စာတွေပဲစားနေမယ်ဆို အသီးအရွက်အစားနဲ့တာ ဖြစ်တတ်တယ်။

② ဂမ်းချုပ်တတ်တဲ့အတွက် ညတိုင်း မအိပ်ခင် ဆေးသောက်နေတယ်။

2 = မျှော်လင့်ထားသလောက်ကောင်းကောင်းဖြစ်မလာ

① ဆေးသောက်ပေမယ့် အဖျားတော်တော်နဲ့ မကျဘူး။

② ခန်းဂျီ တော်တော်နဲ့မမှတ်နိုင်ဘူး။

3 = ခွင့်ပြုချက်ရ ယဉ်ကျေးသောအသုံးအနှုန်းဖြင့်တောင်းဆိုခြင်း

① နေမကောင်းလို့ စောစောပြန်ပါရစေ။

② အဲဒိနေရာမှာ ပစ္စည်းကို ထားခွင့်ပေးလို့ရပါသလား။

အခန်း ၈   မစင်

P64-65

တနခ မစအို စံ၊ရဂနစ်၊ ယောကျာ်း၊

လွန်ခဲ့တဲ့လက ဘယ်ဖက်ခြေထောက်ကျိုး တုတ်ကောက်နှင့်လမ်းလျှောက် မကြာခဏဆီးသွား

ခေါင်းဆောင် - အခန်း ၂၇၅ က တနခ မစအို စံ ကို မအိပ်ခင် အိမ်သာအထိလမ်းညွှန်ခေါ်သွားပြီး

စောင့်ကြည့်ပါ။ တနခ စံ က အိမ်သာနီးလို့ ညဖက်မှာ ဆီးအိုးနဲ့....

ဟန်း - အာ...ဟိုဟာလေ။ [အိမ်သာနီးလို့]..ဆိုတာ ဘယ်လိုအဓိပ္ပာယ်လဲဟင်

ခေါင်းဆောင် - အိမ်သာခဏခဏသွားတယ် ဆိုတဲ့အဓိပ္ပာယ်လေ။
ဆီးခဏခဏသွားတယ်လို့လည်းပြောတယ်။ ဆီးအိုးပြင်ပေးဖို့ မမေ့နဲ့နော်...
ဟန်း - ဟုတ်ကဲ့။ မမေ့အောင် ပြင်ဆင်ပါမယ်။
တနခ စံ မအိပ်ခင် နောက်တစ်ကြိမ် အိမ်သာသွားရအောင်လား။
တနခ - အင်း ဟုတ်တာပဲ။
ဟန်း - လက်ကိုင်ကို ကိုင်ပါ။ သေးခံ ညစ်ပတ်မနေဘူးလား။ တစ်ယောက်တည်းလုပ်နိုင်လား။
တနခ - အင်း ရပါတယ်။
ဟန်း - ဒါဆို ပြီးသွားရင် အသံပေးနော်။ အခန်းထိ အတူတူပြန်ရအောင်။
တနခ - ကောင်းပါပြီ။
ဟန်း - ညဖက်ဆို ဆီးအိုးကိုသုံးပါ။ ဒီနေရာမှာ ထားထားတယ်။
တနခ - အာ..အဲဒါနဲ့ဆို စိတ်ချတယ်။
ဟန်း - အကူအညီပေးမှာမို့ သုံးမယ်ဆို သူနာပြုခေါ်တဲ့ခလုတ်ကို နှိပ်ပါ။
တနခ - ဟုတ်ကဲ့ ကျေးဇူးတင်ပါတယ်။
ဟန်း- ကောင်းသောညပါ။
တနခ - ကောင်းသောညပါ။
ဟန်း - တနခ စံ ရဲ့အခန်းမှာ ဆီးအိုးထားထားခဲ့ပါတယ်။
ခေါင်းဆောင် - ဟုတ်ကဲ့။ အိမ်သာသုံး စက္ကူလည်း ထားခဲ့တယ်နော်။
ဟန်း - အ...ထားခဲ့တာသေချာပေမယ့် နောက်တစ်ကြိမ် သွားကြည့်လိုက်မယ်။ တောင်းပန်ပါတယ်။

P65-66 ဂါကျပုံစံ

1 = အကြောင်းအရာအနေနဲ့ဆွဲထုတ်ပြောသည်
① [မစအို] ဆိုတာ ခန်းဂျီနဲ့ ဘယ်လိုရေးလဲ။
② [နားဂေးတယ်] ဆိုတာ ဘယ်လိုအဓိပ္ပာယ်လဲ။
2 နောက်တစ်မျိုးပြောတာကို ဖော်ပြ၊ ပြောင်းပြောသည်
① အိပ်ရာထဲတွင် နာတာရှည်နာမကျန်းလို့ရသော အနာကို အိပ်ရာနာလို့လည်းပြောတယ်။
② ဖေ့စကုတ်ကို အပေါ်ဂတ်လို့လည်းပြောတယ်။
3 သေချာ
① စားသုံးသူတွေရဲ့နာမည်ကို မနေ့က သေချာမှတ်ထားခဲ့ပေမယ့် မေ့သွားခဲ့တယ်။
② ခေါင်းဆောင်က မနက်ဖြန်လည်း အလုပ်ရှုပ်မှာသေချာတယ်။
③ လူနာတွေ့ချိန်က ၃နာရီကနေစတာသေချာတယ်။

အခန်း ၉ သေးခံလဲခြင်း

P72-73

အန်းဇအိ ချိအဲ စံ၊ ၉၆နှစ်၊ အမျိုးသမီး၊

နေမကောင်းလို့ အိပ်ရာပေါ် လဲရာမှဖြစ်သော‌ရောဂါ

ခေါင်းဆောင် - အားရင် အခန်း၂၀၄ က အန်းဖအဲ ချိအဲ့ စံရဲ့သေးခံလဲ့တာကို လုပ်ပေးလို့ရမလား မသိဘူး။

ဟန် - ဟုတ်ကဲ့။ ရပါတယ်။ လုပ်ပေးမယ်။

ခေါင်းဆောင်- အန်းဖအိစ်က လွန်ခဲ့တဲ့၁လက ‌အပြင်ဖျားတာကို အကြောင်းပြ၍ ဘီးတပ်ကုလားထိုင်နဲ့ သွားရတဲ့ဘဝကလည်း ခက်ခဲလာတဲ့အတွက် အိပ်ရာပေါ် လဲနေရတဲ့ဘဝရောက်ရတယ်။ ကို ယ့်ဖာသာဟိုဖက်ဒီဖက်လှည့်အိပ်လို့မရတဲ့အတွက် သေးခံလဲပြီး သွားရင် ခန္ဓာကိုယ်ကို ဟို ဖက်ဒီဖက်လှည့်ပေးဖို့ မမေ့နဲ့နော်။

ဟန် - ဟုတ်ကဲ့။ နားလည်ပါပြီ။ အန်းဖအဲ စ် က အသံပေးလည်းပဲ အသံသိပ်မထွက်ဘူးနော်။ ဘာမှမတုံ့ပြန်ဘူးလို့ထင်ပါပဲ။

ခေါင်းဆောင် - အင်း... ဒါပေမယ့် တကယ်လို့ မတုံ့ပြန်ပေမယ့်လည်း ကျိန်းသေ အသံပေးပြီး ပြုစုစောင့်ရှောက်ပေးနော်။

ဟန် - ဟုတ်ကဲ့။ အဲ့ဒီလိုလုပ်ပါ့မယ်။
အန်းဖအဲ စံ။ မဂ်လာပါ။ ဟန် ပါ။ ခန္ဓာကိုယ်အောက်ပိုင်းကို သန့်ရှင်းအောင် လုပ်ပေးလို့ရမလား။

အန်းဖအဲ - အု..အု..

ဟန် - လိုက်ကာကို ပိတ်လိုက်မယ်နော်။
စောင်ခွာလိုက်မယ်နော်။ ညဝတ် ဝတ်စုံရဲ့ ‌ဘောင်းဘီကို အောက်ကိုဆွဲချွတ်မယ်နော်။ ကဲ ကပ်ခွာကို ခွာမယ်။ ဒူးကို ‌ထောင်ပေးလို့ရမလား၊ ကူလုပ်ပေးမယ်နော်။ သုတ်ပေးမယ်နော်။ တဘက်က မပူပါဘူးနော်။

အန်းဖအဲ - ဟင့်အင်း.. အင်း....

ဟန် - ကဲ အသစ်လဲမယ်နော်။ ဟိုဖက်ကို လှည့်ရအောင်။ တင်ပါးကိုသုတ်မယ်။ အသစ်ဝတ်မယ်နော်။ ဟုတ်ပြီ။ ဒီတစ်ခါ ဒီဖက်ကို လှည့်ပေးပါ။

အန်းဖအဲ - အင်း...

ဟန် - ကျွန်မကလုပ်ပေးမှာမို့ ရပါတယ်။ နောက်တစ်ကြိမ် သုတ်မယ်နော်။ သုတ်တာပြီးသွားပြီမို့ အ‌ပေါ် ဖက်ကိုလှည့်ရအောင် (ပက်လက်ပြန်လှည့်ရအောင်)။ ကပ်ခွာကို ကပ်မယ်နော်။ ဟုတ်ကဲ့ ပြီးသွားပါပြီ။ မသက်မသာဖြစ်တဲ့နေရာ မရှိဘူးလား။

အန်းဖအဲ - အင်း...အင်း...

ဟန် - ‌ဘောင်းဘီ အပေါ် ဆွဲတင်မယ်နော်။ နည်းနည်းလောက် ခန္ဓာကိုယ်ကို ပြဲတင်းပေါက်ဖက်ကို လှည့်ထားရအောင်။
စောင်ခြုံမယ်။ ပင်ပန်းသွားပါပြီ။ လိုက်ကာကို ဖွင့်မယ်နော်။ ကဲ နောက်မှထပ်လာမယ်နော်။

ဟန် - အန်းဖအဲ စံ ရဲ့သေးခံလဲ့တာလုပ်ပြီးသွားပါပြီ။

ခေါင်းဆောင် - ပင်ပန်းသွားပြီ။ တစ်ခုခုပြောင်းလဲတာမရှိဘူးမဟုတ်လား။

ဟန် - ဟုတ်ကဲ့။ နီနေတဲ့နေရာတောင် မရှိပါဘူး။ ဒါပေမယ့် အများကြီး မတုံ့ပြန်ပါဘူး။

ခေါင်းဆောင် - အဲ့လိုလား။ ဒါပေမယ့် ဘယ်လိုအခြေအနေမဆို အသံပေးဖို့လိုတယ်နော်။
အသံပေးရင်ပေးသလို လူနာက စိတ်ချရတဲ့အတွက်နော်။

ဟန် - ဟုတ်ကဲ့။ နားလည်ပါပြီ။ အ...နောက်ပြီး...နည်းနည်းလေး ပြတင်းပေါက်ဖက်ကို
လှည့်ပေးထားခဲ့ပါတယ်။

P74 ဂါရဝပြုပုံစံ

1   = ရဲ့အကြောင်းရင်း
   ①   အရိုးကျိုးတာကိုအကြောင်းပြုပြီး ဘီးတပ်ကုလားထိုင်နဲ့ သွားရတဲ့ဘဝရောက်ခဲ့ရတယ်။
   ②   အိမ်ပြောင်းတာကိုအကြောင်းပြုပြီး သူငယ်ပြန်ရောဂါ ပိုဆိုးလာတယ်။

2   = တကယ်လို့.....ဖြစ်ရင်တောင်
   ①   တကယ်လို့ ပင်ပန်းနေရင်တောင် အပြုံးမျက်နှာနဲ့ တုန့်ပြန်ဆက်ဆံပါ။
   ②   တကယ်လို့ အမျိုးသားဝန်ထမ်းဆိုရင်တောင် အရွှေ့အပြောင်းကူညီပေးရတာက ခါးကို နာစေတယ်။

3   = တစ်ဖက်ကပြောင်းလဲရင် နောက်တစ်ဖက်ပါပြောင်းလဲတယ်
   ①   နေရင်နေသလောက် ဂျပန်ကိုကြိုက်လာတယ်။
   ②   အသီးအရွက်က လတ်ဆတ်ရင် လတ်ဆတ်သလောက် အရသာရှိတယ်။

အခန်း ၁၈   ရေချိုးခြင်း

P80-81

မိုရိရှိတ ခိမိကို စံ၊ ၉၂ နှစ်၊ အမျိုးသမီး

ဦးနောက်သွေးကြောပိတ်ခြင်းကြောင့် ခန္ဓာကိုယ်ဘယ်ဖက်အခြမ်းလေဖြတ်နေသူ

ခေါင်းဆောင် - ဟန် စံ၊ ဒီနေ့ရေချိုးရမယ့်နေ့ နော်။ ရေကူချိုးပေးတာကို လုပ်ပေးပါ။

ဟန် - ဟုတ်ကဲ့။ မိုရိရှိတ ခိမိကို စံက မနေ့ က အအေးမိချင်သလိုလိုဖြစ်နေတယ်လို့ ပြောပေမယ့်
ရေချိုးခန်းဝင်လို့ ရလား။

ခေါင်းဆောင် - အင်း သူနာပြုဆီမှာ မေးပြီးသွားပြီ။ ဒါပေမယ့် နောက်တစ်ကြိမ် ကာယကံရှင်ကို
နေကောင်းလားမေးကြည့်ပြီးမှ ပြဿနာရှိနေရင် အကြောင်းကြားပါ။

ဟန် - ဟုတ်ကဲ့။ ပထမဆုံး မိုရိရှိတ စံကို မေးကြည့်ပါမယ်။

ဟန် - မိုရိရှိတ စံ၊ မင်္ဂလာပါ။ ဒီနေ့ ရေချိုးရမယ့်နေ့ နော်။ နေကောင်းလား။ မနေ့ က ဖျားချင်သလို
လိုပဲလို့ ပြောခဲ့တယ်နော်။

မိုရိရှိတ - ကျေးဇူးတင်ပါတယ်။ ကောင်းသွားပြီလေ။ ပြီးခဲ့တဲ့အပတ်ကတည်းက
ခေါင်းမလျှော်ရတာကြောင့် ခေါင်းကယားနေပြီ။

ဟန် - နားလည်ပါပြီ။ သေချာ လျှော်ရအောင်နော်။ ကဲ သွားရအောင်။
မိုရိရှိတ စံ။ ပထမဆုံး ညာဖက်ခြေထောက်ကနေစပြီး ရေနွေးလောင်းပါမယ်။
ရေအပူချိန်ကဘယ်လိုလဲ။

မိုရိရှိတ - အနေတော်ပဲ။

ဟန်း - ပထမဆုံးခေါင်းလျှော်ရအောင်။ မျက်စိမှိတ်ပါ။
ခေါင်းလျှော်ရည်ထည့်မယ်နော်။
အခုတော့ ယားတဲ့နေရာမရှိတော့ဘူးမဟုတ်လား။
မိုရိရှီတ - အင်း..
ဟန်း - ဒါဆို ရေလောင်းချမယ်နော်။
ဒီတစ်ကြိမ်က ခန္ဓာကိုယ်ကို ရေချိုးရအောင်။
မှိတဲ့နေရာကို ကိုယ့်ဖာသာကိုယ် သန့်ရှင်းရေးလုပ်ပေးပါလား။
မိုရိရှီတ - ဟုတ်ကဲ့။ ဒီလောက်ဆိုရပြီလားမသိဘူး။
ဟန်း - ကဲ ကျောဖက်ကို သန့်ရှင်းဆေးကြောပေးမယ်။
မိုရိရှီတ - လုပ်ပေးပါ။
ဟန်း - ရေကူးချိုးပေးတာ ပြီးသွားပါပြီ။ မိုရိရှီတ ခိမ်ကို စံလည်း ပြသနာမရှိဘဲ ရေချိုးပြီးပါပြီ။
ခေါင်းဆောင် - တော်သေးတာပေ့။ ရေချိုးပြီးနောက် ရေဓာတ်ပြန်ဖြည့်ဖို့ လုပ်ပေးခဲ့သေးလား။
ဟန်း - ဟုတ်ကဲ့။ ရေနွေးတိုက်ခဲ့ပါတယ်။
ခေါင်းဆောင် - တော်တော် အလုပ်မှာကျင့်သားရလာပြီပဲ။ ပင်ပန်းသွားပြီ။

P81-82 ဂါကျပုံစံ

1 = နည်းနည်း...ဆိုတဲ့ခံစားချက်၊ နည်းနည်း...ဆိုတဲ့အခြေအနေ
① ဒီတစ်လော အလုပ်ရှုပ်တဲ့အတွက် ပင်ပန်းသလိုလိုပဲ။
② စုဇုခိ စံ က စိတ်လှုပ်ရှားနေတဲ့ပုံနဲ့ စကားပြောသွားတယ်။
2 = အခြေအနေ + ဆိုရင်၊ အဲ့လိုအခြေအနေမှာ
① နာတာ ဆက်ဖြစ်နေတယ်ဆိုရင် နောက်တစ်ကြိမ် စမ်းသပ်ကြည့်ရအောင်။
② အရောင်မကျဘူးဆိုရင် အရောင်ကျဆေးကပ်ရအောင်။
③ ဖျားတာပြင်းတယ် (ကိုယ်အပူချိန်တက်တယ်)ဆိုရင် သူနာပြုဆီအကြောင်းကြားပါ။
3 = ရလာဒ်ဆိုးဖြစ်စေသောအကြောင်းအရင်း.အကြောင်းပြချက်
① အအေးမိတာကြောင့် ရေချိုးလို့မရခဲ့ဘူး။
② အပူရှိန်ကြောင့် မျက်နာနီနေတယ်။

အခန်း ၁၁ ရေပတ်တိုက်ခြင်း

P88-89

စဒိတိုး ဂျိုရို စံ၊ ၈၉ နှစ်၊ အမျိုးသား

ဆီးကျိတ်ကြီးခြင်း မကြာခဏဆီးသွား ကျောကုန်းမှာအဖုအပိမ့်

ခေါင်းဆောင် - အခန်း ၂၀၆ က စဒိတိုး ဂျိုရို စံ က ကျောကုန်းကအိပ်ရာနာကို ဆေးကုနေတုန်းမို့
ရေနွေးစိမ်တာကို နောက်ထပ်နည်းနည်း သည်ခံခိုင်ရအောင်။
ဒီနေ့လည်း ရေပတ်တိုက်ပေးပါနော်။

ဟန်း - ဟုတ်ကဲ့။ အခန်း ၂၀၆ က စအိတိုး ဂျိုရို စံ နော်။ နားလည်ပါပြီ။
စအိတိုး စံ မင်္ဂလာပါ။ ဒီနေ့ နေကောင်းလား။

စအိတိုး - အင်း...ကျောကုန်းက ယားတယ်...

ဟန်း - ဟုတ်လား။ နည်းနည်းလောက် ပြကြည့်ပါလား။ လိုက်ကာပိတ်လိုက်မယ်နော်။
ဟာ မနေ့ကထက် ပိုနီရဲလာပါလား။

စအိတိုး - ယားပြီးရင်း ယားနေလို့သည်းမခံနိုင်တော့ဘူး။
အိပ်နေတုန်း ကုတ်မိတယ်လေ။

ဟန်း - အဲလိုလုပ်လို့မရဘူးလေ။ နောက်မှ သူနာပြုကို ပြကြည့်ရအောင်။
ကဲ ဒီနေ့လည်း ခန္ဓာကိုယ်ကို ရေပတ်တိုက်ရအောင်နော်။

စအိတိုး - အဲလိုလား ရေနွေးမဖိမ်ရတာ စိတ်မကောင်းစရာပဲ။ မတတ်နိုင်ဘူးလေ...လုပ်ပေးပါဦး။

ဟန်း - အခန်းအပူချိန် အဆင်ပြေရဲ့လား။ မအေးပါဘူးနော်။

စအိတိုး - အင်း အဆင်ပြေတယ်။

ဟန်း - ဒါဆိုပထမဆုံး မျက်နှာနဲ့လည်ပင်းကို သုတ်ရအောင်။ နားထဲနဲ့အနောက်ဖက်ကိုလည်း
သုတ်ပေးနော်။
မျက်နှာသုတ်ပုဝါ ယူပါ။ အပူချိန်ဘယ်လိုလဲ။ တအားပူမနေပါဘူးနော်။
သုတ်ပြီးသွားရင် မျက်နှာသုတ်ပုဝါအခြောက်နဲ့ စိုနေတာတွေကို သုတ်ပါနော်။
ပြီးရင် လက်မောင်းကို သုတ်ရအောင်။
ဟုတ်ကဲ့။ ပြီးပါပြီ။ ပင်ပန်းသွားပြီ။ စိတ်ထဲဘယ်လိုနေလဲ။

စအိတိုး - အ...လန်းဆန်းသွားတာပဲ။ ကျေးဇူးတင်ပါတယ်။
ဒါပေမဲ့ ရေနွေးလည်းစိမ်ချင်သေးတာပဲ။

ဟန်း - ဟုတ်တာပဲနော်။ ကျောကုန်းကအဖုအပိမ့် မြန်မြန်ပျောက်ရင်ကောင်းမှာပဲ။
မြန်မြန်သက်သာပါစေ။
အခန်း ၂၀၆ က စအိတိုး ဂျိုရို စံ ကိုရေပတ်တိုက်ပေးပြီးပါပြီ။ ကျောကုန်းကအဖုအပိမ့်က
မနေ့ကထက်နီလာတယ်။
ယားပြီးတော့ အိပ်နေတုန်း ကုတ်မိတဲ့ပုံပဲ။

ခေါင်းဆောင် - ဟုတ်လား။ ပိုပိုပြီး ဆိုးလာတဲ့ပုံပဲ။ သူနာပြုနဲ့ တိုင်ပင်ကြည့်ရအောင်။ ကျေးဇူးပဲနော်။

P90-91 ဂါကျပုံစံ

1 = သည်းမခံနိုင်လောက်အောင်။ မခံနိုင်ဘူး/မတတ်နိုင်ဘူး။
  ① စပ်တဲ့အစာ စားထားလို့ လည်ချောင်းခြောက်တာ မခံနိုင်ဘူး။
  ② ဂျပန်နွေရာသီက ပူတာ မခံနိုင်ဘူး။
  ③ နေသားကျလာတဲ့အထိ ဂျပန်ရဲ့ လူနေမှုဘဝကို စိတ်ပူပြီးတော့ မခံနိုင်ခဲ့ဘူး။

2 = ...လို့အထင်ခံရ။ ထင်မြင်ချက်။
  ① ပင်ပေါက်က လူခေါ်ခေါင်းလောင်းအသံထွက်လာတယ်။ တစ်ယောက်ယောက်လာတဲ့ပုံပဲ။
  ② ယာမဒါစံက သေးခံကို မကြိုက်တဲ့ပုံပေါ်တယ် တတ်နိုင်သမျှ ကိုယ့်ဖာသာအိမ်သာသွားနေတယ်။
  ③ မျက်စိလည်းယား၊ နာရည်လည်းထွက်တယ်။ ပန်းဝတ်မှုန်နဲ့ဓာတ်မထည့်တဲ့ရောဂါတာထင်တယ်။

3 = ပိုပိုပြီး....ဖြစ်လာတယ်။
  ① နေမကောင်းဖြစ်တဲ့အချိန်ကစပြီး ပိုပိုပြီး ပိန်လာတယ်။
  ② ဂျပန်မှာ ကလေးအရေအတွက် နည်းနည်းလာတယ်။

ပတ်ဝန်းကျင်ထိန်းသိမ်းရေး

P96-97

စုဇုခိ တမီး စံ၊ ၉၀နှစ်၊အမျိုးသမီး

သူ့ငယ်ပြန်ရောဂါ၊ ဆီးချိုရောဂါ ညာဖက်အခြမ်းလေနည်းနည်းဖြတ်

ခေါင်းဆောင် - ဟန်း စံ ဒီနေ့ ရုတ်တရက် ယာမဒါ စံ ခွင့်ယူထားလို့ ယာမဒါ စံ အစား အခန်း ၂၀၁
              နဲ့ အခန်း ၂၀၂ ရဲ့ အိပ်ယာခင်းတာနဲ့ လျှော်ရမယ့်အဝတ်တွေသိမ်းတာကို လုပ်ပေးပါ။
ဟန်း -   ဟုတ်ကဲ့။ စုဇုခိ တမီး စံ နဲ့ ယာမဒါ ဟာန စံ တို့ ရဲ့အခန်းတွေနော်။
ခေါင်းဆောင် - လျှော်ရမယ့်အဝတ်တွေရဲ့နာမည်တွေကို စစ်ဆေးဖို့မမေ့နဲ့နော်။
ဟန်း -   ဟုတ်ကဲ့။ နာမည်ကို စစ်ဆေးပါ့မယ်။
              စုဇုခိ စံ မင်္ဂလာပါ။ ဟန်း ပါ။ ဒီနေ့ ကြာသာပတေးနေ့မို့ အိပ်ယာခင်းလဲပြီး
              လျှော်ရမယ့်အဝတ်တွေကို သိမ်းဖို့ လာခဲ့တာပါ။
စုဇုခိ -   အား..ဒီနေ့ ကြာသာပတေးနေ့လား တနင်္ဂနွေနေ့ မဟုတ်ဘူးလား။
ဟန်း -   ဟုတ်ကဲ့ ကြာသာပတေးနေ့လေ။ တစ်ပတ်တစ်ကြိမ် အိပ်ယာခင်းလဲတဲ့နေ့ပါ။
စုဇုခိ -   ဟင်..ကြာသာပတေးနေ့ တစ်ရက်ပဲ လဲပေးတာလား။
ဟန်း -   မဟုတ်ဘူး။ တစ်ပတ်တစ်ကြိမ်ပဲလို့ ဆုံးဖြတ်ထားတာမျိုးတော့မဟုတ်ပါဘူး။ ညစ်ပတ်ရင်
              ဘယ်အချိန်မဆို လဲပေးပါတယ်။ အဲ့လိုအချိန်ဆို ပြောပါ။
စုဇုခိ -   အဲ့လိုလား။ တော်သေးတာပေါ့။
ဟန်း -   ဒါက လျှော်ရမယ့်အဝတ်တွေနော်။ အယ်..ဒီခြေအိတ်မှာ ယာမဒါ ဟာန လို့ရေးထားပါလား။
              ယာမဒါ စံရဲ့ ဟာပဲ။
စုဇုခိ -   ဟုတ်လား။ ဘယ်လိုလုပ်ပြီး ကျွန်မအိပ်ယာပေါ် ရောက်နေတာပါလိမ့်...
              ပြန်ပေးပြီးလာခဲ့မယ်...
ဟန်း -   ဒါ့ပြီးရင် ယာမဒါ စံ ရဲ့အခန်းကိုသွားမှာမို့ သွားတာလမ်းကြုံလို့ ကျွန်မကပြန်ပေးလိုက်မယ်။
စုဇုခိ -   အားနာပါတယ်။ လုပ်ပေးပါ။
ဟန်း -   ဒါဆိုရင် အိပ်ယာခင်းလဲပေးမှာမို့ ခဏလောက် အခန်းအပြင်မှာ စောင့်ပေးပါ။
စုဇုခိ -   ကဲ ထမင်းစားခန်းသွားမယ်။ ညစာစားရတော့မှာမဟုတ်လား။
ဟန်း -   ခဏနေ ၁၀ နာရီထိုးတော့မှာမို့ ရေနွေးကြမ်းအချိန်ပဲ။
              ထမင်းစားခန်းမှာ စောင့်ပေးမလား။
စုဇုခိ -   အဲ့လိုလုပ်ပါ့မယ်။
ဟန်း -   ဒါဆို ထမင်းစားခန်းအတူသွားရအောင်။
              အိပ်ယာခင်းလဲပြီး လျှော်ရမယ့်အဝတ်တွေလည်း သိမ်းပြီး အဝတ်လျှော်အခန်းမှာ

88

ထားလာခဲ့ပါပြီ။

ခေါင်းဆောင် - ကျေးဇူးပဲနော်။ တစ်ခုခုအပြောင်းအလဲမရှိဘူးမဟုတ်လား။

ဟန်း - ဟုတ်ကဲ့။ ယာမဒါ စံ ရဲ့ ခြေအိတ်က စုဇုခိ စံ ရဲ့ အိပ်ယာပေါ်မှာရှိနေခဲ့တယ်။ နောက်ပြီး စုဇုခိ စံက သူငယ်ပြန်တဲ့လက္ခဏာတွေ ပိုဆိုးလာတယ်ထင်တယ်။ ရက်တွေရောအချိန်တွေပါ မမှတ်မိတဲ့ပုံပဲ။

ခေါင်းဆောင် - ဟုတ်လား။ ဘယ်လို အခြေအနေမျိုးဖြစ်ခဲ့တယ်ဆိုတာကို သေသေချာချာမှတ်သားထားပါ။

P98-99 ဂါကျပုံစံ

1 = ကိုယ်စား

① မိုးရွာနေလို့ အပြင်လမ်းထွက်လျှောက်မယ့်အစား အခန်းထဲမှာ ဂိမ်းကစားရအောင်။

② စားသောက်ဆိုင်မှာ ထမင်းစားမယ့်အစား ရုပ်ရှင်သွားကြည့်ရအောင်။

③ ခေါင်းဆောင်အစား ကျွန်တော်/ကျွန်မက အစည်းအဝေးတက်ခဲ့တယ်။

2 =တစ်စိတ်တစ်ပိုင်း ငြင်းခြင်း

① (လုံးဝမရဘူး) လို့အပြောခံရတာတော့မဟုတ်ဘူး။

② ပိတ်ရက်ဆိုပေမယ့်လည်း အမြဲတမ်း အားတာတော့မဟုတ်ဘူး။

③ တနင်္ဂနွေနေ့က အပတ်တိုင်းအနားရတာတော့မဟုတ်ဘူး။

3 =တစ်ခုခုလုပ်တဲ့အခါ၊ နောက်တစ်ခုပါလုပ်တယ်

① ရုံးကလူဆီ စာရွက်စာတမ်းတင်ရင်နဲ့ မိတ္တူ။ဆွဲတယ်။

② အပြင်ထွက်ရင်းနဲ့ လမ်းကြုံလို့စာတိုက်မှာ တံဆိပ်ခေါင်းဝယ်ခဲ့တယ်။

③ ခရီးသွားရင်းလမ်းကြုံလို့သူငယ်ချင်းရဲ့အိမ်သွားတယ်။

အခန်း ၁၃ **ခံတွင်းသန့်ရှင်းရေး**

P104-105

တနခ မစအို၊ ဂျေနစ်အမျိုးသား

လွန်ခဲ့တဲ့၁လက ဘယ်ဖက်ခြေထောက်ကျိုး တုတ်ကောက်နှင့်လမ်းလျှောက် မကြာခဏဆီးသွားဘယ်ဖက်ခြေထော က်ကျိုး တုတ်ကောက်နှင့်လမ်းလျှောက် မကြာခဏဆီးသွား

ခေါင်းဆောင်- ညစာစားပြီးပြီမို့ တနခ မစအိုစံ ရဲ့ ခံတွင်သန့်ရှင်းရေးကို တာဝန်ယူပေးပါ။

ဟန်း - ဟုတ်ကဲ့။ တနခ မစအို စံ နော်။

ခေါင်းဆောင် - တနခ စံ က အံကပ်တွေချည်းပဲနော်။ အံကပ်တင်မဟုတ်ဘဲ လျှာနဲ့ သွားဖုံးကိုပါ မမေ့မလျော့ သန့်ရှင်းရေးလုပ်ပေးပါ။

ဟန်း - ဟုတ်ကဲ့။ နားလည်ပါပြီ။

တနခ စံ မင်္ဂလာပါ။ ဟန်း ပါ။ ထမင်းစားပြီးပြီဆိုတော့ သွားတိုက်ရအောင်။

တနခ - ဟုတ်တာပဲ။ သန့်သန့်ရှင်းရှင်းလုပ်ထားရင် ချက်ချင်းအိပ်လို့ရတာပဲ။

ဟန်း - တနခ စံ အောက်အံကပ်ကစပြီး ဖြုတ်ပေးပါ။

တနခ - ဟုတ်ကဲ့ ဟုတ်ကဲ့။
ဟန်း - သွားပွတ်တံကိုသုံးပြီး တိုက်ရအောင်။
တနခ - သွားပွတ်တံနဲ့ တိုက်တာလောက်တော့ ကိုယ့်ဖာသာလုပ်နိုင်ပါတယ်။
ဟန်း - ဟုတ်တယ်နော်။ လုပ်ပေးပါ။
တနခ - ဒါပေမယ့် ဒီနေရာက တော်တော်နဲ့ မသန့်ရှင်းဘူးဖြစ်နေတယ်။ ဟန်း စံ လုပ်ပြပေးပါ။
ဟန်း - ဟုတ်ကဲ့။ သွားပွတ်တံကို ဒီလိုကိုင်ပြီး ဒီလိုမျိုး တိုက်တယ်။
တနခ - အော် အဲလိုပဲ။
ဟန်း စံ လုပ်တဲ့အတိုင်းလုပ်တော့ သန့်ရှင်းသွားပြီ။
ဟန်း - ဟုတ်ကဲ့။ သန့်ရှင်းသွားပြီပဲ။
အံကပ်ကို ရေထဲမှာ စိမ်ထားမယ်နော်။ ဒီတစ်ခါ ပါးစပ်ထဲကို သန့်ရှင်းရေးလုပ်ရအောင်။
ခေါင်းဆောင် - တနခ စံ ရဲ့ ခံတွင်းသန့်ရှင်းရေးလုပ်ပြီးသွားပြီလား။
ဟန်း - ဟုတ်ကဲ့ ပြီးသွားပြီ။
ခေါင်းဆောင် - ညစ်ပတ်တာတွေ သေသေချာချာ သန့်ရှင်းနေရဲ့လားလို့ စစ်ဆေးခဲ့ရဲ့လား။
ဟန်း - ဟုတ်ကဲ့။ နောက်ဆုံး အံကပ်ရော ပါးစပ်ထဲရော စစ်ဆေးခဲ့ပါတယ်။
ခေါင်းဆောင် - နောက်ဆို ဟန်း စံ ကို လုပ်ခိုင်းရင် အဆင်ပြေပြီပေါ့။

P105-106 ဝါကျပုံစံ

1 = အရမ်းကို လွယ်ကူတဲ့အရာလို့ယူဆပြီး လက်တွေ့လုပ်ပြသည်
① နာမည်ရေးတာလောက်တော့ လွယ်ပါတယ်။
② ယန်းတစ်သောင်းချေးတာလောက်တော့ ကိစ္စမရှိပါဘူး။
③ ကားမောင်းတာလောက်တော့ လေ့ကျင့်ရင် ဘယ်သူမဆိုလုပ်နိုင်ပါတယ်။
2 = လုပ်ပြသည်
① ဥပမာအနေနဲ့ ဥချိယာမ စံ က ကပြပေးတယ်။
② ကျွန်တော်/ကျွန်မက လုပ်ပြမှာမို့ အဲဒီအတိုင်း ကူညီပေးပါ။
3 = လုပ်တဲ့အတိုင်း/ အတူတူ
① ခေါင်းဆောင်ဆီက သင်ယူထားတဲ့အတိုင်း သေးခံကိုလဲခဲ့ပါတယ်။
② စီဒီအတိုင်း အသံထွက်လေ့ကျင့်ခန်းကို လုပ်ပါတယ်။

အခန်း ၁၄ အရေးပေါ်လုပ်ထုံးလုပ်နည်းများ (မတော်တဆအစားမှားစား)

P112-113

အခန်း - ၂၀၆ မှ စအိတိုး ဂျီရော စံ ဆီက သူနာပြုခေါ်တဲ့ခေါင်းလောင်းလာလို့
အခန်းဆီသွားကြည့်ခဲ့တယ်။
ဟန်း - စအိတိုး စံ ဘာဖြစ်လို့လဲ။
စအိဒိုး - ဒီ ပန်းသီးဖျော်ရည်သောက်ပြီး ရုတ်တရက် နေလို့မကောင်းဖြစ်လာလို့

အဟွတ် အဟွတ် ဧ့ါ ဧ့ါ

ဟန်း - ဒါကဘာပါလိမ့်။ ဟယ်.... ဒါက၊ ရေချိုးဆပ်ပြာရည်ပဲ။
ခုပဲ သူနာပြုဆီ ဆက်သွယ်လိုက်မယ်။
တစ်ဆိတ်လောက် အခန်း ၂၀၆ က စအိတိုး စံ က သူ့အခန်းထဲမှာအန်နေပါတယ်။
အခန်းထဲမှာရှိတဲ့ ရေချိုးဆပ်ပြာရည်ကို ပန်းသီးဖျော်ရည်နဲ့မှားပြီး သောက်မိလိုက်လို့ ပါ။
လာကြည့်ပေးပါ။

သူနာပြု - စအိတိုး စံ စအိတိုး စံ ဘယ်လိုဖြစ်တာလဲ။ အဆင်ပြေရဲ့လား။ ဟန်း စံ လူနာတင်ကားကို
ချက်ချင်းခေါ် ပေးပါ။

ဟန်း - ဟုတ်ကဲ့။

သူနာပြု - ကျွန်မက စောင့်နေမယ်။ နောက်မှ အခြေအနေကို အကြောင်းကြားမယ်။ ခေါင်းဆောင်ဆီ
ချက်ချင်းအသိပေးပါ။

ဟန်း - အခန်း ၂၀၆ က စအိတိုး ဂျီရော စံ က ၃ နာရီ မိနစ် ၂၁ မှာ သူနာပြုခေါ်တဲ့ခေါင်းလောင်း
တီးပါတယ်။ အခန်းဆီသွားတော့ စအိတိုး စံ အန်နေတယ်။ ပန်းသီးဖျော်ရည်ထင်ပြီး
ရေချိုးဆပ်ပြာရည်ကို သောက်မိလိုက်ပုံပဲ။ သူနာပြုချက်ချင်းလာကြည့်ပေးပါတယ်။
လူနာတင်ကားခေါ်ပြီး စအိတိုး စံ ကို ဆေးရုံပို့ပေးပြီးပါပြီ။ သူနာပြုက
အတူတူလိုက်သွားပါတယ်။ ဆေးကုသပြီးရင် အကြောင်းကြား လာပါမယ်။

ခေါင်းဆောင် - ဟုတ်လား။ ဒါ အရမ်းဆိုးတာပဲ။ ပြဿနာကြီးကြီးမားမားမရှိရင်ကောင်းပေမယ့်....
မိသားစုဆီကို ကျွန်မ အကြောင်းကြားလိုက်မယ်။
သူနာပြုဆီက အကြောင်းကြားလာတယ်။ ဆေးကုသမှုကောင်းကောင်းမွန်မွန်
ပြီးသွားတဲ့ပုံပဲ။

ဟန်း - တော်သေးတာပေ့ါ။
ဘာလို့ ရေချိုးဆပ်ပြာရည်က စအိတိုး စံ အခန်းထဲ ရှိနေရတာပါလိမ့်။

ခေါင်းဆောင် - မိသားစုကိုမေးကြည့်တော့ လက်ဆောင်ရတဲ့ ရေချိုးဆပ်ပြာရည်ကို
ပန်းသီးဖျော်ရည်လို့ထင်ပြီး ယူလာခဲ့ပုံပဲ။
အသုံးပြုသူ သယ်လာတဲ့ပစ္စည်းနဲ့ တစ်ကိုယ်ရေသုံးပစ္စည်းတွေကို ဘယ်အချိန်မဆို
သေချာမစစ်ဆေးလို့ မရဘူးနော်။ အားလုံးသတိထားရအောင်။

ဟန်း - ဟုတ်ကဲ့။ ရေချိုးဆပ်ပြာရည်ကို သောက်လိုက်တယ်ဆိုတာ..... လန့်သွားတာပဲ။

P114 ဝါကျပုံစံ

1 = တွေ့ရှိမှု
① အဖျားတိုင်းလိုက်တော့ ၃၇.၂ ရှိတယ်။
② ပြတင်းပေါက်ဖွင့်လိုက်တော့ နှင်းကျနေတယ်။

2 = တော့၊ ဖြစ်ရတဲ့အကြောင်းရင်း
① ခေါင်းဆောင်ဆီ အကြံဉာဏ်တောင်းလိုက်တော့ အကြံကောင်းပေးလိုက်တယ်။
② သေသေချာချာစစ်ဆေးကြည့်တော့ ဘယ်နေရာမှ ချွတ်ယွင်းနေတာမတွေ့ရဘူး။

3 = မထင်မှတ်ထားတဲ့အချိန်မှာ မြင်ရ ကြားရလို့ အံ့ဩသင့်သွားတဲ့ ခံစားချက်

91

① ၅လပိုင်းရောက်နေပြီး ဒီလောက်ထိအေးနေတာ မယုံနိုင်ဘူး။
② ခွဲစိတ်ပြီး ဒီလောက်ထိကျန်းမာလာတာ အိမ်မက်လိုပဲ။

အခန်း ၁၅ သူငယ်ပြန်နေသူနှင့် ပြောဆိုဆက်ဆံခြင်း (သူခိုးခိုးခံရတယ်လို့ ထင်ယောက်ထင်မှားဖြစ်ခြင်း)

P120-121

အကြီးဆုံးပြုစုစောင့်ရှောက်သူ -
  ဟန်၊ စံ၊ အလုပ်မှာနေသားကျလာပြီလား။
 ဟန် - ဟုတ်ကဲ့ ကျေးဇူးကြောင့် တော်တော်နေသားကျလာပါပြီ။ နေ့စဉ်တာဝန်တွေက
   အကြမ်းဖျင်းအားဖြင့်တော့ အဆင်ပြေပါတယ်။ ဒါပေမယ့် သူငယ်ပြန်နေသူနဲ့
   ပြောဆိုဆက်ဆံရတာကို ကောင်းကောင်းမလုပ်နိုင်သေးဘူး။
အကြီးဆုံးပြုစုစောင့်ရှောက်သူ -
  ဟုတ်လား။ နေထိုင်သူတွေနဲ့ လိုက်ပြီး အခြေအနေကမတူဘူးနော်။
  တစ်ယောက်ချင်းတစ်ယောက်ချင်းနဲ့ သင့်တော်မယ့် ပြောဆိုဆက်ဆံတာမျိုး
  မလုပ်လို့မရတာကြောင့် ခက်တယ်နော်။
 ဟန် - ဟုတ်တယ်နော်။ ယမဒါ ဟာန စံ က တစ်ခါတစ်ခါ ပိုက်ဆံအိတ်အခိုးခံရတယ်လို့
   ပြောနေတယ်။
အကြီးဆုံးပြုစုစောင့်ရှောက်သူ -
  [သူခိုးခိုးခံရတယ်လို့ ထင်ယောင်ထင်မှားဖြစ်တာ] လို့ခေါ်ပြီး သူငယ်ပြန်နေသူဆီမှာ
  ရှိတတ်တဲ့ လက္ခဏာပဲ။
  အဲဒီလိုအချိန်ဆို အရင်ဆုံး အတူတူလိုက်ရှာပေးရအောင်။ ရှာပေးနေချိန်မှာ တစ်ခြားကို
  စွဲဆီစိတ်ပြောင်းသွားအောင် လုပ်ပေးရင် ကောင်းတယ်။
  နားလည်ပါပြီ။ စမ်းလုပ်ကြည့်ပါမယ်။
  ယမဒါ စံ ဘာဖြစ်လို့လဲ။
 ယမဒါ - ကျွန်မပိုက်ဆံအိတ်ပျောက်နေလို့။ အဝတ်စင်ထဲက အံဆွဲထဲမှာ ထည့်ထားတာလေ။
 ဟန် - ထူးဆန်းတယ်နော်။ ကျွန်မ ကြည့်ကြည့်မယ်။
 ယမဒါ - ကဲ ပြောတဲ့အတိုင်း မရှိဘူးမဟုတ်လား။ ကျိန်းသေပေါက် မိုရိရှိတာ စံက
   ယူသွားတယ်ဆိုတာ မမှားလောက်ဘူး။ ခုနက အခန်းထဲဝင်လာခဲ့တယ်လေ။
 ဟန် - အဲလိုလား။ ဒါပေမယ့် နောက်ထပ်နည်းနည်းထပ်ရှာကြည့်ကြရအောင်။
   အဝတ်ဗီရိုထဲမှာလည်း ရှာကြည့်မယ်နော်။
   ဟယ် ဒီဓာတ်ပုံက မွေးလေးပုံလား။ ချစ်စရာကောင်းလိုက်တာ။
 ယမဒါ - မဟုတ်ဘူး။ သားပုံလေ။ အခု ၅ နှစ်ရှိပြီ။
   ရထားအမ်းကြိုက်တယ်။ ဘူတာအထိ လမ်းလျှောက်ထွက်ရင်းနဲ့
   ရထားသွားကြည့်တယ်။

ဟန်း - ပျော်စရာကောင်းမယ့်ပုံပဲ။ ဟာ ဘာလိုလိုနဲ့ မွန်စားတဲ့အချိန်ရောက်ပြီပဲ။ ဒီနေ့ ယာမဒါ
စံ ကြိုက်တဲ့ပူတင်းပဲ။

ယာမဒါ - ဟယ် ဂ\u200bမ်းသာလိုက်တာ။

P120 ဂါကျပုံစံ

1 = လို့ခေါ်တဲ့ (ဆိုတာ၊ဆိုတာက)
　① ဒီပန်းက [တန်းပိုပို] လို့ခေါ်ပြီး နွေဦးရာသီအစမှာပွင့်တယ်။
　② ဒီနေရာက [ရိနင် အခန်း] လို့ခေါ်ပြီး မျက်နှာသုတ်ပုဂါနဲ့ အိပ်ရာခင်းတွေ ထားထားတယ်။
2 = ကျိန်းသေ ဖြစ်မယ်လို့ထင်တယ်။
　① အဲဒိလူက တခဟာရှိ စံရဲ့သားဖြစ်မှာကျိန်းသေတယ်။
　② မနက်ဖြန် မိုးရွာမှာကျိန်းသေတယ်။
　③ စမတ်ဖုန်းက အဆင်ပြေတာ ကျိန်းသေတယ်။
3 = A လုပ်ရင်းနဲ့ B (A နဲ့ B ကို အတူတူလုပ်တယ်။)
　① အသုံးပြုသူကို ပို့ရင်းနဲ့ သွားတဲ့လမ်းကို မှတ်ပါတယ်။
　② လေ့ကျင့်ခန်းလုပ်ရင်းနဲ့ ဂေဟာအထိ လမ်းလျှောက်လာတယ်။

အခန်း ၁၆　သူငယ်ပြန်နေသူနှင့် ပြောဆိုဆက်ဆံခြင်း (အိမ်ပြန်ချင်တဲ့ဆန္ဒ)

P126-127

ဟန်း - စုဇုခိ တမီစံက ခုတစ်လော ညနေဖက်ရောက်တာနဲ့ အိမ်ပြန်ချင်ပြီး ညစာစားဖို့
မလုပ်ဘူး။

အကြီးဆုံးပြုစုစောင့်ရှောက်သူ -
အိမ်ပြန်ချင်တယ်ဆိုတဲ့အကြောင်းရင်းရှိလောက်တဲ့အတွက် ပထမဆုံး အကြောင်းရင်းကို
မေးကြည့်ရအောင်။

ဟန်း - ဟုတ်ကဲ့။ စုဇုခိ စံက အမျိုးသားက အိမ်ပြန်လာမှာမို့လို့ ထမင်းမချက်ပေးလို့မရဘူးလို့ပြော
ဟာပြီး မနေ့က ဂင်ပေါက်ကနေ အပြင်ထွက်သွားမလိုလုပ်တယ်။

အကြီးဆုံးပြုစုစောင့်ရှောက်သူ -
သူငယ်ပြန်တဲ့အခါ အချိန် နေရာ လူ စတာတွေကိုမမှတ်မိတာတွေဖြစ်လာတယ်။
ကာယကံရှင်ကိုယ်တိုင်လည်း စိတ်ပူရတယ်။ အိမ်ပြန်ချင်တယ်ဆိုတဲ့ ခံစားချက်ကလည်း
စိတ်ပူနေရတဲ့အကြောင်းရင်းကြောင့်လို့ ယူဆလို့ရတယ်။ စိတ်ခံစားချက်ကို
သေချာမေးကြည့်ပြီး အဲဒိလူနဲ့ သင့်တော်မယ့် ပြောဆိုဆက်ဆံမှုမျိုးလိုအပ်တယ်။

ဟန်း - စုဇုခိ စံ ရဲ့အခြေအနေက ဘယ်လိုလုပ်ရင်ကောင်းမလဲဟင်။

အကြီးဆုံးပြုစုစောင့်ရှောက်သူ -
ဟုတ်သားပဲ။ အတူတူလမ်းလျှောက်ထွက်တာမျိုး မိသားစုရဲ့အမှတ်တရတွေ
ပြောတာမျိုး..

ဒါပေမယ့် ဒီနေရာက ဂေဟာမှာနေထိုင်သူတွေအတွက် စိတ်ချလက်ချ နေထိုင်နိုင်တဲ့နေ
ရာမျိုးလို့ထင်လာအောင် ကူညီပေးတာက အကောင်းဆုံးလို့ ထင်ပါတယ်။

ဟန်း - ဒီဂေဟာက စုဖုခိ စံ ရဲ့အိမ်ဖြစ်သွားရင်ကောင်းမယ်။

အကြီးဆုံးပြုစုစောင့်ရှောက်သူ - ဟုတ်တယ်။

ဟန်း - စုဖုခိ စံ ဘယ်သွားမလို့လဲ။

စုဖုခိ - အိမ်ပြန်မလို့လေ။

ဟန်း - တစ်ခုခုစိတ်ပူစရာကိစ္စ ရှိလို့လား။

စုဖုခိ - ကလေးတွေကို ထမင်းချက်မကျွေးလို့မရဘူးမဟုတ်လား။ ယောက်ျားလည်း
အိမ်ပြန်လာတော့မှာလေ။

ဟန်း - အပြင်မှာ မှောင်ပြီး အေးနေပြီနော်။

စုဖုခိ - အဲဒါကြောင့် စောစောအိမ်ပြန်မှရမယ်။

ဟန်း - နားလည်ပါပြီ။ ကျွန်မလည်း တူတူသွားမယ်နော်။

စုဖုခိ - တကယ်။ ဆောရီးပါ။

ဟန်း - ဟယ် ဟိုနားမှာ ကိတ်မုန့်ဆိုင်အသစ်ဖွင့်ပြီနော်။ စုဖုခိ စံက သားရည်စာမုန့်တွေလုပ်
တာတော်တယ်လို့ပြောတယ်နော်။

စုဖုခိ - ဟုတ်လား။ ကလေးတွေရဲ့ မွေးနေ့ဆို အမြဲတမ်း ကိတ်မုန့်ကိုယ်တိုင်လုပ်ပေးခဲ့တာပဲ။

ဟန်း - နောက်တစ်ခါ ကျွန်မကို လုပ်နည်းသင်ပေးပါဦး။

စုဖုခိ - ကောင်းပြီလေ။

ဟန်း - ချမ်းတယ်နော်။ လေအေးတွေက ခန္ဓာကိုယ်အတွက်မကောင်းတော့
ပြန်ဖို့အချိန်ရောက်ပြီ။

စုဖုခိ - ဟုတ်တယ်နော်။ ချမ်းလိုက်တာနော်။

---

1 = စိတ်ဆန္ဒ (ကိုယ့်ကိုယ်ကိုယ်နဲ့ပတ်သက်ပြီးတော့မသုံးပါ)

① အသက်ကြီးလာရင် ရေအရမ်းမသောက်ချင်တော့ဘူး။

② အရိတာ စံ က ရေချိုးရတာ မကြိုက်ချင်းဖြစ်လာတယ်။

③ အိုးယာမ စံ က တီဗွီကရုပ်သံဇာတ်လမ်းတွဲကို သဘောကျပြီး ခဏခဏကြည့်နေတယ်။

2 = လုပ်မယ်လို့မျှော်မှန်းထားတဲ့အရာကို မလုပ်ဘူး။

① အဖျားရှိပေမယ့် ဆေးရုံသွားဖို့တော့ မလုပ်ဘူး။

② ခန္ဓာကိုယ်အတွက်မကောင်းဘူးလို့ သတိရှိပေမယ့် ဆေးလိပ်ဖြတ်ဖို့တော့ မလုပ်ဘူး။

3 = အရင်က တော်တော် လုပ်ခဲ့တဲ့အရာကို အမှတ်ရပြီး လွမ်းတယ်

① ကလေးဘဝတုန်းက တော်တော် သူငယ်ချင်းတွေနဲ့ ဘောလုံးကန်ခဲ့တာပဲ။

② ငယ်ရွယ်တုန်းက တော်တော် အရက်သောက်ဖို့ သွားခဲ့တာပဲ။

語彙リスト
ごい

日本語／English／Bahasa Indonesia
にほんご
／Tiếng Việt／မြန်မာဘာသာ

章	出てくる ところ	番号	日本語	日本語（読み）	English	
	会話	1	自己紹介	じこしょうかい	self-introduction	
		2	特別養護老人ホーム／特養	とくべつようごろうじんほーむ／とくよう	a facility that accepts aged person who needs to be assisted	
		3	施設長	しせつちょう	chief manager of the facility	
		4	介護主任	かいごしゅにん	chief careworker	
		5	ユニット	ゆにっと	unit	
		6	担当する	たんとうする	to be in charge	
		7	リーダー	りーだー	leader	
		8	案内する	あんないする	to show	
1	文型問題	1	申し送り	もうしおくり	a brief meeting	
		2	会議	かいぎ	meeting	
		3	休憩	きゅうけい	break , rest	
		4	（休憩に）入る	（きゅうけいに）はいる	to take a break	
		5	補充する	ほじゅうする	to restock, to supply	
		6	交換	こうかん	change	
		7	入居	にゅうきょ	moving into, enter	
		8	配る	くばる	to distribute, to go and serve	
		9	払う	はらう	to pay	
	関連語彙	1	介護老人保健施設／老健	かいごろうじんほけんしせつ／ろうけん	a facility that accepts aged person who needs to be partialy asisted and to undertake rehabilitation	
		2	デイサービス／デイ	でいさーびす／でい	a service system for aged person that offers lunch, bathing and other service to them in daytime in some facilities	
		3	ショートステイ	しょーとすてい	a service system for aged person who needs to be assisted to offer a room for some days ,some care and assistance	
		4	介護士	かいごし	careworker, caregiver	
		5	介護福祉士	かいごふくしし	certified careworker	
		6	看護師	かんごし	nurse	
		7	医師	いし	doctor	
		8	主治医	しゅじい	doctor in charge, family doctor	
		9	栄養士	えいようし	dietician	

Bahasa Indonesia	Tiếng Việt	မြန်မာဘာသာ
Perkenalan diri	(việc/sự) tự giới thiệu	မိမိကိုယ်ကိုယ်မိတ်ဆက်ခြင်း
Panti jompo khusus	"Tokubetsu yogo Rojin Home/Tokuyou (gọi tắt)" : Viện (nhà) dưỡng lão đặc biệt - Một loại cơ sở phúc lợi mà người cao tuổi cần chăm sóc vào ở để được chăm sóc.	သက်ကြီးရွယ်အိုများ အထူးပြုစောင့်ရှောက်ရေးဂေဟာ
Kepala fasilitas / Kepala panti	giám đốc cơ sở	ဂေဟာမှူး
Penanggung Jawab Perawat Lansia, Perawat Lansia Senior	hộ lý trưởng	အကြီးဆုံးကူညီပြုစုစောင့်ရှောက်သူ
Pengelompokan kamar berdasarkan jenis penyakit penghuni / Unit / Bangsal	Unit	ယူနစ်
Bertugas	phụ trách	တာဝန်ယူသည်
Pemimpin	trưởng ca, trưởng nhóm	ခေါင်းဆောင်
Memandu	hướng dẫn	လိုက်ပြသည်။ လမ်းညွှန်သည်။ လမ်းပြသည်။
Operan, Aplusan	(việc/sự) giao ban	တာဝန်လွှဲသည်
Rapat	cuộc họp, hội nghị	အစည်းအဝေး
Istirahat	giờ giải lao	အနားယူခြင်း
Beristirahat	bắt đầu giải lao, đến giờ giải lao	အနားယူသည်
Mengisi	bổ sung, để thêm	ပြန်ဖြည့်သည်
Ganti	(việc/sự) thay đổi, trao đổi	လဲလှယ်ခြင်း
Mulai tinggal	(việc/sự) vào ở	ဝင်သည်။ ပြောင်းသည်
Membagikan	phân phát	ဖြန့်ဝေသည်
Membayar	chi trả	(ငွေ)ပေးချေသည်
Fasilitas/Panti yang berfokus pada pengobatan dan rehabilitasi untuk lansia yang masuk kesana	"Kaigo Roujin Hoken Shisetsu/Roken (gọi tắt)" : Một loại cơ sở phúc lợi dành cho người cao tuổi cần chăm sóc, chủ yếu là luyện tập để phục hồi chức năng cơ thể.	သက်ကြီးရွယ်အိုကျန်းမာရေးဂေဟာ
Day service : layanan harian untuk lansia (tidak menginap)	"Day service": Dịch vụ ban ngày - Một hình thức dịch vụ của cơ sở phúc lợi. Cung cấp các loại dịch vụ như phát cơm, phụ giúp tắm rửa v.v... cho người cao tuổi đến cơ sở trong ban ngày.	နေ့အချိန်ဝန်ဆောင်မှု
Tinggal untuk jangka waktu pendek/short stay	"Short stay": Ở lại ngắn hạn - Một hình thức dịch vụ của cơ sở phúc lợi. Người cao tuổi cần chăm sóc ngủ lại ở cơ sở để được chăm sóc ngắn hạn	ယာယီနေထိုင်ခြင်း
Perawat lansia (sebutan untuk orang yang melakukan perawatan ke lansia secara umum)	hộ lý: nhân viên chăm sóc người cao tuổi, người khuyết tật v.v...	ကူညီပြုစုစောင့်ရှောက်သူ
Perawat Lansia (perawat lansia yang sudah memiliki sertifikat negara/sudah lulus ujian negara)	hộ lý: chuyên viên chăm sóc người cao tuổi, người khuyết tật v.v... (chứng chỉ quốc gia)	ကူညီပြုစုစောင့်ရှောက်ပေးသူ (အသိအမှတ်ပြုလက်မှတ်ရ)
Perawat medis	điều dưỡng viên, y tá	ဆေးရုံသူနာပြု
Dokter	bác sĩ	ဆရာဝန်
Dokter penanggung jawab	bác sĩ phụ trách	မိသားစုဆရာဝန်
Ahli gizi	chuyên viên dinh dưỡng	အာဟာရပညာရှင်

1	関連語彙	10	作業療法士	さぎょうりょうほうし	occupational therapist	
		11	理学療法士	りがくりょうほうし	physical therapist	
		12	言語聴覚士	げんごちょうかくし	speech pathologist	
		13	利用者	りようしゃ	user, resident	
		14	入居者	にゅうきょしゃ	resident	
		15	通所者	つうしょしゃ	outpatient	
		16	高齢者	こうれいしゃ	aged person	
		17	事務長	じむちょう	bureau chief	
		18	職員	しょくいん	staff	
		19	担当者	たんとうしゃ	person in charge	
		20	ケアマネジャー／介護支援専門員	けあまねじゃー／かいごしえんせんもんいん	care manager	
		21	ボランティア／ボラ	ぼらんてぃあ／ぼら	volunteer	
		22	ケアワーカー／ワーカー	けあわーかー／わーかー	careworker	
		23	スタッフ	すたっふ	staff	
	家族の図	1	母	はは	mother	
		2	父	ちち	father	
		3	義母／姑	ぎぼ／しゅうとめ	mother in law	
		4	義父／舅	ぎふ／しゅうと	father in law	
		5	妻	つま	wife	
		6	私	わたし	I	
		7	夫	おっと	husband	
		8	婿	むこ	son in law , daughter's husband	
		9	娘	むすめ	daughter	
		10	息子	むすこ	son	
		11	嫁	よめ	daughter in law, son's wife	
		12	孫	まご	grandchild	
		13	親戚／親類	しんせき／しんるい	relative	
		14	おじ	おじ	uncle	
		15	おば	おば	aunt	
		16	甥	おい	nephew	
		17	姪	めい	niece	
		18	いとこ	いとこ	cousin	

Occupational Therapist (OT): Trapis yang melakukan penyembuhan dengan aktivitas	kỹ thuật viên liệu pháp lao động	လက်လှေ့ကျင့်ခန်းကုထုံးပညာရှင်
Physiotherapist (PT), fisioterapis	kỹ thuật viên vật lý trị liệu	ခန္ဓာကိုယ်လှေ့ကျင့်ခန်းကုထုံးပညာရှင်
Speech language hearing therapist; terapis untuk pasien dengan gangguan bicara dan mendengar	kỹ thuật viên trị liệu ngôn ngữ, thính giác	စကားပြောလှေ့ကျင့်ခန်းကုထုံးပညာရှင်
Pengguna (pasien)	người ở cơ sở phúc lợi, người sử dụng dịch vụ ở cơ sở phúc lợi	အသုံးပြုသူ၊ နေထိုင်သူ
Penghuni	người vào ở, người dự định vào ở	နေထိုင်သူ
Orang (pasien) day service	người sử dụng dịch vụ ở cơ sở phúc lợi trong ban ngày	ပြင်ပလူနာ
Orang lanjut usia	người cao tuổi	သက်ကြီးရွယ်အို
Kepala kantor	trưởng văn phòng	မန်နေဂျာ
Karyawan	nhân viên	ဝန်ထမ်း
Orang yang bertugas/orang yang bertanggung jawab	người phụ trách	တာဝန်ခံပုဂ္ဂိုလ်
Care manager	"Care manager" : chuyên viên tư vấn điều dưỡng chăm sóc	ကူညီပြုစုစောင့်ရှောက်ရေးမန်နေဂျာ
Sukarelawan	hoạt động tình nguyện	လုပ်အားပေး
Pekerja yang bertugas merawat/care worker	nhân viên chăm sóc người cao tuổi, người khuyết tật v.v…	ပြုစုစောင့်ရှောက်ရေးလုပ်သား
Staff	nhân viên	ဝန်ထမ်း
Ibu	mẹ	မေမေ
Ayah	bố	ဖေဖေ
Nenek	mẹ chồng/vợ	ယောက္ခမ (အမေ)
Kakek	bố chồng/ vợ	ယောက္ခမ (အဖေ)
Istri	vợ	ဇနီး
Saya	tôi	ကျွန်ုပ်/ကျွန်တော်/ကျွန်မ
Suami	chồng	ခင်ပွန်း
Menantu laki-laki	con rể	သားမက်
Anak Perempuan	con gái	သမီး
Anak Laki-laki	con trai	သား
Menantu perempuan	con dâu	ချွေးမ
Cucu	cháu	မြေး
Hubungan keluarga	họ hàng	ဆွေမျိုး
Paman	cậu, chú, bác (anh hay em trai của bố mẹ)	ဦးလေး
Bibi	cô, dì, bác (chị hay em gái của bố mẹ)	အဒေါ်
Keponakan laki-laki	cháu trai (con trai của anh chị em)	တူ
Keponakan perempuan	cháu gái (con gái của anh chị em)	တူမ
Sepupu	anh/chị/em họ	မောင်နှမဝမ်းကွဲ

1	施設の図	1	談話室	だんわしつ	lounge	
		2	静養室	せいようしつ	recuperation room	
		3	特別室	とくべつしつ	special room	
		4	機能訓練室	きのうくんれんしつ	rehabilitation room	
		5	調理室	ちょうりしつ	kitchen	
		6	理容室	りようしつ	barber salon	
		7	美容室	びようしつ	beauty salon	
		8	階段	かいだん	steps. stairs	
		9	図書室	としょしつ	library, reading room	
		10	エレベーター	えれべーたー	elevator	
		11	公衆電話	こうしゅうでんわ	public phone	
		12	面会室	めんかいしつ	room for visitors	
		13	相談室	そうだんしつ	counseling room	
		14	洗濯室	せんたくしつ	laundry room	
		15	裏口	うらぐち	back door	
		16	ポスト	ぽすと	mailbox	
		17	エントランスロビー	えんとらんすろびー	entrance robby	
		18	脱衣室	だついしつ	changing room	
		19	浴室	よくしつ	bathroom	
		20	玄関	げんかん	entrance, front	
		21	事務室	じむしつ	office	
		22	診察室	しんさつしつ	consultation room	
		23	和室	わしつ	Japanese style room	
2	会話	1	居室	きょしつ	one's room	
		2	覚える	おぼえる	to memorize	
		3	座席	ざせき	seat	
		4	指示する	しじする	to instruct	
		5	返事	へんじ	reply	
		6	内容	ないよう	content	
		7	復唱する	ふくしょうする	to repeat	
		8	確認する	かくにんする	to confirm, to make sure	
		9	配る	くばる	to distribute, to go and serve	
		10	号室	ごうしつ	room number	
		11	状態	じょうたい	condition	
		12	詳しい	くわしい	detailed	
		13	メモする	めもする	to write down	

Lounge, ruang untuk duduk-berbicara	phòng trò chuyện	စကားပြောတဲ့အခန်း
Ruang istirahat (untuk pasien dalam masa penyembuhan)	phòng tĩnh dưỡng	နားနေခန်း
Kamar deluxe/ruang (kamar) khusus	phòng đặc biệt	သီးသန့်အခန်း
Ruang Rihabilitasi	phòng luyện tập chức năng cơ thể	ပြန်လည်သန်စွမ်းမှုလေ့ကျင့်ရေးလုပ်တဲ့အခန်း
Dapur	phòng bếp	မီးဖိုချောင်
Tempat potong rambut	phòng cắt tóc, tiệm cắt tóc	ဆံပင်ညှပ်ခန်း
Salon kecantikan	phòng cắt tóc, tiệm cắt tóc	အလှပြင်ခန်း
Tangga	cầu thang	လှေကားထစ်
Perpustakaan	phòng đọc sách	စာကြည့်တိုက်
Lift, Elevator	thang máy	စက်လှေကား
Telepon umum	điện thoại công cộng	အများသုံးတယ်လီဖုန်း
Ruang kunjung	phòng thăm hỏi, phòng dành cho khách đến thăm, phòng tư vấn	ဧည့်သည်တွေ့ဆုံခန်း
Ruang diskusi	phòng tư vấn	ဆွေးနွေးခန်း
Ruang cucian	phòng giặt đồ	အဝတ်လျှော်ခန်း
Pintu belakang	cửa sau, cổng sau	အနောက်ဖက်ဝင်ပေါက်
Post	hộp thư	စာတိုက်ပုံး
Pintu masuk lobi	hành lang trước cửa ra vào, sảnh	ဝင်ပေါက်အနီးကဧည့်သည်စောင့်ခန်း
Ruang ganti baju	phòng cởi đồ, phòng thay đồ	အဝတ်လဲခန်း
Kamar mandi	phòng tắm	ရေချိုးခန်း
Pintu masuk utama, pintu gerbang	cửa ra vào	ဝင်ပေါက်
Ruang kantor	văn phòng	ရုံးခန်း
Ruang periksa	phòng khám	စမ်းသပ်ခန်း
Kamar/ruangan bergaya Jepang	phòng kiểu Nhật Bản	ဂျပန်ပုံစံအခန်း
Kamar	phòng ở	တစ်စုံတစ်ယောက်အခန်း
Mengingat	nhớ, thuộc lòng	မှတ်သားသည်
Tempat duduk	ghế, chỗ ngồi	ထိုင်စရာ/ထိုင်ခုံ
Memberi instruksi / perintah	chỉ dẫn, chỉ thị	ညွှန်ကြားသည်/ အခိုင်းခံရသည်
Jawab, menjawab	lời đáp, câu trả lời, thư trả lời	အကြောင်းပြန်ကြားချက်
Isi	nội dung	ပါဝင်သည့်အကြောင်းအရာ
Membaca berulang-ulang (dengan mengeluarkan suara)	nói lại nội dung đã nghe nói	ထပ်ပြန်ပြောသည်
Memastikan	xác nhận, kiểm tra lại	စစ်ဆေးသည်
Membagikan	phân phát	ဝေသည်
Nomor kamar	số phòng	အခန်းနံပါတ်
Kondisi	tình trạng, trạng thái	အခြေအနေ
Detail	chi tiết, tỉ mỉ	အသေးစိတ်
Mencatat	ghi nhớ	မှတ်စုစာအုပ်တွင်မှတ်သားသည်

		14	全部	ぜんぶ	all	
2	会話	15	ずつ	ずつ	each	
		16	座席表	ざせきひょう	seating list	
		17	コピーする	こぴーする	to make a copy	
		18	復習する	ふくしゅうする	to review	
	文型問題	1	番号	ばんごう	number	
		2	厳しい	きびしい	strict	
		3	息子	むすこ	son	
		4	孫	まご	grandchild	
		5	面会	めんかい	visiting	
		6	中止	ちゅうし	stop	
		7	入浴	にゅうよく	bathing, taking a bath	
		8	食事量	しょくじりょう	amount of eating	
		9	報告する	ほうこくする	to report	
		10	介護技術	かいごぎじゅつ	care technology	
		11	意味	いみ	meaning	
		12	理解する	りかいする	to understand	
		13	介助する	かいじょする	to assist, to help	
		14	必要	ひつよう	necessity	
	病名	1	インフルエンザ	いんふるえんざ	influenza	
		2	疥癬	かいせん	itch, scabies	
		3	癌	がん	cancer	
		4	感染症	かんせんしょう	infection disease	
		5	狭心症	きょうしんしょう	angina pectoris	
		6	高血圧症	こうけつあつしょう	hypertension, high blood pressure	
		7	誤嚥性肺炎	ごえんせいはいえん	aspiration pneumonia	
		8	骨粗しょう症	こつそしょうしょう	osteoporosis	
		9	歯周病	ししゅうびょう	gum disease	
		10	心筋梗塞	しんきんこうそく	cardiac infarction	
		11	心疾患	しんしっかん	cardiac disease	
		12	糖尿病	とうにょうびょう	diabetes	
		13	認知症	にんちしょう	dementia	
		14	脳血管疾患／脳卒中	のうけっかんしっかん／のうそっちゅう	cerebral stroke	
		15	脳梗塞	のうこうそく	cerebral infarction, brain infarction	
		16	脳出血	のうしゅっけつ	brain hemorrhage, cerebral apoplexy	

Semua	toàn bộ, tất cả	အားလုံး
Setiap / masing-masing	từng... một, mỗi	တစ်ခုချင်း/တစ်ခုစီ
Daftar tempat duduk	sơ đồ chỗ ngồi	ထိုင်ခုံနေရာချထားမှုဇယား
Mengcopy	copy	မိတ္တူကူးသည်
Mengulang hal yang telah dipelajari	ôn lại	ပြန်လေ့လာသည်/ စာပြန်နွှေးသည်
Nomor	số	နံပါတ်
Tegas	nghiêm khắc	စည်းကမ်းကြီးသောတင်းကျပ်သော၊ တိကျသော
Anak laki-laki	con trai	သား
Cucu	cháu	မြေး
Kunjung, Berkunjung	cuộc gặp gỡ	ညှည်သည်တွေ့ဆုံခြင်း
Berhenti, Batal	(việc/sự) ngừng lại, tạm ngưng	ပယ်ဖျက်မှု
Mandi	(việc/sự) tắm rửa, tắm bồn	ရေချိုးခြင်း
Porsi makan	số lượng ăn	စားတဲ့ပမာဏ
Menginformasikan	báo cáo	အကြောင်းကြားသည်
Teknik(skill)perawatan	kỹ năng chăm sóc người cao tuổi, người khuyết tật v.v...	ကူညီပြုစုစောင့်ရှောက်မှုပညာ
Arti / maksud	ý nghĩa	အဓိပ္ပာယ်
Memahami	hiểu	နားလည်သဘောပေါက်သည်
Membantu	phụ giúp	အကူအညီပေးသည်
Perlu	cần thiết	မှုချလိုအပ်သော/ ပဓာနကျသော
Influenza	bệnh cúm	တုပ်ကွေး
Kudis	bệnh ghẻ	ဝဲရောဂါ
Kanker	ung thư	ကင်ဆာ
Penyakit menular	chứng truyền nhiễm	ကူးစက်ရောဂါ
Angina Pectoris	chứng đau thắt ngực	နှလုံးသွေးကြောကျဉ်းရောဂါ
Penyakit tekanan darah tinggi	chứng cao huyết áp	သွေးတိုးရောဂါ
Radang paru-paru yang disebabkan karena tersedak	viêm phổi do nuốt nhầm	လေပြန်ထဲအစာဝင်ခြင်းကြောင့်ဖြစ်သောအဆုတ်ရောင်ရောဂါ
Osteoporosis	chứng loãng xương	အရိုးပွရောဂါ
Periodontal desease, Penyakit gusi	bệnh nha chu	သွားဖုံးရောဂါ
Serangan jantung, Myocardinal Infarction	nhồi máu cơ tim	ရုတ်တရက်နှလုံးဖောက်ပြန်ခြင်း(နှလုံးကြွက်သားပုတ်ခြင်း)
Penyakit jantung	bệnh tim	နှလုံးရောဂါ
Diabetes	bệnh tiểu đường	ဆီးချိုရောဂါ
Pikun, Dimensia	chứng sa sút trí nhớ	သူငယ်ပြန်ရောဂါ
Stroke/Penyakit pembuluh darah otak/ Stroke	bệnh mạch máu não, đột quỵ	ဦးနှောက်သွေးကြောဆိုင်ရာရောဂါ
Stroke/Cerebral infarction	nhồi máu não	ဦးနှောက်သွေးကြောပိတ်ခြင်း
Pendarahan pada otak	xuất huyết não	ဦးနှောက်သွေးကြောပေါက်ခြင်း

		17	パーキンソン病	ぱーきんそんびょう	Parkinson disease	
2	病名	18	肺炎	はいえん	pneumonia	
		19	白内障	はくないしょう	cataract	
		20	緑内障	りょくないしょう	glaucoma	
		21	老人性難聴	ろうじんせいなんちょう	aging ear, presbyacusis	
3	会話	1	洗顔／洗面	せんがん／せんめん	face wash	
		2	整髪	せいはつ	hair dressing	
		3	認知症	にんちしょう	dementia	
		4	骨粗しょう症	こつそしょうしょう	osteoporosis	
		5	脊椎圧迫骨折	せきついあっぱくこっせつ	spiral compression fracture	
		6	号室	ごうしつ	room number	
		7	見守り	みまもり	watch	
		8	（ご）気分	（ご）きぶん	feeling	
		9	いかが	いかが	how	
		10	眠る	ねむる	to sleep	
		11	起こす	おこす	to wake up	
		12	袖	そで	sleeve	
		13	濡れる	ぬれる	get wet	
		14	（袖を）まくる	（そでを）まくる	to roll up	
		15	（髪を）とめる	（かみを）とめる	to pin up	
		16	手伝う	てつだう	to help	
		17	まわり	まわり	around	
		18	かゆい	かゆい	itchy	
		19	みる	みる	see and check	
		20	（髪を）とかす	（かみを）とかす	to comb, to brush	
		21	ブラシ	ぶらし	brush	
		22	終える	おえる	to finish	
		23	連絡する	れんらくする	to contact	
	文型問題	1	リハビリ／リハビリテーション	りはびり／りはびりてーしょん	rehabilitation	
		2	ミーティング	みーてぃんぐ	meeting	
		3	誤嚥する	ごえんする	to swallow accidentally	
		4	気をつける	きをつける	to be careful, to pay attention	
		5	メニュー	めにゅー	menu	

Penyakit Parkinson	bệnh Parkinson	ပါကင်ဆန်ရောဂါ (ခြေလက်တုန်၊ တောင့်တင်းဟန် ချက်မညီလှုပ်ရှားမှုနေးကွေး)
Radang paru-paru	viêm phổi	အဆုတ်ရောင်ရောဂါ/ နမိုးနီးယား
Katarak	bệnh đục thủy tinh thể	မျက်စိအတွင်းတိမ်ရောဂါ
Glukoma	bệnh tăng nhãn áp	မျက်စိရေတိမ်ရောဂါ
Tuli (susah mendengar) karena usia tua	chứng khiếm thính, lãng tai của người cao tuổi	သက်ကြီးနားလေးခြင်း
Mencuci wajah	(việc/sự) rửa mặt	မျက်နှာသစ်ခြင်း
Penataan rambut	(việc/sự) chải tóc, cắt tóc	ဆံပင်ပုံသွင်းခြင်း
Pikun, Dimensia	chứng sa sút trí nhớ	သူငယ်ပြန်ရောဂါ
Osteoporosis	chứng loãng xương	အရိုးပွရောဂါ
Patah tulang belakang yang disebabkan oleh tekanan	(việc/sự) gãy xương chèn ép cột sống	ကျောရိုးညပ်ပြီးကျိုးခြင်း
Nomor kamar	số phòng	အခန်းနံပါတ်
Menjaga / mengawasi	(việc/sự) trông chừng	စောင့်ကြည့်ခြင်း
Perasaan, Mood	cảm giác	စိတ်ခံစားချက်/ စိတ်ဆန္ဒ
Bagaimana	như thế nào	ဘယ်လိုလဲ
Tidur	ngủ	အိပ်သည်
Membangunkan	đánh thức, đỡ dậy, cho nâng lên	နိုးသည်
Lengan baju	cánh tay áo	အကျီလက်
Basah	ướt	စိုသည်
Menggulung lengan baju	xắn tay áo	(အကျီလက်) ခေါက်သည်
Menahan rambut	kẹp tóc	ဆံပင်ကိုသိမ်းသည်
Membantu	giúp đỡ, phụ giúp	ကူညီသည်
Sekitar	xung quanh	ပတ်ပတ်လည်/ တစ်ဝိုက်
Gatal	ngứa	ယားသော
Memeriksa	xem, kiểm tra, khám	(ဆရာဝန်) စမ်းသပ်သည်
Menyisir rambut	chải tóc	(ဆံပင်) ဖြီးသည်
Sikat	lược, bàn chải	ဂက်မှင်ဘီး(ဘရက်ရှ်)
Menyelesaikan	kết thúc	ပြီးဆုံးသည်
Menghubungi	liên lạc	အကြောင်းကြားသည်
Terapi	(việc/sự) luyện tập để phục hồi chức năng cơ thể	ပြန်လည်ထူထောင်ရေးလေ့ကျင့်ခန်း
Rapat, Meeting	cuộc họp	အစည်းအဝေး
Tersedak	nuốt nhầm	လေပြွန်ထဲသို့ အစာ(သို့)ရေများဝင်သည်
Berhati-hati	chú ý, cẩn thận	ဂရုစိုက်သည်
Menu	thực đơn	မီနူး

3	文型問題	6	五目ちらし	ごもくちらし	a kind of *sushi*	
		7	ごろごろする	ごろごろする	to hang about	
		8	混む	こむ	get crowded	
		9	足元	あしもと	at on's foot	
		10	すべる	すべる	to slip	
		11	量	りょう	amount	
		12	服薬介助	ふくやくかいじょ	assistance with taking medicine	
		13	間違える	まちがえる	to make an error, to mistake	
	関連語彙	1	洗面台	せんめんだい	sink	
		2	鏡	かがみ	mirror	
		3	手鏡	てかがみ	hand mirror	
		4	石けん	せっけん	soap	
		5	くし	くし	comb	
		6	ヘアブラシ	へあぶらし	hair brush	
		7	ヘアピン	へあぴん	hair pin	
		8	ひげ剃り	ひげそり	shaver	
		9	電動かみそり	でんどうかみそり	electric shaver	
		10	T字かみそり	てぃーじかみそり	razor	
		11	シェービングクリーム	しぇーびんぐくりーむ	shaving cream	
		12	クリーム	くりーむ	cream	
		13	化粧水	けしょうすい	lotion	
		14	口紅	くちべに	lip stick	
		15	ティッシュペーパー／ティッシュ	てぃっしゅぺーぱー／てぃっしゅ	tissue paper	
		16	ペーパータオル	ぺーぱーたおる	paper towel	
4	会話	1	着脱	ちゃくだつ	changing clothes	
		2	脳梗塞	のうこうそく	cerebral infarction, brain infarction	
		3	左片麻痺	ひだりかたまひ	paralysis on the left side, left hemiplegia	
		4	号室	ごうしつ	room number	
		5	着替え	きがえ	changing clothes	
		6	介助	かいじょ	assitance	
		7	手伝う	てつだう	to assist , to help	

"Gomokuchirashi(zushi)". Salah satu jenis sushi. Nasinya terasa asam karena diberi cuka, lalu diatasnya diberi beragam lauk pauk. Biasanya ada lima jenis lauk pauknya, makanya ada angka lima nya. Tetapi banyak juga yang cuma hanya empat jenis atau bahkan enam jenis lauk pauknya.	"Gomoku-chirasi": cơm trộn Sushi	အသီးအရွက်နှင့်ငါးပါသောချိုလှရှိသူရှိ
Bermalas-malasan/Tidur-tiduran	nghỉ tà tà	ဟိုလိုမှီဒီလိုမှီလုပ်သည်
Ramai / penuh	đông (người, xe...)	ထူထပ်သည်
Langkah kaki	phía dưới bàn chân, chỗ xung quan bàn chân	ခြေလှမ်း
Tergelincir	trượt	ချော်လဲသည်
Porsi / jumlah	số lượng	ပမာဏ
Tindakan memberi obat ke pasien	(việc/sự) phụ giúp uống thuốc để uống đầy đủ, không uống nhầm v.v...	ဆေးတိုက်ပေးသူ (ဆေးများမသောက်ရန်နှင့် သောက်ဖို့ဆေးမကျန်စေရန်ကူညီသူ)
Kesalahan	làm sai	မှားသည်
Wastafel	bồn rửa mặt	မျက်နှာသစ်ဇလုံ (ဘေစင်)
Cermin	gương	မှန်
Cermin tangan	gương tay	လက်ကိုင်မှန်
Sabun	xà bông	ဆပ်ပြာ
Sisir	lược	ဘီး
Sikat rambut	bàn chải tóc	ဆံပင်ဘီးဘရက်ရှ်
Jepit rambut	kẹp tóc	ဆံညှပ်
Cukur jenggot	dao cạo râu	မုတ်ဆိတ်ရိတ်စက်
Alat pencukur (listrik)	máy cạo râu	လျှပ်စစ်အမွေးရိတ်စက်
Alat pencukur jenggot biasa (yang menggunakan silet/mata pisau tajam)	dao cạo râu chữ T	Tပုံစံအမွေးရိတ်စက်
Cream cukur	kem cạo râu	မုတ်ဆိတ်ရိတ်ကရင်မ်
Cream	kem (mỹ phẩm, thực phẩm)	ကရင်မ် (အလှကုန်)
Toner, Kosmetik yang seperti air untuk wajah	nước dưỡng da	မျက်နှာလိမ်းကရင်
Lipstick	son môi	နှုတ်ခမ်းနီ
Tissue	khăn giấy	တစ်ရှူး
Tissue yang agak tebal untuk mengelap tangan sehabis cuci tangan	khăn giấy lau tay, lau bàn	စက္ကူလက်ကိုင်ပုဝါ
memakai dan melepas pakaian	cởi, mặc quần áo	အဝတ်အစားလဲခြင်း
Penyakit stroke/Cerebral infarction	nhồi máu não	ဦးနောက်သွေးကြောပိတ်ခြင်း
Lumpuh tubuh sebelah kiri	liệt nửa người bên trái	ဘယ်ဘက်အခြမ်းလေဖြတ်
Nomor kamar	số phòng	အခန်းနံပါတ်
Mengganti pakaian	(việc/sự) thay quần áo	အဝတ်လဲဝတ်ခြင်
Bantuan	(việc/sự) phụ giúp	အကူအညီ
Membantu	giúp đỡ, phụ giúp	ကူညီသည်

		8	パジャマ	ぱじゃま	pajamas	
4	会話	9	ブラウス	ぶらうす	blouse	
		10	袖	そで	sleeve	
		11	（袖に）通す	（そでに）とおす	to put one's arm through a sleeve	
		12	ボタン	ぼたん	button	
		13	（ボタンを）かける	（ぼたんを）かける	to button up	
		14	ズボン	ずぼん	pants, trousers	
		15	替える	かえる	change	
		16	介助バー	かいじょばー	assisting bar	
		17	つかまる	つかまる	to hold	
		18	（ズボンを）おろす	（ずぼんを）おろす	to pull down (pants)	
		19	はく	はく	to put on (pants, shoes)	
		20	（ズボンを）上げる	（ずぼんを）あげる	to pull up (pants)	
		21	はおる	はおる	to put on	
		22	カーディガン	かーでぃがん	cardigan	
		23	似合う	にあう	become, look good	
		24	（気が）つく	（きが）つく	to notice	
	文型問題	1	食器	しょっき	tableware	
		2	布巾	ふきん	dishcloth	
		3	拭く	ふく	to wipe	
		4	借りる	かりる	to borrow	
		5	消す	けす	to switch off	
		6	毎回	まいかい	each time	
		7	昔	むかし	old days	
		8	思い出す	おもいだす	to recall, to remember	
		9	検査	けんさ	check up	
		10	緊張する	きんちょうする	to be nervous, tense	
		11	スカート	すかーと	skirt	
		12	長袖	ながそで	long sleeves	
		13	片づける	かたづける	to tidy up	
		14	資料	しりょう	materials, data	
		15	コピーする	こぴーする	to make a copy	
		16	会議	かいぎ	meeting, conference	
		17	質問する	しつもんする	to ask	

Piyama	áo ngủ	ညဝတ်အကျႌ
Blus	áo sơ mi	ဘလောက်စ်အကျႌ
/Lengan baju	ống tay áo	အကျႌ လက်အနား
Memasukkan lengan kedalam lengan baju	cho tay vào ống tay áo	(အကျႌ လက်အနား)သွင်းသည်
Kancing	nút	ကြယ်သီး
Mengancingkan	cài nút	ကြယ်သီးတပ်သည်
Celana panjang	quần	ဘောင်းဘီ
Mengganti	thay đổi	လဲသည်
Pagar di ditempat tidur yang bisa dibuka tutup. Berfungsi untuk pegangan pasien ketika akan berpindah dari tempat tidur ke kursi roda atau sebaliknya. Biasa juga disebut `L ji ba-`, karena ketika dalam keadaan terbuka, membentuk huruf L.	tay vịn	လက်ကိုင်ဘားတန်း
Ditangkap / dipegang	nắm	ဆုပ်ကိုင်သည်
Melepas (celana)	kéo quần xuống	(ဘောင်းဘီ) ချွတ်သည်
Memakai (bawahan→celana,kaos kaki)	mặc váy/quần, mang giày dép	ဘောင်းဘီဝတ်သည်
Menaikkan celana	kéo quần lên	(ဘောင်းဘီ)မတင်သည်
Memakai (pakaian) / Memakai pakaian penghangat	khoác hờ	၌သည်
Cardigan	áo khoác len	ရှေ့ကွဲသိုးမွေးအကျႌ
Cocok	hợp, tương xứng	လိုက်ဖက်သည်
Menyadari	nhận ra	သတိပြုမိသည်
Alat makan	chén đĩa	ပန်းကန်ခွက်ယောက်
Napkin / Kain lap	khăn lau chén	ပန်းကန်သုတ်အဝတ်
Mengelap	lau	သုတ်သည်
meminjam	mượn, vay	ငှားသည်
Menghapus	xóa, tắt	ဖျက်သည်
Tiap kali	mỗi lần	အကြိမ်တိုင်း/အခါတိုင်း
Dahulu	ngày xưa	အရင်တုန်းက
Teringat	nhớ ra	သတိရသည်
Pemeriksaan	(việc/sự) kiểm tra	စစ်ဆေးသည်
Gugup, Tegang, Nervous	căng thẳng	စိတ်လှုပ်ရှားသည်
Rok	váy	စကတ်
Lengan panjang	(áo) dài tay	လက်ရှည်အကျႌ
Merapikan	dọn dẹp	ရှင်းလင်းသည်၊ စီသည်
Data, Dokumen	tài liệu	အချက်အလက်၊ စာရွက်စာတမ်း
Mengcopy	copy	မိတ္တူကူးသည်
Rapat	cuộc họp, hội nghị	အစည်းအဝေး
Bertanya	hỏi	မေးခွန်းမေးသည်

4	関連語彙／衣類	1	衣類	いるい	clothes	
		2	セーター	せーたー	sweater	
		3	ワイシャツ	わいしゃつ	shirt	
		4	Tシャツ	てぃーしゃつ	T shirt	
		5	ポロシャツ	ぽろしゃつ	polo shirt	
		6	ベスト／チョッキ	べすと／ちょっき	vest	
		7	上着／ジャケット	うわぎ／じゃけっと	jacket	
		8	カーディガン	かーでぃがん	cardigan	
		9	トレーナー	とれーなー	sweat shirt	
		10	コート	こーと	coat	
		11	ズボン	ずぼん	pants, trousers	
		12	スカート	すかーと	skirt	
		13	下着／肌着	したぎ／はだぎ	underwear	
		14	パンツ／ショーツ	ぱんつ／しょーつ	shorts, underpants	
		15	もも引き	ももひき	long underpants, close-fitting work pants	
		16	ズボン下	ずぼんした	long underpants	
		17	パジャマ	ぱじゃま	pajamas	
		18	寝巻き	ねまき	night clothes	
		19	腹巻き	はらまき	belly band	
		20	靴下／ソックス	くつした／そっくす	socks	
		21	レッグウォーマー	れっぐうぉーまー	leg warmer	
		22	タイツ	たいつ	tights	
		23	帽子	ぼうし	cap, hat	
		24	手袋	てぶくろ	gloves	
		25	マフラー	まふらー	muffler	
		26	スカーフ	すかーふ	scarf	
		27	肩かけ	かたかけ	showl	
		28	膝かけ	ひざかけ	lap robe	
		29	上ばき	うわばき	indoor shoes	
		30	外ばき	そとばき	outdoor shoes	
		31	スリッパ	すりっぱ	slippers	
		32	半袖	はんそで	short sleeves	
		33	長袖	ながそで	long sleeves	

	Busana, Pakaian	quần áo	အဝတ်အစား
	Sweater	áo len	ဆွယ်တာ
	Kemeja	áo sơ mi dài tay	ရှပ်အင်္ကျီ
	Kaos	áo thun	တီရှပ်
	Kaos Polo	áo thun có cổ	ပိုလိုရှပ်
	Vest, Rompi	áo gilê	ဝေ့စကုတ်
	Jaket	áo khoác	အပေါ်အင်္ကျီ / ဂျက်ကပ်အင်္ကျီ
	Cardigan	áo khoác len	ရင်ကွဲသိုးမွေးအင်္ကျီ
	Baju training, Sweatshirt	áo thể thao dài tay	အားကစားသမားဝတ် ချွေးထိန်းအင်္ကျီ
	Mantel / Jaket	áo choàng	ကုတ်အင်္ကျီ
	Celana panjang	quần	ဘောင်းဘီ
	Rok	váy	စကတ်
	Baju dalam	quần áo lót	အတွင်းခံ
	Celana pendek, Celana dalam	quần lót	အတွင်းခံဘောင်းဘီတို
	Celana yang dipakai setelah celana dalam dan sebelum celana luar (3 lapis)	quần dài mặc lót bên trong	အတွင်းခံဘောင်းဘီရှည်အကျပ်
	Celana dalaman yang dipakai sebelum celana luar (3 lapis). Momohiki juga termasuk kedalam kategori zubon shita. Fungsinya supaya tidak dingin.	quần ngắn hay dài mặc lót bên trong	အတွင်းခံဘောင်းဘီရှည်အကျပ်
	Piyama	áo ngủ	ညဝတ်အင်္ကျီ
	Baju tidur	áo ngủ	ညဝတ်အင်္ကျီ
	Pelindung perut, Sejenis korset. Berfungsi untuk menghangatkan perut	nịt bụng	ဗိုက်စီး
	Kaos kaki	vớ	ခြေအိတ်
	Leg warmer, Manset kaki (untuk menghangatkan kaki)	vớ len dài	ခြေထောက်နွေးစေသောခြေအိတ်
	Celana ketat	tất quần (loại dày)	အသားကပ်ဘောင်းဘီရှည်
	Topi	nón	ဦးထုပ်
	Sarung tangan	găng tay	လက်အိတ်
	Muffler,Syal	khăn quàng cổ (chống lạnh)	မာဖလာ/လည်စီးပုဝါ
	Scarf	khăn quàng cổ (trang sức)	လည်စီး/ခေါင်းစီးပုဝါ
	Kain atau pakaian yang dipakai untuk menutupi pundak (supaya tidak dingin)	khăn choàng (chăn phủ vai)	လည်ပင်းနဲ့ပခုံးပေါ်တင်တဲ့ပုဝါ/အင်္ကျီ
	Kain untuk menutupi lutut (supaya tidak dingin)	chăn phủ đầu gối	ပေါင်ပေါ်တင်တဲ့စောင်ပုဝါ
	Sepatu untuk dalam ruangan	giầy đi trong nhà	အတွင်းစီးဖိနပ်
	Sepatu untuk luar ruangan	giầy đi ra ngoài	အပြင်စီးဖိနပ်
	Selop, Sendal untuk dalam ruangan	dép đi trong nhà	ခြေညှပ်ဖိနပ်
	Lengan pendek	(áo) ngắn tay	လက်စက
	Lengan panjang	(áo) dài tay	လက်ရှည်အင်္ကျီ

	関連語彙／衣類	34	襟あり	えりあり	with collar	
		35	襟なし	えりなし	without collar	
		36	ホック	ほっく	hook	
		37	チャック	ちゃっく	zipper	
4	関連語彙／着脱動作	1	着脱動作	ちゃくだつどうさ	dressing and undressing	
		2	着患脱健	ちゃっかんだっけん	the way to put on clothes from diseased side of the body first, and to take off clothes from intact side first	
		3	麻痺側/患側	まひそく／かんそく	diseased side, affected side	
		4	健側	けんそく	intact side, unatffected side	
		5	（ボタンを）とめる／かける	（ばたんを）とめる／かける	to button up	
		6	（ボタンを）外す	（ぼたんを）はずす	to unbutton	
		7	（チャック／ファスナーを）上げる	（ちゃっく／ふぁすなーを）あげる	to zip	
		8	（チャック／ファスナーを）おろす／下げる	（ちゃっく／ふぁすなーを）おろす／さげる	to unzip	
		9	（帽子を）かぶる	（ぼうしを）かぶる	to put on (hat)	
		10	（めがねを）かける	（めがねを）かける	to wear (glasses)	
	関連語彙／色柄	1	色柄	いろがら	color and pattern	
		2	黄色	きいろ	yellow	
		3	ベージュ	べーじゅ	beige	
		4	水色／ブルー	みずいろ／ぶるー	blue	
		5	緑色／グリーン	みどりいろ／ぐりーん	green	
		6	灰色／グレー	はいいろ／ぐれー	gray	
		7	水玉	みずたま	polka dots	
		8	チェック	ちぇっく	cross stripes	
		9	しま	しま	stripes	
		10	花がら	はながら	flower pattern	
		11	無地	むじ	plain	
		12	地味	じみ	quiet, plain	
		13	派手	はで	loud, flashy	
5	会話	1	車いす	くるまいす	wheelchair	
		2	移動	いどう	move	
		3	認知症	にんちしょう	dementia	
		4	骨粗しょう症	こつそしょうしょう	osteoporosis	
		5	脊椎圧迫骨折	せきついあっぱくこっせつ	spiral compression fracture	
		6	号室	ごうしつ	room number	

Berkerah	(áo) có cổ	ကော်လာပါ
Tidak berkerah	(áo) không cổ	ကော်လာမပါ
Kait	móc cài	ချိတ်/နှိပ်ကြယ်သီး
Resleting	dây kéo	ဇစ်
Berpakaian dan menanggalkan pakaian	động tác cởi, mặc quần áo	အဝတ်ဝတ်ခြင်းနှင့်အဝတ်ချွတ်ခြင်း
Memakai baju/celana dari bagian yang sehat dari tubuh dan waktu melepasnya dari bagian yang sakit (lumpuh)	"khi mặc thi bên bị liệt trước, khi cởi thi bên không bị liệt trước" (cách nói tắt về thứ tự cởi, mặc quần áo của người bị liệt nửa người).	မကောင်းတဲ့ဖက်ကဝတ်ပြီးကောင်းတဲ့ဖက်ကချွတ် သည်
Bagian yang lumpuh/Bagian yang sakit	bên bị liệt	လေဖြတ်ထားတဲ့ဘက်/ ထိခိုက်ထားတဲ့ဘက်
Bagian yang sehat	bên không bị liệt	ကျန်းမာတဲ့ဘက်
Memasang kancing	cài nút	(ကြယ်သီး) တပ်သည်
Melepas kancing	cởi nút	(ကြယ်သီး) ဖြုတ်သည်
Menutup resleting	kéo dây kéo lên	(ဇစ်)တပ်သည်
Membuka resleting	kéo dây kéo xuống	(ဇစ်)ဖွင့်သည်
Memakai (topi)	đội nón	ဦးထုပ်ဆောင်းသည်
Memakai (kacamata)	đeo mắt kính	မျက်မှန်တပ်သည်
Motif berwarna	màu sắc và hoa văn	အရောင်စုံ
Kuning	màu vàng	အဝါရောင်
Beige (warna abu-abu-coklat)	màu be (màu nâu nhạt)	အသားရောင်
Biru	màu xanh biển nhạt	အပြာရောင်
Hijau	màu xanh lá	အစိမ်းရောင်
Abu-abu	màu xám	မီးခိုးရောင်
Tetesan air yang berbentuk bulat	chấm tròn	ရေစက်
Cek	kẻ ca-rô	လေးထောင့်ကွက်အဆင်
Garis-garis	sọc	အစင်းကြား
Motif bunga	hoa văn hoa	ပန်းပွင့်အဆင်
Polos	không có hoa văn, trơn	ပြောင် (ဘာအဆင်မှမပါ)
Tidak mencolok, Biasa	giản dị, đơn giản, đơn sơ	မှေးမှိန် (မပေါ်လွင်)
Mencolok	loè loẹt, sặc sỡ	ပေါ်လွင်/တောင်ပြောင်
Kursi roda	xe lăn	ဘီးတပ်ကုလားထိုင်
Perpindahan	(việc/sự) di động, di chuyển	လှုပ်ရှားမှု
Pikun, Dimensia	chứng sa sút trí nhớ	သူငယ်ပြန်ရောဂါ
Osteoporosis	chứng loãng xương	အရိုးပွရောဂါ
Patah tulang belakang yang disebabkan oleh tekanan	(việc/sự) gãy xương chèn ép cột sống	ကျောရိုးညပ်ပြီးကျိုးခြင်း
Nomor kamar	số phòng	အခန်းနံပါတ်

5	会話	7	介助	かいじょ	assistance	
		8	出かける	でかける	to go out	
		9	準備	じゅんび	preparation	
		10	ブレーキ	ぶれーき	brake	
		11	（ブレーキを）外す	（ぶれーきを）はずす	to unlock (brake)	
		12	出発する	しゅっぱつする	to start	
		13	操作	そうさ	operation	
		14	慣れる	なれる	be accustomed to	
		15	スムーズ	すむーず	smooth	
		16	押す	おす	to push	
		17	スロープ	すろーぷ	slope	
		18	後ろ向き	うしろむき	backward	
		19	下りる	おりる	to go down	
		20	バラ園	ばらえん	rose garden	
		21	満開	まんかい	full bloom	
		22	匂い	におい	smell	
		23	辺り	あたり	around	
		24	休憩する	きゅうけいする	to rest, to take a break	
		25	（ブレーキを）かける	（ぶれーきを）かける	to lock (brake)	
		26	（のどが）渇く	（のどが）かわく	thirsty	
		27	急	きゅう	suddenly, unexpectedly	
		28	くもる	くもる	to become cloudy	
		29	戻る	もどる	to return	
		30	連れる	つれる	to take a person to	
		31	玄関	げんかん	entrance, front	
	文型問題	1	転倒	てんとう	fall, tumbling down	
		2	事故	じこ	accident	
		3	リハビリ／リハビリテーション	りはびり／りはびりてーしょん	rehabilitation	
		4	効果	こうか	effect	
		5	期待する	きたいする	to expect	
		6	誤嚥	ごえん	accidental swallowing, miss-swallowing	
		7	肺炎	はいえん	pneumonia	
		8	可能性	かのうせい	possibility	
		9	メモする	めもする	to write down	
		10	温かい	あたたかい	warm	
		11	スープ	すーぷ	soup	
		12	むせる	むせる	to get choked	

Bantuan	(việc/sự) phụ giúp	အကူအညီ
Pergi keluar	đi ra ngoài	အပြင်ထွက်သည်
Persiapan	(việc/sự) chuẩn bị	ပြင်ဆင်ခြင်း
Rem	thắng (phanh) xe	ဘရိတ်
Melepaskan (rem)	mở thắng (phanh) xe	(ဘရိတ်)ဖြုတ်သည်
Berangkat	khởi hành	ထွက်ခွာသည်
Pengoperasian	thao tác	ကိုင်တွယ်ထိန်းချုပ်မှု
Terbiasa	quen, quen thuộc	ကျင့်သားရသည်
Mulus / lancar	trôi trảy, suôn sẻ	ညင်သာချောမွေ့သော
mendorong	đẩy, bấm	တွန်းသည်။ ဖိနှိပ်သည်
Jalan menurun	đường dốc (dành cho người cao tuổi, khuyết tật, người chuyển đồ v.v..)	ဆင်ခြေလျော
menghadap belakang	hướng về phía sau	နောက်လှည့်သည်
Turun	đi xuống	ဆင်းသည်
Taman bunga mawar	vườn hoa hồng	နှင်းဆီပန်းခြံ
mekar (penuh)	(việc/sự) nở rộ	အကုန်ပွင့်
Harum	mùi	အနံ့
Sekitar	khu vực xung quanh	အနားမှာ
Beristirahat	nghỉ ngơi, giải lao	ခဏနားသည်
Mengerem	gài thắng (phanh) xe	(ဘရိတ်)နင်းသည်
Haus	khát nước	(လည်ချောင်း)ခြောက်သည်။ ရေဆာသည်။
Cepat-cepat	khẩn cấp, gấp	ရုတ်တရက်
Mendung	kéo mây, tối sầm lại	မိုးအုံ့သည်
Kembali	trở về, trở lại	ပြန်ရောက်သည်
Mengantar	dẫn đi	အဖော်ခေါ်သည်
Pintu depan utama , Pintu Gerbang	cửa ra vào	ဝင်ပေါက်
Jatuh	(việc/sự) té ngã	လဲကျခြင်း
Kecelakaan	tai nạn	မတော်တဆထိခိုက်မှု
Terapi, Rihabilitasi	(việc/sự) luyện tập để phục hồi chức năng cơ thể	ပြန်လည်ထူထောင်ရေးလေ့ကျင့်ခန်း
Efek / hasil	hiệu quả	အကျိုးသက်ရောက်မှု
Menunggu/ Ekspektasi, harapan	hy vọng, kỳ vọng	မျှော်လင့်သည်
Tersedak	(việc/sự) nuốt nhầm	လေပြွန်ထဲသို့ အစာ(သို့)ရေများဝင်ခြင်း
Radang paru-paru	viêm phổi	အဆုတ်ရောင်ရောဂါ
Kemungkinan	khả năng, tỷ lệ	ဖြစ်နိုင်ခြေ
Mencatat	ghi nhớ	မှတ်စုစာအုပ်တွင်မှတ်သားသည်
Hangat	ấm, nóng	ပူသော/နွေးသော
Sup	súp, canh	စွပ်ပြုတ်
Tersedak	mắc nghẹn	သီးသည်

		13	苦しい	くるしい	to suffer	
		14	めまい	めまい	dizziness	
		15	心身	しんしん	mind and body	
		16	衰え	おとろえ	decline	
		17	避ける	さける	to avoid	
	文型問題	18	加齢	かれい	aging	
		19	患者数	かんじゃすう	number of patients	
		20	増える	ふえる	increase	
		21	続ける	つづける	keep on , continue	
		22	インフルエンザ	いんふるえんざ	influenza	
		23	泣く	なく	cry, weep	
5	車いすの種類	1	種類	しゅるい	type, kind	
		2	介助型（式）車いす →P.42	かいじょがた（しき）くるまいす	wheelchair without hand rims	
		3	リクライニング型（式）車いす →P.43	りくらいにんぐがた（しき）くるまいす	wheelchair of reclining type	
		4	ティルト型（式）車いす →P.43	てぃるとがた（しき）くるまいす	wheelchair of tilt type	
		5	電動型（式）車いす	でんどうがた（しき）くるまいす	wheelchair with motor, electric wheelchair	
		6	自走型（式）車いす	じそうがた（しき）くるまいす	wheelchair with hand rims	
	車いすの構造	①	構造	こうぞう	structure	
		②	手押しハンドル／グリップ	ておしはんどる／ぐりっぷ	→P.42	
		③	バックサポート／バックレスト	ばっくさぽーと／ばっくれすと		
		④	アームサポート／アームレスト	あーむさぽーと／あーむれすと		
		⑤	サイドガード／スカートガード	さいどがーど／すかーとがーど		
		⑥	シート／座面	しーと／ざめん		
		⑦	フレーム	ふれーむ		
		⑧	脚部	きゃくぶ		
		⑨	レッグサポート／レッグレスト	れっぐさぽーと／れっぐれすと		
		⑩	フットサポート／フットレスト	ふっとさぽーと／ふっとれすと		
		⑪	キャスタ	きゃすた		
		⑫	ブレーキ	ぶれーき		

Sakit, Tersiksa	vất vả, khó thở	နာကျင်သော
Pusing	(việc/sự) chóng mặt	မူးဝေခြင်း
Tubuh dan pikiran, Tubuh dan mental	tâm thần	စိတ်နှင့်ခန္ဓာ
Melemah, Memburuk	(việc/sự) suy nhược	စွတ်ယွတ်မှု
Menghindari	tránh	ရှောင်ကြည်သည်
Penuaan	(việc/sự) tăng thêm tuổi, già thêm	အိုမင်းလာခြင်း
Jumlah pasien	số lượng bệnh nhân	လူနာအရေအတွက်
Bertambah	tăng lên	တက်လာသည်၊တိုးလာသည်
Melanjutkan	tiếp tục	ဆက်လုပ်သည်
Influenza	bệnh cúm	တုတ်ကွေးရောဂါ
Menangis	khóc	ငိုသည်
Jenis	loại	အမျိုးအစား
Kursi roda yang dirancang khusus untuk orang yang tidak bisa bergerak sendiri(bannya kecil, tidak ada ring pemutar dirodanya)	xe lăn không tự chạy (loại xe lăn dành cho người không thể tự chạy xe, cần có người điều khiển giúp)	ကူညီစောင့်ရှောက်ရေး (ပုံစံ) ဘီးတပ်ကုလားထိုင်
Kursi roda panjang. Biasanya untuk pasien yang tirah baring, tidak bisa duduk.(bagian kepala dan punggung dan kakinya bisa digerakkan keatas dan kebawah)	xe lăn reclining (loại xe lăn có thể điều chỉnh lưng tựa)	လှဲချလို့ရတဲ့ (ပုံစံ) ဘီးတပ်ကုလားထိုင်
Kursi roda seperti rikuraininggu cuma lebih pendek. Kemiringan posisi duduknya bisa diubah disesuaikan dengan kondisi pasien.	xe lăn tilt (loại xe lăn có thể điều chỉnh lưng tựa và ghế ngồi)	စောင်းလို့ရတဲ့ (ပုံစံ) ဘီးတပ်ကုလားထိုင်
Kursi roda listrik	xe lăn điện	လျှပ်စစ်သုံး (ပုံစံ) ဘီးတပ်ကုလားထိုင်
Kursi roda biasa. Yang ditujukan untuk pasien yang bisa menggerakkan kursi rodanya sendiri.	xe lăn tự chạy (loại xe lăn vận hành bằng tay hay chân dành cho người có thể tự chạy xe)	ကိုယ်တိုင်တွန်း (ပုံစံ) ဘီးတပ်ကုလားထိုင်
Struktur, konstruksi	cấu tạo	ဖွဲ့စည်းပုံ

→P.42   →P.42   →P.42

5	車いすの構造	⑬	駆動輪	くどうりん	→P.42	
		⑭	ティッピングレバー	てぃっぴんぐればー		
		⑮	ハンドリム	はんどりむ		

6	会話	1	杖歩行	つえほこう	cane walk
		2	骨折	こっせつ	bone fracture
		3	頻尿	ひんにょう	frequent urination
		4	号室	ごうしつ	room number
		5	誘導する	ゆうどうする	to lead, to take to
		6	リハビリ／リハビリテーション	りはびり／りはびりてーしょん	rehabilitation
		7	進む	すすむ	to progress,to advance
		8	車いす	くるまいす	wheelchair
		9	けが	けが	injure
		10	転倒する	てんとうする	to tumble(fall) down
		11	（気を）つける	（きを）つける	to be careful, to pay attention
		12	召しあがる	めしあがる	to eat(polite expression)
		13	いっぱい	いっぱい	a lot
		14	だいぶ	だいぶ	quite
		15	杖	つえ	cane
		16	（声を）かける	（こえを）かける	to call , to talk to
		17	逆	ぎゃく	reverse, opposite
		18	床	ゆか	floor
		19	濡れる	ぬれる	get wet
		20	すべる	すべる	to slip
		21	はし	はし	end, edge
		22	通る	とおる	to take a side , to pass
		23	手すり	てすり	handrail
		24	つかまる	つかまる	to hold
		25	廊下	ろうか	hallway
		26	拭く	ふく	to wipe, to clean
		27	ヒヤリハット	ひやりはっと	At the site of caretaking, if there happened something which was almost an accident, they record it in a document in order to prevent similar misdeeds

→P.42	→P.42	→P.42

Tongkat bantu jalan	(việc/sự) chống gậy khi đi bộ	တုတ်ကောက်နှင့်လမ်းလျှောက်ခြင်း
Patah tulang	(việc/sự) gãy xương	အရိုးကျိုးခြင်း
Sering kencing, Sering BAK	chứng đi tiểu nhiều lần	မကြာခဏဆီးသွားခြင်း
Nomor kamar	số phòng	အခန်းနံပါတ်
Memandu	dẫn ai đi đến đâu đó, đi làm gì đó	လမ်းညွှန်ပေးသည်
Terapi, Rihabilitasi	(việc/sự) luyện tập để phục hồi chức năng cơ thể	ပြန်လည်ထူထောင်ရေးလေ့ကျင့်ခန်း
Maju	tiến, tiến triển	ရှေ့ဆက်လုပ်သည်
Kursi roda	xe lăn	ဘီးတပ်ကုလားထိုင်
Luka	chấn thương	ဒဏ်ရာ
Terjatuh	té ngã	လဲကျသည်
Berhati-hati	chú ý, cẩn thận	သတိထားသည်
Makan (bentuk sopan)	dùng (ăn)	စားသည် (ယဉ်ကျေးသည့်ပုံစံ)
Banyak, Penuh, Kenyang	nhiều, đầy	အပြည့်၊ များပြားစွာ
Hampir, Cukup (jika dianalogikan kedalam persentase, dari 100 persen sudah mencapai 80 persen)	khá	တော်တော်
Tongkat	gậy chống	တုတ်ကောက်
Memanggil, Menyapa	bắt chuyện	အသံပေးသည်၊ ခေါ်သည်
Kebalikan	ngược lại	ဆန့်ကျင်ဖက်
Lantai	sàn	ကြမ်းပြင်
Basah	ướt	စိုစွတ်သည်
Tergelincir	trượt	ချော်လဲသည်
Jembatan	ven, cạnh	အစွန်းအဆုံး
Melewati	đi qua	ဖြတ်ကျော်သည်
Pegangan (Pegangan yang ada didinding. Pegangan yang ada ditangga)	tay vịn	လက်ကိုင်
Tertangkap, Tangkap, Pegang	nắm	ဆုပ်ကိုင်သည်
Koridor	hành lang	စင်္ကြံ
Mengelap	lau chùi	သုတ်သည်
Hiyari hatto adalah laporan atau catatan untuk mencegah terjadinya kecelakaan. Hiyari hatto ditulis saat ada tindakan atau kejadian yang berbahaya namun belum terjadi kecelakaan. Contoh: Pasien A tidak bisa berjalan sendiri dan harus didampingi, namun suatu ketika dia berjalan sendiri tanpa sepengetahuan perawat. Meskipun saat itu dia tidak terjatuh atau terluka, tetap harus ada tindakan pencegahan supaya hal itu tidak terulang. Itulah hyari hatto.	những sự kiện suýt nữa là gây tai nạn ở nơi điều dưỡng chăm sóc	ဖြစ်ရပ်

119

	会話	28	報告	ほうこく	report	
		29	詳しい	くわしい	detailed	
	文型問題	1	丈夫	じょうぶ	physically strong	
		2	入院する	にゅういんする	to enter a hospital	
		3	順序	じゅんじょ	order	
		4	段	だん	step	
		5	置く	おく	put	
		6	健側	けんそく	intact side, unaffected side	
		7	麻痺側	まひそく	paralyzed side	
		8	のせる	のせる	put	
		9	急須	きゅうす	teapot	
		10	お茶の葉	おちゃのは	tealeaf	
		11	むらす	むらす	steam	
		12	湯のみ	ゆのみ	teacup	
		13	つぐ	つぐ	to pour	
		14	（かぎを）かける	（かぎを）かける	to lock	
		15	まっすぐ	まっすぐ	straight	
		16	曲がる	まがる	to turn	
		17	横断歩道	おうだんほどう	crosswalk	
6		18	渡る	わたる	to cross	
		19	注射する	ちゅうしゃする	to inject	
		20	指導	しどう	guidance	
	関連語彙	1	麻痺	まひ	paralysis	
		2	片麻痺	かたまひ	paralysis on a side of the body, hemiplegia	
		3	右片麻痺	みぎかたまひ	paralysis on the right side, right hemiplegia	
		4	左片麻痺	ひだりかたまひ	paralysis on the left side, left hemiplegia	
		5	患側	かんそく	diseased side, affected side	
		6	健側	けんそく	intact side, unaffected side	
		7	利き手	ききて	dominant hand	
		8	歩行器	ほこうき	walker	
		9	T字杖 →P.50	てぃーじづえ	T cane	
		10	多点杖 →P.50	たてんづえ	quad cane	
		11	ロフストランドクラッチ →P.50	ろふすとらんどくらっち	lofstrand crutch	
		12	移動する	いどうする	to move	

Laporan, Melaporkan	báo cáo	အစီရင်ခံစာ
Detail	chi tiết, tỉ mỉ	အသေးစိတ်သော
Kuat	mạnh khỏe, bền	သန်မာသော
Opname, Rawat inap dirumah sakit	nhập viện	ဆေးရုံတက်သည်
Pesanan	thứ tự	အစီအစဉ်
Stage, tingkatan	bậc	အဆင့်
Meletakkan	để đồ	ထားသည်။ တပ်ဆင်သည်။ နေရာချသည်။
Bagian yang sehat	bên không bị liệt	ကျန်းမာတဲ့ဘက်
Bagian yang lumpuh, bagian yang sakit	bên bị liệt	လေဖြတ်ထားတဲ့ဘက်/ ထိခိုက်ထားတဲ့အခြမ်း
Menaruh/Menaikan, Meletakkan sesuatu ditempat yang lebih tinggi	để lên	တင်ဆောင်သည်
Teapot	ấm trà	ရေနွေးကရားအိုး
Daun teh	lá trà	လက်ဖက်ရွက်
Merebus	hấp	ရေနွေးငွေ့နှင့်ပေါင်းသည်
Gelas, Cangkir,Gelas untuk minum teh	ly trà sứ	ရေနွေးခွက်
Menuangkan	rót	ငဲ့သည်။ လောင်းချသည်
mengunci	khóa lại	(သော့)ခတ်သည်
Lurus	thẳng	တည့်တည့်
Belok	queọ, cong	ကောက်သည်။ ကွေ့သည်
Tempat penyeberangan, Zebra cross	đường dành cho người đi bộ băng qua đường	လူကူးမျဉ်းကျား
Menyeberang	băng qua, đi qua	ဖြတ်ကူးသည်
Menyuntik	tiêm, chích	ဆေးထိုးသည်
Panduan	(việc/sự) chỉ dẫn, hướng dẫn	ခေါင်းဆောင်မှု။ လမ်းညွှန်ခြင်း
Lumpuh	liệt	လေဖြတ်ခြင်း
Lumpuh sebelah	liệt nửa người	လေတစ်ခြမ်းဖြတ်
Lumpuh tubuh sebelah kanan	liệt nửa người bên phải	ညာဘက်အခြမ်းလေဖြတ်
Lumpuh tubuh sebelah kiri	liệt nửa người bên trái	ဘယ်ဘက်အခြမ်းလေဖြတ်
Bagian yang lumpuh, Bagian yang sakit	bên bị liệt	ထိခိုက်ထားတဲ့ဘက်
Bagian yang sehat	bên không bị liệt	ကျန်းမာတဲ့ဘက်
Tangan dominan	tay thuận	သန်တဲ့လက် (ဘယ်/ညာသန်)
Alat bantu berjalan	khung tập đi, khung đi bộ	ကလေးလမ်းလျှောက်တဲ့ကွင်း လမ်းလျှောက်ကူ
Tongkat yang berbentuk huruf T, Tongkat biasa	gậy chống chữ T	တီပုံစံတုတ်ကောက်
Tongkat yang bagian bawahnya/kakinya banyak	gậy chống nhiều chân	ခြေထောက်အများကြီးပါတုတ်ကောက်
Lofstrand crutch, Tongkat yang disangga dibagian ketiak dan ada bagian penyangganya dibagian sikut	gậy chống tựa khuỷu tay	လက်မောင်းစွပ်ကွင်းပါတုတ်ကောက်
Berpindah	di động, di chuyển	ရွေ့ရှားသည်

6	関連語彙	13	支える	ささえる	to support	
		14	転ぶ／転倒する	ころぶ／てんとうする	to tumble(fall) down	
		15	つまずく	つまずく	to stumble	
		16	ふらつく	ふらつく	to stagger	
		17	バランス	ばらんす	balance	
		18	崩す	くずす	to lose (balance)	
		19	付き添う	つきそう	to attend , to accompany	
		20	伝い歩き	つたいあるき	to totter with holding something	
7	会話	1	認知症	にんちしょう	dementia	
		2	糖尿病	とうにょうびょう	diabetes	
		3	軽い	かるい	light	
		4	右片麻痺	みぎかたまひ	paralysis on the right side, right hemiplegia	
		5	号室	ごうしつ	room number	
		6	食事介助	しょくじかいじょ	assitance with eating	
		7	このところ	このところ	recently	
		8	むせる	むせる	to get choked	
		9	誤嚥する	ごえんする	to swallow accidentally, to miss-swallow	
		10	飲み込み	のみこみ	gulp down, swallow	
		11	十分	じゅうぶん	enough	
		12	注意する	ちゅういする	to pay attention	
		13	傾く	かたむく	to lean	
		14	姿勢	しせい	posture	
		15	直す	なおす	to straighten	
		16	（気を）つける	（きを）つける	to be careful, to pay attention	
		17	おしぼり	おしぼり	wet hand towel	
		18	エプロン	えぷろん	apron	
		19	体調	たいちょう	physical condition	
		20	いかが	いかが	how	
		21	背中	せなか	back	
		22	まっすぐ	まっすぐ	straight	
		23	一口	ひとくち	a bite	
		24	手伝う	てつだう	to help, to assist	
		25	スプーン	すぷーん	spoon	
		26	噛む	かむ	to chew	
		27	きれいに	きれいに	well	
		28	召しあがる	めしあがる	to eat(polite expression)	

Menopang / menahan	ủng hộ, giúp đỡ	ထောက်ပံ့သည်
Jatuh / berguling/ Jatuh/terjatuh	té ngã	လဲကျသည်
Tersandung	vấp, sẩy chân	ခလုပ်တိုက်သည်
Pusing/ Goyah saat berjalan, Terhuyung-huyung, Sempoyongan	loạng choạng, lảo đảo	ယိမ်းထိုးလျှောက်သည်။ ဒယီးဒယိုင်သွားသည်။
Keseimbangan	cân bằng, thăng bằng	ဟန်ချက်
Mengancurkan	mất (cân bằng), phá hủy	ဟန်ချက်ပျက်သည်
Menemani / mengawal	đi cùng (để phụ giúp, chăm sóc)	အဖော်လိုက်သည်
Berjalan sambil berpegangan pada sesuatu	(việc/sự) bám vào, vịn vào....để tự đi	တစ်ခုခုကိုအားပြုပြီးလျှောက်သည်
Pikun, Dimensia	chứng sa sút trí nhớ	သူငယ်ပြန်ရောဂါ
Diabetes	bệnh tiểu đường	ဆီးချိုရောဂါ
Ringan	nhẹ	ပေါ့ပါးသော/ အနည်းငယ်
Lumpuh tubuh sebelah kanan	liệt nửa người bên phải	ညာဘက်အခြမ်းလေဖြတ်
Nomor kamar	số phòng	အခန်းနံပါတ်
Membantu makan	(việc/sự) phụ giúp ăn uống	အစားစားရာတွင်အကူအညီပေးခြင်း
belakangan ini, Akhir-akhir ini	gần đây	အခုတလော
Merebus/ Tersedak	mắc nghẹn, sặc	သီးသည်
Tersedak	nuốt nhầm	လေပြွန်ထဲသို့ အစာ(သို့)ရေမွားဝင်သည်
Menelan	(việc/sự) nuốt	မျိုချသည်
Cukup	đầy đủ	လုံလောက်သော
Berhati-hati/ Memperingati	chú ý, cẩn thận	သတိထားသည်။ ဂရုစိုက်သည်။
Miring	nghiêng	မှီသည်။ စောင်းသည်။
Postur tubuh, Posisi tubuh	tư thế	ကိုယ်နေဟန်ထား
Membetulkan	chỉnh sửa lại	ပြုပြင်သည်
Berhati-hati	chú ý, cẩn thận	သတိထားသည်
Handuk basah (untuk lap makan)	khăn ướt (lạnh, nóng)	လက်သုတ်အဝတ်
Celemek	tạp dề	ခါးစည်းရှေ့ဖုံး
Kondisi tubuh	tình trạng sức khỏe	ရုပ်ပိုင်းဆိုင်ရာအခြေအနေ
bagaimana	như thế nào	ဘယ်လိုလဲ
Punggung	lưng	ကျောပြင်
Lurus / terus	thẳng	တည့်တည့်
Sesuap, Satu suap	một ngụm, một miếng	တစ်လုပ်/ တစ်ငုံ
Membantu	giúp đỡ, phụ giúp	ကူညီသည်
Sendok	muỗng	ဇွန်း
Menggigit / mengunyah	nhai	ဝါးသည်
Dengan bersih, Membersihkan	sạch sẽ	သပ်သပ်ရပ်ရပ်/ သေသေသပ်သပ်
Makan (bentuk Sopan)	dùng (ăn)	စားသည် (ယဉ်ကျေးသည့်ပုံစံ)

		29	まわり	まわり	around	
7	会話	30	拭く	ふく	to wipe, to clean	
		31	(口に) 合う	(くちに) あう	like, to be nice	
		32	ほぐす	ほぐす	to break up	
		33	汁物	しるもの	soup	
		34	とろみ	とろみ	body	
		35	(とろみを) つける	(とろみを) つける	to thicken	
		36	出す	だす	to serve	
		37	量	りょう	amount	
		38	必ず	かならず	surely, certainly	
		39	記録する	きろくする	to record	
	文型問題	1	外食	がいしょく	eating out	
		2	野菜不足	やさいぶそく	not get enough vegetables	
		3	便秘	べんぴ	constipation	
		4	体調	たいちょう	physical condition	
		5	早退する	そうたいする	to leave early	
		6	荷物	にもつ	baggage	
		7	置く	おく	to put	
		8	祖母	そぼ	grandmother	
		9	(年を) とる	(としを) とる	to get old	
		10	急用	きゅうよう	urgent business	
		11	入れ歯	いれば	false teeth, denture	
		12	見つかる	みつかる	to find	
	関連語彙	1	調味料	ちょうみりょう	seasoning	
		2	砂糖	さとう	sugar	
		3	塩	しお	salt	
		4	酢	す	vinegar	
		5	醤油	しょうゆ	soy sause, shoyu	
		6	味噌	みそ	miso	
		7	食器類	しょっきるい	tableware	
		8	(お) 茶碗	(お) ちゃわん	rice bowl	
		9	湯のみ	ゆのみ	teacup	
		10	(お)皿	(お) さら	plate	
		11	(お) 箸	(お) はし	chopsticks	
		12	(お) 盆	(お) ぼん	tray	
		13	スプーン	すぷーん	spoon	
		14	フォーク	ふぉーく	fork	

sekitar	xung quanh	ပတ်ပတ်လည်/ တစ်ဝိုက်
Mengelap	lau chùi	သုတ်သည်
Cocok di lidah (rasa)	hợp khẩu vị	ခံတွင်းတွေ့သည်။ စားကောင်းသည်။
Memotong kecil-kecil, Mengurai, Melepaskan	xẻ, xé nhỏ	အသားနှုင်သည်
Sup	món ăn có nước	ဟင်းချို
Bubuk untuk mengentalkan cairan	độ đặc quánh, đặc sền sệt	ပျစ်ချွဲတဲ့အရာ
Menambahkan toromi	làm cho đặc quánh	ပျစ်ချွဲတဲ့အရာထည့်သည်
Mengeluarkan	cho ra, thải ra	အစားအစာပြင်ဆင်ကျွေးသည်
Porsi, Jumlah	số lượng	ပမာဏ
Pasti	nhất định, phải	ကျိန်းသေ
Mencatat	ghi lại	မှတ်သားသည်
Makan di luar	(việc/sự) ăn ở ngoài, đi ăn tiệm	အပြင်စာ
Kurangnya sayuran	(việc/sự) ăn thiếu rau	အသီးအရွက်အစားနဲ့သော
Sembelit, Susah BAB	táo bón	ဝမ်းချုပ်ခြင်း
Kondisi tubuh	tình trạng sức khỏe	ရုပ်ပိုင်းဆိုင်ရာအခြေအနေ
Pulang lebih awal	về nhà sớm hơn giờ qui định	စောစောပြန်သည်
Barang	hành lý, đồ mang theo	ပစ္စည်း
Meletakkan	để đồ	ထားသည်။ တပ်ဆင်သည်။ နေရာချသည်။
Nenek	bà nội/ngoại	အဖွား
Bertambah(Usia)	tăng thêm tuổi, già thêm	(အသက်)ကြီးလာသည်
Urusan mendadak	việc gấp	အရေးကြီးကိစ္စ
Gigi palsu	răng giả	သွားတု/ အံကပ်
Ditemukan	phát hiện, tìm ra	ရှာတွေ့သည်
Bumbu	gia vị	ဟင်းခတ်အရသာ
Gula	đường ăn	သကြား
Garam	muối	ဆား
Cuka	giấm	ရှာလကာရည်
Kecap asin	nước tương	ပဲငံပြာရည်
miso	tương	မီဆိုးပဲအနှစ် (ပဲငံအနှစ်)
Peralatan makan	các loại đĩa chén	ဇွန်းခက်ရင်းခားအစုံ
Mangkok untuk nasi	chén ăn cơm	ပန်းကန်လုံး
Cangkir teh, Gelas	ly trà sứ	ရေနွေးခွက်
Piring	đĩa	ပန်းကန်ပြား
Sumpit	đũa	တူ
Nampan / baki	khay, mâm	လင်ပန်း
Sendok	muỗng	ဇွန်း
Garpu	nĩa	ခက်ရင်း

7	関連語彙	15	ナイフ	ないふ	knife	
		16	配膳	はいぜん	setting table	
		17	下膳	げぜん	cleaning table	
		18	エプロン	えぷろん	apron, bib	
		19	おしぼり	おしぼり	wet hand towel	
		20	ナプキン	なぷきん	napkin	
	献立／メニュー	1	献立／メニュー	こんだて／めにゅー	menu	
		2	献立表	こんだてひょう	menu list	
		3	朝食	ちょうしょく	breakfast	
		4	昼食	ちゅうしょく	lunch	
		5	夕食	ゆうしょく	supper, dinner	
		6	おやつ	おやつ	snack	
		7	主食	しゅしょく	principal food	
		8	副食	ふくしょく	supplementaly dish, side dish	
		9	ごはん	ごはん	boiled rice	
		10	白粥	しらかゆ	rice porridge	
		11	全粥	ぜんがゆ	rice porridge cooked with water five times as much as rice	
		12	八分粥	はちぶがゆ	rice porridge cooked with water eight times as much as rice	
		13	五分粥	ごぶがゆ	rice porridge cooked wih water ten times as much as rice	
		14	雑炊	ぞうすい	soupy rice	
		15	混ぜごはん	まぜごはん	boiled rice with assorted ingredients	
		16	野菜	やさい	vegetables	
		17	卵	たまご	egg	
		18	豆腐	とうふ	tofu	
		19	豚肉	ぶたにく	pork	
		20	牛肉	ぎゅうにく	beef	
		21	鶏肉	とりにく	chicken	
		22	青魚	あおざかな	blue-skinned fish	
		23	白身魚	しろみざかな	white-fleshed fish	
		24	小魚	こざかな	small fish	
		25	和え物	あえもの	something with dressing	

Pisau	dao	ဓား
Penataan meja makan, Membagikan makanan	(việc/sự) phân phát và sắp xếp bữa cơm	အစားအစာပြင်ဆင်ခြင်း
Membereskan meja makan saat sudah selesai makan	(việc/sự) dọn bàn ăn, thu dọn đĩa chén sau khi ăn xong	စားကြွင်းစားကျန်ရှင်းခြင်း
Celemek	tạp dề	ခါးစည်းရှေ့ဖုံး
Handuk basah (untuk lap makan)	khăn ướt (lạnh, nóng)	လက်သုတ်အဝတ်
Napkin, Kain lap meja	khăn ăn	လက်သုတ်ပုဝါ
Menu	thực đơn, menu	စားသောက်ဖွယ်စာရင်း
Daftar menu	bảng thực đơn	စားသောက်ဖွယ်စာရင်းဇယား (တစ်ပတ်စာ/ တစ်လစာ)
Makan pagi	bữa sáng	မနက်စာ
Makan siang	bữa trưa	နေ့လည်စာ
Makan malam	bữa tối	ညစာ
Snack	bữa ăn nhẹ, đồ ăn vặt	အဆာပြေမုန့်
Makanan pokok	món chính	အဓိကစားကုန်။ အခြေခံစားကုန်
Makanan tambahan, Lauk pauk	món phụ	အရံစားကုန်
Nasi	cơm trắng	ထမင်း
Bubur putih tidak ada rasanya (tidak diberi garam)	cháo trắng	ဆန်ပြုတ်အဖြူ
Bubur biasa	cháo đặc 100%	ဆန်တစ်ဆန့်ရေငါးဆပြုတ်ထားတဲ့ဆန်ပြုတ်
Bubur (lebih lunak dari bubur biasa, kandungan airnya lebih banyak)	cháo đặc 80%	ဆန်တစ်ဆန့်ရေရှစ်ဆပြုတ်ထားတဲ့ဆန်ပြုတ်
Bubur (lebih lunak dari bubur hachibugayu, kandungan airnya lebih banyak)	cháo đặc 50%	ဆန်တစ်ဆန့်ရေငါးဆပြုတ်ထားတဲ့ဆန်ပြုတ်
Bubur yang ada isinya (bukan hanya bubur saja)	cháo thập cẩm	အရသာပါသောဆန်ပြုတ် (အသား၊ငါး၊ဟင်းသီးဟင်းရွက်ထည့်)
Nasi campur, Nasi yang dicampur dengan daging, sayuran dll	cơm trộn	အရသာပါသောထမင်း (အသား၊ငါး၊ဟင်းသီးဟင်းရွက်ထည့်)
Sayur-sayuran	rau quả	ဟင်းသီးဟင်းရွက်
Telur	trứng	ဥ
tahu	đậu phụ	ပဲပြား/တိုဟူး
Daging babi	thịt heo	ဝက်သား
Daging sapi	thịt bò	အမဲသား
Daging ayam	thịt gà	ကြက်သား
Ikan yang kulitnya ada warna birunya	những loại cá có lưng màu xanh	အပြာရောင်ငါး
Ikan yang warna dagingnya berwarna putih	những loại cá có thịt màu trắng	အဖြူရောင်ငါး
ikan kecil	cá nhỏ	ငါးသေးသေး
Sayuran atau ikan yang diberikan rasa tambahan dengan mencampurnya dengan bumbu lain seperti wijen, kecap asin jepang(soyu) dll	món trộn rau, hải sản v.v…(thường trộn với giấm, tương, mè)	အသုပ်

		26	酢の物	すのもの	vinegared dish	
		27	揚げ物	あげもの	deep-fried dish	
		28	煮物	にもの	simmered dish	
		29	炒め物	いためもの	fried dish	
		30	蒸し物	むしもの	steamed dish	
		31	丼物	どんぶりもの	rice bowl dish	
		32	焼き魚	やきざかな	grilled fish	
		33	煮魚	にざかな	boiled fish	
		34	肉団子	にくだんご	meat ball	
		35	スープ	すーぷ	soup	
		36	味噌汁／おみおつけ	みそしる／おみおつけ	miso soup	
		37	香の物／漬物／お新香	こうのもの／つけもの／おしんこ	pickeled vegetables	
		38	（お）茶	（お）ちゃ	tea	
		39	果物	くだもの	fruits	
		40	（お）菓子	（お）かし	sweets	
7	献立／メニュー	41	（お）酒	（お）さけ	alcoholic drink	
		42	乳製品	にゅうせいひん	dairy products	
		43	牛乳	ぎゅうにゅう	milk	
		44	チーズ	ちーず	cheese	
		45	ヨーグルト	よーぐると	yoghurt	
		46	制限食	せいげんしょく	restricted diet	
		47	流動食	りゅうどうしょく	liquid diet	
		48	減塩食	げんえんしょく	low salt diet	
		49	刻み食	きざみしょく	finely chopped dish, minced meal	
		50	粗刻み	あらきざみ	chop	
		51	極刻み	ごくきざみ	mince	
		52	一口大	ひとくちだい	bite-size piece	
		53	とろみ調整	とろみちょうせい	thickness moderation	
		54	とろみ粉	とろみこ	starch	
		55	ピューレ食	ぴゅーれしょく	pureed dish	
		56	ソフト食	そふとしょく	soften dish	

Sayuran yang telah direndam di cuka	món trộn giấm	ရှာလကာရည်ပါသောအသုပ်
Gorengan	món chiên	အကြွပ်ကြော်ထားသောအစားအစာ (အကြော်)
Rebusan, Makanan yang direbus, dikukus	món kho	ပြုတ်ချက်ထားသောအစားအစာ
Digoreng dengan minyak yang sedikit, Osengan	món xào	ဆီပူလိုးထားသောအစားအစာ
Makanan yang di-Steam, Presto	món hấp	ရေနွေးငွေ့နှင့်ပေါင်းထားသောအစားအစာ
Makanan yang nasinya(dibawah) ditutupi oleh lauk yang ada diatasnya	tô cơm đầy ắp thức ăn	ဟင်းပါပြီးသားထမင်းတစ်ပန်းကန်လုံး
Ikan bakar	cá nướng	ငါးကင်
Ikan rebus	cá kho	ငါးပြုတ်
Bakso	thịt viên	အသားလုံး
Sup	súp, canh	စွပ်ပြုတ်
Sup miso	súp tương Miso	မီဆိုးဟင်းချို
Acar	rau củ ngâm, dưa muối Nhật Bản	အချဉ်တည်ထားသောဟင်းသီးဟင်းရွက် (ချဉ်ဖက်)
Teh	trà	ရေနွေးကြမ်း
Buah-buahan	trái cây	သစ်သီး
Makanan kecil	bánh ngọt	သရေစာ
Minuman alkohol	rượu	အရက်
Produk berbahan susu	sản phẩm chế biến từ sữa	နို့ထွက်ပစ္စည်းများ
Susu	sữa bò	နွားနို့
Keju	phô mai	ချိစ်
Yogurt	sữa chua	ဒိန်ချဉ်
Makanan yang dibatasi, Controlled diet (untuk orang yang sakit diabetes dll)	bữa ăn, chế độ ăn uống hạn chế theo tiêu chuẩn	တားမြစ်ထားသောအစားအစာ
Makanan cair (biasanya untuk pasien yang menggunakan nasogastric tube)	đồ ăn dạng súp hay chất lỏng	အရည် (အဖတ်မပါ)
Makanan yang kadar garamnya dibatasi/dikurangi	đồ ăn, chế độ ăn uống giảm muối	ဆားနည်းသောအစားအစာ
Makanan yang dipotong-potong kecil	đồ ăn băm nhỏ	လီးထားဖြတ်ထားသောအစားအစာ
Makanan yang dipotong-potong kecil (±0.5 cm)	đồ ăn băm thô	ခပ်ကြမ်းကြမ်းလီးထားသောအစားအစာ
Makanan yang dipotong-potong kecil (±0.1 cm)	đồ ăn băm nhuyễn	နှုတ်နှုတ်စင်းထားသောအစားအစာ
makanan yang dipotong-motong kecil (±1 cm)	đồ ăn cắt theo từng miếng nhỏ vừa ăn	တစ်လုပ်စာအရွယ်
Penyesuaian toromi	điều chỉnh độ đặc	အပျစ်အကျဲအချိန်အဆ
Potongan kecil-kecil/Bubuk toromi	bột làm đặc (dùng cho đồ ăn uống)	ကော်မှုန့်/ပြောင်းမှုန့်
Makanan yang diblender hingga halus	đồ ăn xay nhuyễn	အနှစ်လုပ်ထားသောအစားအစာ
Makanan lunak	đồ ăn chế biến mềm	အစာပျော့ပျော့

8	会話	1	排泄	はいせつ	excretion	
		2	骨折	こっせつ	bone fracture	
		3	杖歩行	つえほこう	cane walk	
		4	頻尿	ひんにょう	frequent urination	
		5	号室	ごうしつ	room number	
		6	誘導する	ゆうどうする	to lead, to take	
		7	見守り	みまもり	watch	
		8	夜間	やかん	nighttime , at night	
		9	ポータブルトイレ	ぽーたぶるといれ	portable toilet	
		10	意味	いみ	meaning	
		11	用意	ようい	preparation	
		12	準備する	じゅんびする	to prepare, to set	
		13	手すり	てすり	handrail	
		14	つかまる	つかまる	to hold	
		15	パッド	ぱっど	pad	
		16	汚れる	よごれる	to get dirty	
		17	自分	じぶん	oneself	
		18	（声を）かける	（こえを）かける	to talk to, to call	
		19	置く	おく	to put	
		20	安心	あんしん	relief	
		21	手伝う	てつだう	to help, to assist	
		22	ナースコール	なーすこーる	nurse call	
		23	押す	おす	to push	
		24	トイレットペーパー	といれっとぺーぱー	paper roll	
	文型問題	1	耳が遠い	みみがとおい	hard of hearing	
		2	床ずれ／褥瘡	とこずれ／じょくそう	decubitus, bedsore	
		3	チョッキ／ベスト	ちょっき／べすと	vest	
		4	面会	めんかい	visiting	
		5	（かぎを）かける	（かぎを）かける	to lock	
		6	差し込み便器	さしこみべんき	bedpan	
		7	入所	にゅうしょ	entrance	
		8	絶対安静	ぜったいあんせい	complete bed rest	
		9	ナース	なーす	nurse	
	関連語彙	1	排尿	はいにょう	urination	
		2	尿／小便／お小水／おしっこ	にょう／しょうべん／おしょうすい／おしっこ	urine, piss	

Buang air (besar dan kecil)	(việc/sự) bài tiết	မစင်
Patah tulang	(việc/sự) gãy xương	အရိုးကျိုးခြင်း
Tongkat bantu jalan	(việc/sự) chống gậy khi đi bộ	တုတ်ကောက်နှင့်လမ်းလျှောက်ခြင်း
Sering kencing / BAK	chứng đi tiểu nhiều lần	မကြာခဏဆီးသွား
Nomor kamar	số phòng	အခန်းနံပါတ်
Memandu / memimpin	dẫn ai đi đến đâu đó, đi làm gì đó	လမ်းညွှန်ပေးသည်
Menjaga / mengawasi	(việc/sự) trông chừng	စောင့်ကြည့်သည်
Malam	ban đêm	ညဖက်
Toilet portable	bồn cầu di động	ဆီးအိုး
Arti / maksud	ý nghĩa	အဓိပ္ပာယ်
Persiapan	(việc/sự) chuẩn bị	ပြင်ဆင်ခြင်း။ ကြိုတင်စီစဉ်ခြင်း။
Bersiap-siap	chuẩn bị	ပြင်ဆင်သည်
Pegangan (Pegangan yang ada didinding. Pegangan yang ada ditangga)	tay vịn	လက်ကိုင်
Tertangkap, tangkap	nắm	ဆုပ်ကိုင်သည်
Popok lembaran	pad (miếng lót tã)	သေးခံ
Kotor	bị dơ	ညစ်ပတ်သည်။ စွန်းထင်းသည်။
Diri sendiri	bản thân	ကိုယ်တိုင်
memanggil, Menyapa	bắt chuyện	အသံပေးသည်၊ ခေါ်သည်
meletakkan	để đồ	ထားသည်။ တပ်ဆင်သည်။ နေရာချသည်။
Nyaman, Tenang	(việc/sự) yên tâm	စိတ်ချခြင်း
Membantu	giúp đỡ, phụ giúp	ကူညီသည်
Panggilan ke perawat, Tombol untuk memanggil perawat	chuông gọi y tá	သူနာပြုခေါ်တဲ့ခလုတ်
Menekan	đẩy, bấm	တွန်းသည်။ ဖိနှိပ်သည်
Tisu toilet	giấy vệ sinh	အိမ်သာသုံး စက္ကူ
Tidak bisa mendengar, Agak tuli	lãng tai	နားလေးသော
Decubitus, Bedsore	chứng loét vì nằm liệt giường	အိပ်ရာနာ
Terbaik / Vest, Rompi	áo gi-lê	ပွေစကုတ်
Kunjungan	cuộc gặp gỡ	ညည်သည်တွေ့ဆုံခြင်း
Mengunci	khóa lại	(သော့)ခတ်သည်
Pispot	bô sử dụng trên giường	လူနာသုံးပက်လက်အိမ်သာအိုး
Masuk (ke Fasilitas/Panti jompo) untuk tinggal dsitu	(việc/sự) vào ở cơ sở	ဝင်ခွင့်/အဝင်
Harus istirahat total	tuyệt đối cần nghỉ ngơi, tĩnh dưỡng	အိပ်ရာပေါ်လုံးဝလဲနေခြင်း/ မလှုပ်ရှားဘဲနားနေခြင်း
Perawat	y tá, điều dưỡng viên	သူနာပြု
Buang air kecil, Air kencing	tiểu tiện	ဆီးသွားခြင်း
Buang air kecil, Air Kencing	nước tiểu	ဆီး

8	関連語彙	3	尿失禁	にょうしっきん	incontinence of urine	
		4	尿量	にょうりょう	amount of urine	
		5	便／大便／うんこ／うんち	べん／だいべん／うんこ／うんち	feces	
		6	排便	はいべん	evacuation	
		7	便通／お通じ	べんつう／おつうじ	bowel movement	
		8	尿意	にょうい	desire to urine	
		9	便意	べんい	desire to defecate	
		10	（便が）硬い	（べんが）かたい	hard feces	
		11	（便が）軟らかい	（べんが）やわらかい	soft feces	
		12	下痢	げり	diarrhea	
		13	便秘	べんぴ	constipation	
		14	便失禁	べんしっきん	incontinence of feces	
		15	排泄表	はいせつひょう	excretion record	
		16	浣腸	かんちょう	enema	
		17	座薬	ざやく	suppository	
		18	蓄尿バッグ	ちくにょうばっぐ	urine bag	
		19	カテーテル	かてーてる	catheter	
		20	人工肛門	じんこうこうもん	artificial anus	
		21	ストーマ	すとーま	stoma : artificial anus	
		22	パウチ	ぱうち	pouch: a vinyl bag to store excrement connected with stoma	
		23	尿器	にょうき	urinal	
		24	便所／トイレ／お手洗い	べんじょ／といれ／おてあらい	toilet, lavatory, rest room	
		25	便器	べんき	toilet stool	
		26	便座	べんざ	toilet seat	
		27	ペーパーホルダー	ぺーぱーほるだー	paper holder	
		28	洋式トイレ	ようしきといれ	Western style toilet	
		29	和式トイレ	わしきといれ	Japanese style toilet	
		30	もよおす	もよおす	to feel a need to, have a desire to	
		31	濡れる・濡らす	ぬれる・ぬらす	to get wet	
		32	漏れる・漏らす	もれる・もらす	to leak	
		33	汚れる・汚す	よごれる・よごす	to soil, to get dirty	

Ngompol	(việc/sự) tiểu tiện không tự chủ, chứng són tiểu, đái dầm	ဆီးမထိန်းနိုင်ခြင်း
Jumlah kencing	lượng nước tiểu	ဆီးပမာဏ
Buang air besar, feses	phân	ဝမ်း
Buang air besar, feses	đại tiện	ဝမ်းသွားခြင်း
Buang air besar, feses	quá trình thải phân, đại tiện	ဝမ်းသွားခြင်း
Rasa ingin BAK	(cảm giác) buồn đi tiểu	ဆီးသွားချင်ခြင်း
Rasa ingin BAB	(cảm giác) buồn đi tiểu	ဝမ်းသွားချင်ခြင်း
Fesesnya keras	(phân) cứng	(ဝမ်း) မာသော
Fesesnya lunak	(phân) mềm	(ဝမ်း) ပျော့သော
Diare	tiêu chảy	ဝမ်းလျှောခြင်း
Sembelit	táo bón	ဝမ်းချုပ်ခြင်း
BAB di celana, cepirit	(việc/sự) đại tiện không tự chủ	ဝမ်းမထိန်းနိုင်ခြင်း
Daftar buang air (besar dan kecil)	bảng theo dõi bài tiết	ဆီးဝမ်းမှတ်တမ်းဇယား
Enema	loại thuốc bơm vào hậu môn và lấy phân theo ra	ဝမ်းချုခြင်း
Obat Suppositoria	thuốc (đạn) nhét hậu môn	စအိုထဲသွင်းတဲ့ဆေးတောင့်
Kantung urine untuk orang yang menggunakan kateter	túi đựng nước tiểu	ဆီးထည့်တဲ့အိတ်
Kateter	ống thông	ဆီးပိုက်
Anus buatan	hậu môn nhân tạo	စအိုအတု (ပိုက်မှာစအိုပေါက်ဖောက်)
Stoma , Anus buatan	hậu môn nhân tạo, lỗ thông	ဆီးဝမ်းသွားနိုင်အောင်ပိုက်တွင်ဖေါက်ထားသော အပေါက်
Kantung feses	túi hậu môn nhân tạo	ဆီးဝမ်းအိတ်
Toilet, WC, Kloset	bô tiểu	ဆီးနှင့်ဆိုင်သော
Toilet	nhà vệ sinh	အိမ်သာ
Toilet, WC, Kloset (alatnya bukan tempatnya)	bồn cầu, bô vệ sinh trên giường	ဝမ်းနှင့်ဆိုင်သော အိမ်သာခုံ
Toilet duduk	bệ ngồi bồn cầu (miếng để ngồi trên bồn cầu)	အိမ်သာခုံ
Penjepit kertas/Tempat tissue toilet, Gantungan Tissue toilet	đồ treo giấy vệ sinh	စ က္ကူထည့်ထားသောနေရာ
Toilet gaya barat/eropa	bồn cầu kiểu Tây	အနောက်တိုင်းပုံစံအိမ်သာ (ဘိုတိုင်အိမ်သာ)
Toilet gaya jepang	bồn cầu kiểu Nhật	ဂျပန်ပုံစံအိမ်သာ
Kebelet, Ingin pergi ketoilet	muốn đi tiểu/tiêu	ခံစားသည်။ လက္ခဏာပြသည်
Basah / Membasasahi	ướt, làm ướt	စိုစွတ်သည်
Bocor / Membocorkan (Dalam hal perawatan lansia, Ngompol)	rỉ ra, đái dầm, để lộ	ယိုထွက်သည်
Kotor / Mengotori	bị dơ, làm dơ	ညစ်ပတ်သည်။ စွန်းထင်းသည်။

9	会話	1	交換	こうかん	change	
		2	廃用症候群	はいようしょうこうぐん	disuse syndrome:a handicap of mind and body that is caused by not using(activating) physical function for long	
		3	（手が）あく	（手が）あく	to be free	
		4	号室	ごうしつ	room number	
		5	生活	せいかつ	life	
		6	自分	じぶん	oneself	
		7	寝返り	ねがえり	roll over	
		8	（寝返りを）うつ	（ねがえりを）うつ	to roll over	
		9	向き	むき	direction, side	
		10	声かけする	こえかけする	to call out, to talk to	
		11	声	こえ	voice, word	
		12	反応	はんのう	response	
		13	きちんと	きちんと	properly	
		14	介助	かいじょ	assistance	
		15	お下	おしも	a polite expression for hips and genitalia(the private parts)	
		16	カーテン	かーてん	curtain	
		17	（お）布団	（お）ふとん	futon, bedding	
		18	パジャマ	ぱじゃま	pajamas	
		19	（ズボンを）下げる	（ずぼんを）さげる	to pull down (pants)	
		20	テープ	てーぷ	tape	
		21	外す	はずす	to undo	
		22	（お）膝	（お）ひざ	knee	
		23	立てる	たてる	to draw up	
		24	手伝う	てつだう	to help	
		25	拭く	ふく	to wipe	
		26	向こう	むこう	the other side	
		27	向く	むく	to turn, to face	
		28	（お）尻	（お）しり	bottom	
		29	今度	こんど	now, then	
		30	（テープを）止める	（てーぷを）とめる	to fix (tape)	
		31	（ズボンを）上げる	（ずぼんを）あげる	to pull up (pants)	
		32	方	ほう	toward	
		33	向ける	むける	to turn	
		34	（布団を）かける	（ふとんを）かける	to put , to spread (futon)	

Penggantian / Ganti	(việc/sự) thay đổi, trao đổi	လဲလှယ်ခြင်း
Kerusakan/Penurunan Fungsi pada sistem/ fungsi tubuh (dan juga mental) yang dikarenakan oleh penyakit sebelumnya yang diderita. Kebanyakan kasus berasal dari pasien yang harus menjalani bed rest dalam jangka panjang.	hội chứng teo cơ v.v... do không sử dụng lâu ngày	နေမကောင်းလို့အိပ်ရာပေါ်လဲရာမှဖြစ်သောရောဂါ
Tidak sedang sibuk	rảnh tay	(လက်) အားနေသည်
Nomor kamar	số phòng	အခန်းနံပါတ်
Kehidupan	sinh hoạt	နေထိုင်မှုဘဝ
Diri sendiri	bản thân	ကိုယ်တိုင်
Membalikkan badan saat tidur	(việc/sự) trở mình	ခန္ဓာကိုယ်ကို ဟိုဖက်ဒီဖက်လှည့်ခြင်း
Membalikkan badan pasien saat tidur	trở mình	ခန္ဓာကိုယ်ကို ဟိုဖက်ဒီဖက်လှည့်ပေးသည်
Hadap,Menghadap	hướng, phía	ဦးတည်ချက်
Memanggil / Menyapa	bắt chuyện	အသံပေးသည်
Suara	tiếng nói	အသံ
Reaksi	phản ứng	တုန့်ပြန်ချက်
Dengan benar/Harus (penekanan untuk harus benar-benar)	rõ ràng, chính xác	ကျိန်းသေ
Bantuan	(việc/sự) phụ giúp	အကူအညီ
Bahasa sopan untuk ingin BAB / BAK, Bahasa sopan untuk menyebut area genital	phần dưới (cách nói gián tiếp của bộ phận sinh dục; nói về phần dưới eo lưng, nhất là về vùng kín và mông)	ခန္ဓာကိုယ်အောက်ပိုင်း
Korden	màn	လိုက်ကာ
Kasur	mền, nệm	စောင်
Piyama	áo ngủ	ညဝတ်ဝတ်စုံ
Menurunkan celana	kéo (quần) xuống	(ဘောင်းဘီ)ချွတ်သည်
Selotip (tape)	băng, băng dính	ကပ်ခွာ
Melepaskan	tháo, mở	ခွာသည်
Lutut	đầu gối	ဒူးခေါင်း
Berdiri	dựng, lập	ထောင်သည်
Membantu	giúp đỡ, phụ giúp	ကူညီသည်
Mengelap	lau chùi	သုတ်သည်
Sebelah sana	bên kia, hướng kia	ဟိုဘက်
Menghadap	xoay người	မျက်နှာမူသည်
Pantat	mông	တင်ပါး
Sekarang, (Untuk) Selanjutnya, Lain kali	lần này	ဒီတစ်ခါ
Merekatkan tape	dán (băng dính)	(ကပ်ခွာကို) ကပ်သည်
Menaikkan celana	kéo (quần) lên	(ဘောင်းဘီကို) အပေါ်ဆွဲတင်သည်
Arah, Orang (bentuk sopan)	bên, phía	ဘက်
Menghadap	xoay, hướng về phía nào đó	မျက်နှာမူသည်
Memasang selimut, Menyelimutkan	đắp mền	(စောင်) ခြုံသည်

9	会話	35	終了する	しゅうりょうする	to finish	
		36	場合	ばあい	case	
		37	必要	ひつよう	necessity	
		38	安心する	あんしんする	to get assured, to feel relieved	
	文型問題	1	骨折	こっせつ	bone fracture	
		2	引っ越し	ひっこし	moving	
		3	(認知症が) 進む	(にんちしょうが) すすむ	worsen (dementia)	
		4	笑顔	えがお	smile	
		5	対応する	たいおうする	to respond	
		6	職員	しょくいん	staff	
		7	移乗介助	いじょうかいじょ	transfer assistance	
		8	負担	ふたん	burden	
		9	(負担が) かかる	(ふたんが) かかる	to burden	
		10	新鮮	しんせん	fresh	
		11	暮らす	くらす	to live	
		12	敬語	けいご	polite expression	
		13	たくさん	たくさん	a lot	
		14	コンビニ／コンビニエンススストア	こんびに／こんびにえんすすとあ	convenience store	
		15	便利	べんり	convenient	
		16	一人暮らし	ひとりぐらし	single life, living alone	
	関連語彙	1	パット	ぱっと	pad	
		2	紙パット	かみぱっと	paper pad	
		3	布パット	ぬのぱっと	cloth pad	
		4	紙おむつ	かみおむつ	paper diaper	
		5	布おむつ	ぬのおむつ	cloth diaper	
		6	手袋／グローブ	てぶくろ／ぐろーぶ	gloves	
		7	素手	すで	bare hand	
		8	汚物	おぶつ	filth, excrement	
		9	汚物処理	おぶつしょり	sanitation	
		10	表	おもて	face, front	
		11	裏	うら	back, reverse	
		12	体位変換	たいいへんかん	postual change	
		13	側臥位	そくがい	→P.75	
		14	仰臥位	ぎょうがい		

Selesai	kết thúc	အဆုံးသတ်သည်
Kondisi, Pada Kondisi...	trường hợp	အချိန်အခါ
perlu, butuh	cần thiết	မချလိုအပ်သော/ ပဓာနကျသော
Nyaman, Tenang (perasaannya)	yên tâm	စိတ်ချသည်
Patah tulang	(việc/sự) gãy xương	အရိုးကျိုးခြင်း
Pindah	(việc/sự) dọn nhà	အိမ်ပြောင်းခြင်း
Pikun nya bertambah parah	(chứng sa sút trí nhớ) trở nên nặng hơn	သူငယ်ပြန်ရောဂါပိုဆိုးလာသည်
Senyum	vẻ mặt tươi cười	အပြုံးမျက်နှာ
Merespon, Menangani	đối xử, ứng phó	တုန့်ပြန်ဆက်ဆံသည်
Karyawan	nhân viên	ဝန်ထမ်း
Mebantu berpindah	(việc/sự) phụ giúp di chuyển	အပြောင်းအရွှေ့တွင်ကူညီပေးခြင်း
Peban	(việc/sự) bị nặng ở chỗ nào đó trong cơ thể như lưng, vai v.v…, bị gánh	ဝန်ထုပ်ဝန်ပိုး
Menjadi beban, Membebani	bị nặng ở chỗ nào đó trong cơ thể như lưng, vai v.v…, bị gánh	ဝန်ထုတ်ဝန်ပိုးဖြစ်သည်
Segar	tươi	လတ်ဆတ်မှု
Hidup (tinggal)	sinh sống, sinh hoạt	နေထိုင်သည်
Bahasa sopan	kính ngữ	ယဉ်ကျေးသောစကားအသုံးအနှုန်း
Banyak	nhiều	အများကြီး
Mini market	cửa hàng tiện lợi 24giờ	အချိန်မရွေးဝယ်ယူနိုင်သောကုန်မျိုးစုံဆိုင်
Praktis	tiện lợi	အဆင်ပြေသော
Hidup sendiri	sống một mình	တစ်ယောက်တည်းနေထိုင်မှု
Popok lembaran (seperti pembalut besar)	đệm tã lót	အမျိုးသမီးသုံးပစ္စည်း
Popok lembaran kertas(Pampers)	đệm tã lót sử dụng một lần	စက္ကူအမျိုးသမီးသုံးပစ္စည်း
Popok lembaran kain	đệm tã lót vải	ပိတ်စအမျိုးသမီးသုံးပစ္စည်း
Popok kertas (pampers)	tã lót sử dụng một lần	စက္ကူသေးခံ
Popok kain	tã lót vải	ပိတ်စသေးခံ
Sarung tangan	găng tay	လက်အိတ်
Tangan kosong, Telanjang tangan (tidak memakai sarung tangan)	tay không đeo gì, tay để trơn	လက်ဗလာ
kotoran / limbah / barang kotor	chất thải, chất dơ	အမှိုက်
Pembuangan limbah / Pembuangan barang kotor	(việc/sự) xử lý chất thải	အမှိုက်ပစ်ခြင်း
Depan	mặt phải	မျက်နှာစာ (မြင်ရတဲ့ဘက်)
Belakang	mặt trái	မမြင်ရတဲ့ဘက်
Mengubah posisi tubuh (saat tidur)	(việc/sự) thay đổi tư thế, xoay người về hướng khác	ကိုယ်ဟန်အနေအထားပြောင်းလဲမှု
→P.75	→P.75	→P.75

		15	腹臥位	ふくがい	→P.75	
		16	座位	ざい		
		17	長座位	ちょうざい		
		18	半座位／ファーラー位	はんざい／ふぁーらーい		
		19	端座位	たんざい		
9	関連語彙	20	起座位	きざい		
		21	立位	りつい		
		22	保持する	ほじする	keep, maintain	
		23	ナーセンパット	なーせんぱっと	nascent pad	
		24	ギャッジアップ	ぎゃっじあっぷ	gatch up	
		1	入浴	にゅうよく	bathing	
		2	脳梗塞	のうこうそく	cerebral infarction	
		3	左片麻痺	ひだりかたまひ	paralysis on the left side, left hemiplegia	
		4	入浴介助	にゅうよくかいじょ	assistance for bathing	
		5	風邪	かぜ	cold	
		6	確認する	かくにんする	to confirm , to make sure	
		7	（ご）本人	（ご）ほんにん	oneself, the very person	
		8	体調	たいちょう	physical condition	
		9	問題	もんだい	trouble	
		10	連絡する	れんらくする	to contact	
		11	いかが	いかが	how	
		12	おっしゃる	おっしゃる	to say, to tell(polite expression)	
10	会話	13	かゆい	かゆい	itchy	
		14	しっかり	しっかり	well, enough	
		15	（お湯を）かける	（おゆを）かける	to pour	
		16	湯加減	ゆかげん	temperature of hot water	
		17	ちょうど	ちょうど	just good	
		18	（目を）つぶる	（めを）つぶる	to close eyes	
		19	シャンプー	しゃんぷー	shampoo	
		20	（シャンプーを）つける	（しゃんぷーを）つける	put shampoo	
		21	流す	ながす	to rinse	
		22	今度	こんど	now, then	
		23	届く	とどく	to reach	
		24	自分	じぶん	oneself	
		25	（お）背中	（お）せなか	back	
		26	水分補給	すいぶんほきゅう	rehydration, supply something to drink	

| →P.75 | →P.75 | →P.75 |

Menjaga,Mempertahankan	duy trì, giữ	ကိုင်သည်
Bantalan berbentuk segitiga yang berfungsi untuk mengganti posisi pasien yang bed rest	nệm giữ tư thế	ခန္ဓာကိုယ်မှာခုခံပေးခံဖို့ဖောဲ့တုံး
Mengangkat poisisi kepala bed	(việc/sự) nâng đầu giường lên	အတင်အချလုပ်နိုင်သောကုတင်
Mandi	(việc/sự) tắm rửa, tắm bồn	ရေချိုးခြင်း
Stroke/Cerebral infarction	nhồi máu não	ဦးနှောက်သွေးကြောပိတ်ခြင်း
Lumpuh tubuh sebelah kiri	liệt nửa người bên trái	ဘယ်ဘက်အခြမ်းလေဖြတ်
Membantu mandi	(việc/sự) phụ giúp tắm rửa	ရေချိုးရာတွင်အကူအညီပေးခြင်း
Masuk angin	cảm lạnh	အအေးမိခြင်း
Memastikan	xác nhận, kiểm tra lại	စစ်ဆေးသည်
Orang tersebut, Yang bersangkutan	bản thân	ကာယကံရှင်ကိုယ်တိုင်
Kondisi tubuh	tình trạng sức khỏe	ရုပ်ပိုင်းဆိုင်ရာအခြေအနေ
Masalah	vấn đề, việc rắc rối	ပြဿနာ
Menghubungi	liên lạc	အကြောင်းကြားသည်
Bagaimana	như thế nào	ဘယ်လိုလဲ
Berkata	nói (kính ngữ)	စကားပြောသည်
Gatal	ngứa	ယားသော
(Lakukan) Dengan benar-benar	chặt chẽ, vững chắc	တင်းတင်းကျပ်ကျပ်/သေသေချာချာ
Menyiramkan air hangat/panas	đổ (nước nóng)	(ရေနွေးကို) လောင်းသည်
Suhu air	nhiệt độ nước nóng	ရေအပူချိန်ညှိခြင်း
Pas / Cukup	vừa vừa, vừa phải	အနေတော်
Memejamkan mata	nhắm mắt lại	(မျက်စိ) မှိတ်သည်
Shampo	dầu gội đầu	ခေါင်းလျှော်ရည်
Memakai shampo	cho dầu gội đầu trên tóc	(ခေါင်းလျှော်ရည်) ထည့်သည်
Mengalirkan, Membilas	cho chảy	လောင်းချသည်။ ပြုပြင်သည်။ ကုသသည်။
Sekarang, Selanjutnya, Lain kali	lần này	ဒီတစ်ခါ
Sampai, Terjangkau	có thể với tới (có thể sờ được)	လက်လှမ်းမီသည်
Diri sendiri	bản thân	ကိုယ်တိုင်
Punggung	lưng	ကျောပြင်/ကျောကုန်း
Pemenuhan kebutuhan cairan, Rehidrasi	(việc/sự) bổ sung nước, uống nước	ရေဓာတ်ပြန်ဖြည့်ခြင်း

	会話	27	慣れる	なれる	to get accustomed to	
	文型問題	1	最近	さいきん	recently	
		2	緊張	きんちょう	tension	
		3	場合	ばあい	case	
		4	痛み	いたみ	pain	
		5	続く	つづく	to continue	
		6	診る	みる	to consult, to see (by a doctor)	
		7	腫れ	はれ	swelling	
		8	(腫れが) ひく	(はれが) ひく	to reduce (swelling)	
		9	湿布薬	しっぷやく	compress	
		10	(湿布薬を) 貼る	(しっぷやくを) はる	put (a compress)	
		11	(風邪を) ひく	(かぜを) ひく	to catch a cold	
		12	水分不足	すいぶんぶそく	loss of water	
		13	脱水症状	だっすいしょうじょう	symptom of dehydration	
		14	物	もの	thing, stuff	
		15	値段	ねだん	price	
		16	(値段が) 上がる	(ねだんが) あがる	to rise, to go up	
		17	喘息	ぜんそく	asthma	
10	関連語彙	1	(お) 風呂	(お) ふろ	bath	
		2	風呂場	ふろば	bathroom	
		3	浴槽	よくそう	bathtub	
		4	湯船	ゆぶね	bathtub	
		5	湯温	ゆおん	temperature of hot water	
		6	ぬるま湯	ぬるまゆ	lukewarm water	
		7	熱湯	ねっとう	boiling water	
		8	適温	てきおん	suitable temperature	
		9	シャワーチェア	しゃわーちぇあ	shower chair	
		10	シャンプーハット	しゃんぷーはっと	shampoo hat	
		11	手おけ	ておけ	pail	
		12	洗面器	せんめんき	basin	
		13	シャンプー	しゃんぷー	shampoo	
		14	リンス	りんす	rinse	
		15	コンディショナー	こんでぃしょなー	conditioner	
		16	石けん	せっけん	soap	
		17	ボディソープ	ぼでぃそーぷ	body soap	
		18	ハンドタオル	はんどたおる	hand towel	

Terbiasa	quen, quen thuộc	ကျင့်သားရသည်
Akhir-akhir ini	gần đây	ဒီတစ်လော
Gugup, Tegang, Nervous	căng thẳng	စိတ်လှုပ်ရှားမှု
Kondisi, Pada saat Kondisi...	trường hợp	အချိန်အခါ
Rasa sakit	cơn đau	နာကျင်မှု
Berlanjut	tiếp tục	ဆက်လုပ်သည်
Memeriksa	khám	(ဆရာဝန်) စမ်းသပ်သည်
Bengkak	(việc/sự) sưng lên	အရောင်
Bengkaknya berkurang, Bengkaknya mengempis	bớt/hết sưng	(အရောင်) ကျသည်
Obat kompres/ Koyo	cao dán	အရောင်ကျဆေး
Menempelkan koyo	dán cao dán	(အရောင်ကျဆေး) ကပ်သည်
Terkena masuk angin	bị cảm	(အအေး) မိသည်
Kekurangan cairan	thiếu nước trong cơ thể	ရေဓာတ်မလုံလောက်မှု
Dehidrasi, Gejala dehidarsi	chứng mất nước	ရေဓာတ်မလုံလောက်မှုပြလက္ခဏာ
Barang	đồ vật	ပစ္စည်း
Harga	giá cả	ဈေးနှုန်း
Harga naik	tăng giá	(ဈေး) တက်သည်
Asma	hen suyễn	ရင်ကျပ်ရောဂါ
Mandi, Berendam	phòng tắm, bồn tắm	ရေနွေးစိမ်ချိုးခြင်း
Kamar mandi	phòng tắm	ရေနွေးစိမ်ချိုးခန်း
Bak mandi (bathtub)	bồn tắm	ရေစိမ်ကန်
Bak mandi (bathtub)	bồn tắm	ရေစိမ်ကန် (အဲဒီခေတ်ကရေစိမ်ရန်သဘော)
Suhu air hangat/panas	nhiệt độ nước nóng	ရေနွေးအပူချိန်
Air sedikit hangat	nước âm ấm	ကြက်သီးနွေးပူရုံရေ
Air panas, Air mendidih	nước sôi	ရေနွေးပူပူ
Suhu yang pas	nhiệt độ thích hợp	သင့်တော်သောအပူချိန်
Shower chair, Bangku khusus yang didesain untuk mandi lansia di panti	ghế ngồi tắm	ရေချိုးခုံ
Topi untuk keramas, agar busa dan air tidak masuk kemata dan telinga	nón chắn nước gội đầu	ခေါင်းလျှော်ဦးထုပ်
Gayung	chậu tay cầm	လက်ကိုင်ရေပုံး
Ember, Wadah penampung air	chậu rửa mặt	လက်ဆေးကန် (ဘောစင်)
Shampo	dầu gội đầu	ခေါင်းလျှော်ရည်
Rinse, Bilas, Membilas (rambut)	dầu xả	ခေါင်းလျှော်ပြီးဆေးချတဲ့အရည်
conditioner	dầu xả	ဆံပင်ပျော့ဆေး
Sabun	xà bông	ဆပ်ပြာ
Sabun, Body soap	sữa tắm	ကိုယ်တိုက်ဆပ်ပြာ
Haduk tangan	khăn tay	လက်သုတ်ပုဝါ

		19	浴用タオル	よくようたおる	washing towel	
		20	バスタオル	ばすたおる	bath towel	
		21	足ふきマット	あしふきまっと	bath mat	
		22	ドライヤー	どらいやー	hair dryer	
		23	脱衣室	だついしつ	dressing room	
		24	温度差	おんどさ	difference of temperature	
		25	ヒートショック	ひーとしょっく	a bodily damage(shock) which is caused by a sudden change of temperature	
		26	ストレッチャー	すとれっちゃー	stretcher	
		27	湯冷め	ゆざめ	chill after bathing	
		28	（湯船に）つかる	（ゆぶねに）つかる	to soak (in a bathtub)	
10	関連語彙	29	（髪を）乾かす	（かみを）かわかす	to dry (hair)	
		30	（タオルを）しぼる	（たおるを）しぼる	to squeeze (towel)	
		31	脱水	だっすい	dehydration	
		32	一般浴	いっぱんよく	general bath: in a care facility , a person who can walk by him(her)self takes this kind of bath	
		33	機械浴	きかいよく	machinery bath:in a care facility , a person who is in need takes bath using special equipped bathtub	
		34	手浴	しゅよく	hand bath	
		35	足浴	そくよく	foot bath	
		36	リフト	りふと	lift	
		37	蛇口	じゃぐち	tap, faucet	
		38	栓	せん	stopcock	
11	会話	1	清拭	せいしき	in-bed bath, wipe-down bath	
		2	前立腺肥大	ぜんりつせんひだい	enlarged prostate	
		3	頻尿	ひんにょう	frequent urination	
		4	背中	せなか	back	
		5	発疹	ほっしん	rash	
		6	号室	ごうしつ	room number	
		7	治療中	ちりょうちゅう	under treatment	
		8	我慢する	がまんする	to put up with	
		9	体調	たいちょう	physical condition	
		10	いかが	いかが	how	
		11	かゆい	かゆい	itchy	

Handuk kecil untuk mandi	khăn mặt	ရေချိုးခန်းသုံးမျက်နှာသုတ်ပုဝါ
Handuk badan	khăn tắm	ရေချိုးခန်းသုံးမျက်နှာသုတ်ပုဝါ
Keset	khăn thảm lau chân	ခြေသုတ်
Alat pengering, Hair dryer	máy sấy tóc	ဆံပင်အခြောက်ခံလေမှုတ်စက်
Ruang ganti baju	phòng cởi đồ, phòng thay đồ	အဝတ်လဲခန်း
Perbedaan suhu	sự chênh lệch nhiệt độ	အပူချိန်ကွာခြားချက်
Heat shock, Syok yang disebabkan oleh perbedaan suhu yang mencolok	heat shock: sốc nhiệt (cơn sốc gây ảnh hưởng đến cơ thể do nhiệt độ thay đổi đột ngột)	အပူရှပ်ခြင်း
Alat untuk transfer/pindah tempat pasien yang tidak bisa bergerak sendiri di tempat mandi	xe cáng, băng ca	လူနာထမ်းစင်
Perasaan dingin setelah keluar dari bathtub	(việc/sự) nhiễm lạnh sau khi tắm	ရေချိုးပြီးချမ်းတုန်ခြင်း
Masuk kedalam bathtub, Berendam dibathtub	ngâm mình vào bồn tắm	(ရေနွေး) စိမ်သည်
Mengeringkan rambut	sấy tóc	(ဆံပင်) အခြောက်ခံသည်
Memeras handuk	vắt khăn	(ပုဝါကို) ညှစ်သည်
Kekurangan cairan	(việc/sự) vắt nước	ရေငွေ့, ပြန်ခြင်း/ ရေဓာတ်ဆုံးရှုံးခြင်း
Pemandian/mandi biasa (untuk orang orang yang masih sehat)	(việc/sự) tắm thường: một trong những kiểu tắm ở cơ sở phúc lợi. cách tắm của những người có thể tự đứng lên, đi bộ	ပုံမှန်ရေနွေးစိမ်ကန်
Mandi dengan menggunakan alat/mesin khusus untuk mandi	(việc/sự) tắm bằng máy	စက်ကိရိယာသုံးရေနွေးစိမ်ကန်
Memandikan tangan, Merendam tangan diair hangat	(việc/sự) ngâm tay nước nóng	လက်ရေနွေးစိမ်ခြင်း
Memandikan kaki , Merendam kaki diair hangat	(việc/sự) ngâm chân nước nóng	ခြေထောက်ရေနွေးစိမ်ခြင်း
Lift, Alat/mesin untuk mengangkat dan menurunkan pasien	thiết bị nâng người, đồ vật lên	တက်လှေကား
Keran	vòi nước	ရေပိုက်ခေါင်း
Pembuka botol/ Tutup, Penutup	nút, nắp	ဘူးပိုင်ပေါက်
Mensibin/ Mengelap badan	(việc/sự) lau chùi	ရေပတ်တိုက်ခြင်း
Pembesaran kelenjar prostat	phì đại tuyến tiền liệt	ဆီးကျိတ်ကြီးခြင်း
Sering kencing, Sering BAK	chứng đi tiểu nhiều lần	မကြာခဏဆီးသွား
Punggung	lưng	ကျောကုန်း
Ruam Merah	chứng phát ban	အဖုအပိမ့်
Nomor kamar	số phòng	အခန်းနံပါတ်
Sedang dalam pengobatan	đang điều trị	ဆေးကုသနေစဉ်အတွင်း
Bersabar	chịu đựng	သည်းခံသည်
Kondisi tubuh	tình trạng sức khỏe	ရုပ်ပိုင်းဆိုင်ရာအခြေအနေ
Bagaimana	như thế nào	ဘယ်လိုလဲ
Gatal	ngứa	ယားသော

		12	カーテン	かーてん	curtain	
		13	かく	かく	to scratch	
		14	いけない	いけない	it's too bad	
		15	みる	みる	to check	
		16	拭く	ふく	to wipe	
		17	残念	ざんねん	disappointing, regrettable	
		18	仕方がない	しかたがない	no help, there is no use …ing	
		19	温度	おんど	temperature	
	会話	20	乾く	かわく	to get dry	
		21	タオル	たおる	towel	
		22	水分	すいぶん	water, moisture	
		23	（ご）気分	（ご）きぶん	feeling	
		24	さっぱりする	さっぱりする	to be nice, refreshing	
		25	やっぱり	やっぱり	though, still	
		26	お大事に	おだいじに	Take care	
		27	ひどい	ひどい	bad, worsen	
		28	相談する	そうだんする	to talk with	
11		1	辛い	からい	spicy	
		2	（のどが）渇く	（のどが）かわく	to get thirsty	
		3	慣れる	なれる	to get accustomed to	
		4	生活	せいかつ	life	
		5	不安	ふあん	uneasiness, anxiety	
		6	玄関	げんかん	entrance, front	
		7	チャイム	ちゃいむ	chime	
		8	鳴る	なる	to ring, to bell	
		9	だれか	だれか	someone	
		10	嫌	いや	dislike, hate	
	文型問題	11	できるだけ	できるだけ	as (much)as possible	
		12	自分	じぶん	oneself	
		13	鼻水	はなみず	mucus	
		14	花粉症	かふんしょう	hay fever	
		15	やせる	やせる	to loose weight	
		16	人口	じんこう	population	
		17	減る	へる	to reduce	
		18	この頃	このごろ	recently	
		19	食欲	しょくよく	appetite	
		20	ハミング	はみんぐ	humming	

	Korden	màn	လိုက်ကာ
	Garuk, Menggaruk	gãi	ကုတ်သည်
	"Aduh" / Tidak boleh	không tốt, không được	မလုပ်ရဘူး
	Memeriksa	xem, kiểm tra, khám	(ဆရာဝန်) စမ်းသပ်သည်
	Mengelap	lau chùi	သုတ်သည်
	Sayang sekali	đáng tiếc	စိတ်မကောင်းဖြစ်သော/ စိတ်ပျက်သော
	Apa boleh buat	đành phải chịu, không có cách nào khác	မတတ်နိုင်ဘူး
	Suhu	nhiệt độ	အပူချိန်
	Menjadi kering/ Kering	khô	ခြောက်သည်
	Handuk	khăn	မျက်နှာသုတ်ပုဝါ
	Cairan	nước	ရေဓာတ်/ အစိုဓာတ်
	Perasaan, Mood	cảm giác	စိတ်
	Merasa lega	sáng khoái, dễ chịu	လန်းဆန်းသည်
	Seperti dugaan	đúng như đã nghĩ	ထင်တဲ့အတိုင်းပဲ
	Semoga cepat sembuh ya.	Hãy giữ gìn sức khỏe, Chúc mau khỏe	နေကောင်းပါစေ
	Parah	xấu, nặng, tệ	ဆိုးရွားသော။ ပြင်းထန်သော
	Diskusi	hỏi ý kiến, được tư vấn	တိုင်ပင်သည်
	Pedas	cay	နာသော။ စပ်သော
	Haus	khát nước	(လည်ချောင်း)ခြောက်သည်။ ရေဆာသည်။
	Terbiasa	quen, quen thuộc	ကျင့်သားရသည်
	Kehidupan	sinh hoạt, cuộc sống	နေထိုင်မှုဘဝ
	gelisah, Khawatir	(việc/sự) lo lắng, bất an	စိတ်သောက
	Pintu depan utama, Pintu gerbang	cửa ra vào, sảnh	ဝင်ပေါက်
	Bell	chuông	လူခေါ်ခေါင်းလောင်း
	Berdering, Berbunyi	reo	အသံမြည်သည်
	Seseorang	người nào đó	တစ်ယောက်ယောက်
	Rasa benci / Tidak suka, Tidak mau	ghét, không thích	မကြိုက်သော
	Sebisa mungkin	hết sức, càng nhiều càng tốt	တတ်နိုင်သမျှ
	Diri sendiri	bản thân	ကိုယ်တိုင်
	Ingus	sổ mũi	နှာရည်
	Alergi serbuk bunga	chứng dị ứng phấn hoa	ပန်းဝတ်မှုံနဲ့ဓာတ်မတည့်ခြင်း
	menjadi kurus	ốm đi	ပိန်သည်
	Populasi	dân số	လူဦးရေ
	Berkurang	giảm	နည်း/လျော့ကျလာသည်
	Saat ini, Sekarang ini	gần đây	အခုတစ်လော
	Nafsu makan	(việc/sự) thèm ăn	စားချင်တဲ့စိတ်
	Bersenandung ringan (dengan mulut tertutup bernyanyi ringan)	humming: (việc/sự) ngâm nga	ညည်း:သည်

		21	やけど	やけど	burn	
	文型問題	22	運動する	うんどうする	to do exercise	
		23	太る	ふとる	to get weight	
		24	近年	きんねん	in recent years	
		25	観光客	かんこうきゃく	tourist	
		26	増える	ふえる	to increase	
11	関連語彙	1	清潔	せいけつ	cleanliness	
		2	血液循環	けつえきじゅんかん	blood circulation	
		3	血行	けっこう	blood circulation	
		4	新陳代謝	しんちんたいしゃ	metabolism	
		5	活発	かっぱつ	active, animated	
		6	部分洗浄	ぶぶんせんじょう	partial wash	
		7	部分清拭	ぶぶんせいしき	partial wipe	
		8	陰部洗浄	いんぶせんじょう	genital wash	
		9	褥瘡／床ずれ	じょくそう／とこずれ	bedsore	
		10	皮膚／肌	ひふ／はだ	skin	
		11	蒸しタオル	むしたおる	steamed towel	
		12	熱湯	ねっとう	boiling water	
		13	ぬるい	ぬるい	lukewarm, not so hot	
		14	電子レンジ	でんしれんじ	microwave	
		15	清拭剤	せいしきざい	wiping liquid	
		16	ドライシャンプー	どらいしゃんぷー	dry shampoo	
		17	シャワーボトル	しゃわーぼとる	shower bottle	
		18	（タオルを）しぼる	（たおるを）しぼる	to squeeze (towel)	
		19	（タオルを）折りたたむ	（たおるを）おりたたむ	to fold (towel)	
		20	（タオルを）取り替える	（たおるを）とりかえる	to replace (towel)	
		21	（タオルを）すすぐ	（たおるを）すすぐ	to rinse(towel)	
		22	（水分を）拭き取る	（すいぶんを）ふきとる	to wipe off	
		23	（汚れが）たまる	（よごれが）たまる	to accumulate	
		24	（汚れが）こびりつく	（よごれが）こびりつく	to stick	
		25	流す	ながす	wash away, rinse	
12	会話	1	環境	かんきょう	environment	
		2	整備	せいび	management	
		3	認知症	にんちしょう	dementia	
		4	糖尿病	とうにょうびょう	diabetes	

Luka bakar	bỏng	အပူလောင်ဒဏ်ရာ
Bergerak / berlatih/ Berolah raga	tập thể dục, vận động	အားကစားလုပ်သည်
Gemuk	mập lên	ဝသည်
Tahun-tahun ini	những năm gần đây	နှစ်အနည်းငယ်မတိုင်မီ။ အခုတလော။ ယခုခေတ်။
wisatawan	du khách	ခရီးသွားဧည့်သည်
Bertambah	tăng lên	တိုးလာသည်
Kebersihan	sạch sẽ	သန့်ရှင်းစင်ကြယ်မှု
Sirkulasi darah	(việc/sự) tuần hoàn máu	သွေးလည်ပတ်မှု
Aliran darah	(việc/sự) lưu thông máu	သွေးလည်ပတ်မှု
Metabolisme	(việc/sự) chuyển hóa vật chất	ဇီဝဖြစ်စဉ်
Semangat, Bersemangat, Aktif	hoạt bát, vui khỏe	သက်ဝင်လှုပ်ရှားမှု
Membersihkan / Mencuci per bagian / Hanya bagian tertentu	(việc/sự) rửa một phần	တစ်ပိုင်းတစ်စလျှော်ဖွတ်ခြင်း
Mengelap perbagian / Hanya bagian tertentu	(việc/sự) lau chùi một phần	တစ်ပိုင်းတစ်စရေပတ်တိုက်ခြင်း
Membersihan / Mencuci bagian genital	(việc/sự) rửa bộ phận sinh dục	လိင်အင်္ဂါတစ်ပိုက်သန့်ရှင်းရေးလုပ်ခြင်း
Dekubitus, Luka akibat lama berbaring	chứng loét vì nằm liệt giường	အိပ်ရာနာ
Kulit	da	အရေပြား
Handuk hangat	khăn hấp	ရေနွေးနှင့်ပေါင်းထားသောမျက်နှာသုတ်ပုဝါ
Air panas, Air mendidih	nước sôi	ရေနွေးပူပူ
Tidak panas dan juga tidak dingin	(nhiệt độ của nước) âm ấm	ကြက်သီးနွေးရုံပူသော
Microwave	lò vi ba	မိုက်ကရိုပေ့ဗ်မီးဖို
Obat / cairan untuk Mengelap badan	dung dịch lau chùi cơ thể	ရေပတ်တိုက်လျှင်သုံးသောဆေးရည်
Dry Shampoo	dầu gội đầu khô	အခြောက်လျှော်ခေါင်းလျှော်ရည်
Botol yang tutupnya ada lubangnya (contoh: untuk mencuci bagian getal)	chai dầu gội đầu	ရေပန်းထွက်သောဘူး
Memeras handuk	vắt khăn	(ပုဝါကို) ညှစ်သည်
Melipat handuk	xếp lại (khăn)	(ပုဝါကို) လိပ်သည်
Mengganti handuk	thay (khăn)	(ပုဝါကို) လဲသည်
Membilas handuk	làm (khăn) sạch xà phòng, xả khăn	(ပုဝါကို) ရေဆေးသည်
Mengelap air (Mengelap badan sehabis mandi)	lau nước	(အစိုဓာတ်ကို/ ရေကို) သုတ်သည်
Kotorannya menumpuk (mengumpul)	đầy chất dơ	(အညစ်အကြေး) စုပုံသည်
Kotorannya sudah melekat (menempel)	dính dơ	(အညစ်အကြေး) ကပ်သည်
Mengalirkan, Membilas	cho chảy	လောင်းချသည်။
Lingkungan	môi trường	ပတ်ဝန်းကျင်
Perlengkapan, Kelengkapan, Persiapan	(việc/sự) sắp xếp	ထိန်းသိမ်းရေး
Pikun, Dimensia	chứng sa sút trí nhớ	သူငယ်ပြန်ရောဂါ
Diabetes	bệnh tiểu đường	ဆီးချိုရောဂါ

		5	軽い	かるい	light	
12	会話	6	右片麻痺	みぎかたまひ	paralysis on the right side	
		7	急	きゅう	suddenly	
		8	号室	ごうしつ	room number	
		9	ベッドメーキング	べっどめーきんぐ	bedmaking	
		10	洗濯物	せんたくもの	laundry	
		11	回収	かいしゅう	collecting	
		12	確認	かくにん	check , confirmation	
		13	シーツ	しーつ	bedsheet	
		14	交換	こうかん	change	
		15	集める	あつめる	to collect	
		16	替える	かえる	to change, to replace	
		17	決まる	きまる	to fix	
		18	汚れる	よごれる	get dirty	
		19	おっしゃる	おっしゃる	to say, to tell (polite expression)	
		20	靴下	くつした	socks	
		21	返す	かえす	to return	
		22	待つ	まつ	to wait	
		23	夕ごはん	ゆうごはん	supper, dinner	
		24	洗濯室	せんたくしつ	laundry room	
		25	置く	おく	to put	
		26	症状	しょうじょう	symptom	
		27	（症状が）進む	（しょうじょうが）すすむ	to get worse	
		28	曜日	ようび	day of the week	
		29	様子	ようす	look, state,condition	
		30	きちんと	きちんと	exactly, properly	
		31	記録する	きろくする	to record, to write down	
	文型問題	1	室内	しつない	indoor	
		2	ゲーム	げーむ	game	
		3	レストラン	れすとらん	restaurant	
		4	会議	かいぎ	meeting , conference	
		5	出席する	しゅっせきする	to attend	
		6	絶対に	ぜったいに	absolutely	
		7	だめ	だめ	no	
		8	暇	ひま	be free, have time to do …	
		9	事務	じむ	office work	
		10	書類	しょるい	papers, document	
		11	（書類を）出す	（しょるいを）だす	to hand (papers)	

Ringan	nhẹ	ပေ့ါပါးသော/ အနည်းငယ်
Lumpuh tubuh sebelah kanan	bị liệt nửa người bên phải	ညာဘက်အခြမ်းလေဖြတ်
Cepat-cepat	gấp	ရုတ်တရက်
Nomor kamar	số phòng	အခန်းနံပါတ်
Menata tempat tidur, Bed making	(việc/sự) dọn giường	အိပ်ရာခင်းခြင်း
Cucian	đồ giặt	လျှော်ရမယ့်ပစ္စည်း
Kumpul, Mengumpulkan	(việc/sự) thu gom	ပြန်လည်စုဆောင်းခြင်း
Konfirmasi	(việc/sự) xác nhận, kiểm tra	စစ်ဆေးခြင်း
Sprei	tấm trải giường	အိပ်ရာခင်း
Penggantian, Ganti	(việc/sự) thay đổi, trao đổi	လဲလှယ်ခြင်း
Mengumpulkan	thu gom	စုစည်းသည်။ သိမ်းသည်။
Mengganti	thay đổi	လဲလှယ်သည်
Diputuskan, Ditentukan	quyết định	ဆုံးဖြတ်ချက်ကျသည်
Menjadi kotor	bị dơ	ညစ်ပတ်သည်။ စွန်းထင်းသည်။
Berkata (bentuk sopan)	nói (kính ngữ)	စကားပြောသည်
Kaos kaki	vớ	ခြေအိတ်
Mengembalikan	trả lại	ပြန်ပေးသည်
menunggu	chờ đợi	စောင့်သည်
Makan malam	bữa ăn tối	ညစာ
Ruang untuk mencuci	phòng giặt đồ	အဝတ်လျှော်အခန်း
Meletakkan	để đồ	ထားသည်။ တပ်ဆင်သည်။ နေရာချသည်။
Gejala (penyakit)	triệu chứng	လက္ခဏာ
Gejalanya meningkat, Bertambah parah	(triệu chứng) trở nên nặng hơn	(လက္ခဏာ) ပိုပိုဆိုးလာသည်
Hari	thứ (ngày trong tuần)	နေ့
Keadaan	tình hình, vẻ	အခြေအနေ
Dengan benar / rapi	chắc chắn, chính xác	သေသေချာချာ
Mencatat	ghi lại, ghi chép	မှတ်သားသည်
Dalam ruangan	trong phòng	အခန်းထဲမှာ
Permainan, Game	trò chơi	ဂိမ်း
Restoran	nhà hàng	စားသောက်ဆိုင်
Rapat	cuộc họp, hội nghị	အစည်းအဝေး
Hadir	tham gia, có mặt	တက်ရောက်သည်
Dengan pasti	tuyệt đối	လုံးဝ၊ ကျိန်းသေပေါက်။
Tidak boleh	không được phép	ခွင့်မပြု။ မျှော်လင့်ချက်မရှိ။ မကောင်းသော
Waktu senggang	rảnh rỗi	အားလပ်သော
Pekerjaan kantor	công việc văn phòng	ရုံးအလုပ်
Dokumen	giấy tờ	စာရွက်စာတမ်း
Menyerahkan dokumen	nộp (giấy tờ)	(စာရွက်စာတမ်း) တင်သည်

		12	コピー	こぴー	copy	
	文型問題	13	出かける	でかける	to go out	
		14	郵便局	ゆうびんきょく	post office	
		15	切手	きって	stamp	
		16	旅行	りょこう	travel,trip	
		17	コンビニ／コンビニエンススストア	こんびに／こんびにえんすすとあ	convenience store	
		18	ガス代	がすだい	gas bill	
		19	払う	はらう	to pay	
		20	治る	なおる	to get well	
		21	洗面台	せんめんだい	sink	
		22	拭く	ふく	to wipe	
		23	高齢者	こうれいしゃ	aged person, person of advanced age	
		24	全員	ぜんいん	all	
		25	必要	ひつよう	necessity	
12	関連語彙	1	枕	まくら	pillow	
		2	カバー	かばー	cover	
		3	横シーツ／防水シーツ／ベッドパッド	よこしーつ／ぼうすいしーつ／べっどぱっど	bedpad	
		4	タオルケット	たおるけっと	cotton blanket	
		5	毛布	もうふ	blanket	
		6	掛け布団	かけぶとん	comforter, topcover	
		7	クッション	くっしょん	cussion	
		8	リネン室	りねんしつ	linen room	
		9	ドア	どあ	door	
		10	窓	まど	window	
		11	網戸	あみど	netted window	
		12	扉	とびら	door	
		13	床頭台	しょうとうだい	a small stand with drawers at bedside	
		14	引き出し	ひきだし	drawer	
		15	たんす	たんす	wardrobe, chest of drawers	
		16	押入れ	おしいれ	closet	
		17	ロッカー	ろっかー	locker	
		18	クローゼット	くろーぜっと	closet	
		19	戸棚	とだな	closet, cabinet	
		20	棚	たな	shelf	

Copy (Foto copy)	copy	မိတ္တူ။
Pergi keluar	đi ra ngoài	အပြင်ထွက်သည်
Kantor pos	bưu điện	စာတိုက်
Perangko	tem	တံဆိပ်ခေါင်း
Wisata,Travel	du lịch	ခရီး
Mini market	tiệm 24 giờ	အချိန်မရွေးဝယ်ယူနိုင်သောကုန်မျိုးစုံဆိုင်
Biaya gas	tiền gas	ဂက်စ်မီးဖိုခ
Membayar	chi trả	ငွေရှင်းသည်
Sembuh	chữa khỏi	ပျောက်ကင်းသည်။ ကောင်းလာသည်။
Wastafel	bồn rửa mặt	လက်ဆေးမျက်နှာသစ်ရာဘေစင်
Mengelap	lau chùi	သုတ်သည်
Orang tua, Lansia	người cao tuổi	သက်ကြီးရွယ်အို
Semua orang	tất cả mọi người	အားလုံး
Perlu, Butuh	(việc/sự) cần thiết	မုချလိုအပ်သော/ ပဓာနကျသော
Bantal	gối nằm	ခေါင်းအုံး
Cover	vỏ bọc	အစွပ်
Atasan Sprei yang anti air	tấm trải giường chống thấm nước	ကန့်လန့်အခင်း/ရေစိုခံအခင်း/အိပ်ရာအခင်း
Selimut yang terbuat dari bahan handuk	mền bông	မျက်နှာသုတ်ပုဝါအသားစောင်
Selimut	chăn	စောင်
Selimut (mirip bed cover)	mền	ခြုံဖွေ့ယာစောင်
Bantal	nệm ngồi	ဖုံ (ကုရှင်)
Ruang linen	phòng cất tấm trải giường, các loại khăn	အိပ်ရာခင်း၊စောင်သိမ်းဆည်းထားသည့်အခန်း
Pintu	cửa, cánh cửa	တံခါး
Jendela	cửa sổ	ပြတင်းပေါက်
Jaring-jaring kecil(net)yang dipasang dipintu atau jendela agar ketika dibuka nyamuk dan serangga tidak masuk	cửa lưới	ခြင်လုံဇကာ
Pintu	cánh cửa	တံခါးရွက်
Meja/Lemari kecil yang diletakkan disebelah bed	tủ để TV: loại bàn có tủ và ngăn kéo đặt kế bên giường bệnh	ကြမ်းပြင်တွင်ရွှေ့နိုင်သောဗီရိုစားပွဲ
Laci	ngăn kéo	အံဆွဲ
Rak, Lemari	tủ	အံဆွဲဗီရို
WC/ lemari khas jepang untuk meletakkan barang (tempat doraemon tidur)	tủ âm tường	ဗီရို
Loker	tủ locker	သော့ခတ်နိုင်သော ဗီရိုအံဆွဲ
Closet	tủ quần áo	အဝတ်ဗီရို
Lemari	tủ	အိုးခွက်ပန်းကန်ထည့်ဗီရို
Rak	kệ	စင်

12	関連語彙	21	センサーマット	せんさーまっと	a foot mat with censor which beeps when stepped on	
		22	カーテン	かーてん	curtain	
		23	ごみ箱	ごみばこ	trash box	
		24	ティッシュ／ティッシュペーパー	てぃっしゅ／てぃっしゅぺーぱー	tissue	
		25	ほうき	ほうき	broom	
		26	掃く	はく	to sweep	
		27	ちりとり	ちりとり	dustpan	
		28	モップ	もっぷ	mop	
		29	(掃除機を)かける	(そうじきを)かける	to vacuum	
		30	ぞうきん	ぞうきん	dustcloth, rag	
		31	拭く	ふく	to wipe	
		32	(洗濯機を) 回す	(せんたくきを) まわす	to run (washing machine)	
		33	干す	ほす	to dry	
		34	とりこむ	とりこむ	to take in	
		35	たたむ	たたむ	to fold	
		36	しまう	しまう	to take in	
		37	アイロン	あいろん	iron	
		38	(アイロンを) かける	(あいろんを) かける	to iron, to press	
		39	エアコン／エアコンディショナー	えあこん／えあこんでいしょなー	air conditioner	
		40	換気する	かんきする	to ventilate, to air	
13	会話	1	口腔ケア	こうくうけあ	oral care	
		2	骨折	こっせつ	bone fracture	
		3	杖歩行	つえほこう	cane walk	
		4	頻尿	ひんにょう	frequent urination	
		5	夕食	ゆうしょく	supper, dinner	
		6	担当する	たんとうする	to be in charge	
		7	総入れ歯	そういれば	full set of false teeth, full denture	
		8	入れ歯	いれば	false teeth, denture	
		9	舌	した	tongue	
		10	歯茎	はぐき	gum	
		11	ケアする	けあする	to care	
		12	磨く	みがく	to brush	
		13	外す	はずす	to take out	

Sensor mat. Sensor yang akan berbunyi jika diinjak/kena tekanan	sensor mat: thảm lót có chức năng cảm ứng và báo hiệu, chủ yếu được sử dụng ở cơ sở điều dưỡng chăm sóc. Khi đạp lên thì phát tiếng kêu.	အာရုံခံကိရိယာပါသောဖျာ
Korden	màn	လိုက်ကာ
Tempat Sampah	thùng rác	အမှိုက်အိတ်
Tisu	khăn giấy	တစ်ရှူး
Sapu	chổi	တံမြက်စည်း
Menyapu	quét	လှည်းသည်
Pengki	ky hót rác	ဆေါ်ပြား
Mop, Pel-an yang memakai gagang	cây lau nhà	ကြမ်းတိုက်အဝတ်
Memakai / Menggunakan vacuum cleaner	làm vệ sinh bằng máy hút bụi	(ဖုန်စုပ်စက်) သုံးသည်
Kain lap, Kain pel	khăn lau sàn	ဖုန်သုတ်အဝတ်
Mengelap	lau chùi	သုတ်သည်
Menggunakan mesin cuci	sử dụng, khởi động máy giặt	(အဝတ်လျှော်စက်) လှည့်သည်
Menjemur	phơi đồ	အခြောက်ခံသည်။ လေမှုတ်သည်။
Mengambil	lấy (đồ phơi) thu vào (trong nhà)	ယူလာသည်။ မိတ်ဆက်သည်။
Melipat	xếp lại	လိပ်သည်။ ခေါက်သည်။
Memasukkan kembali ketempat asalnya	xếp lại, cất lại	သိမ်းသည်
Seterika	bàn ủi	မီးပူ
Menyeterika	ủi đồ	(မီးပူ) တိုက်သည်
AC	máy điều hoà nhiệt độ	လေပူလေအေးပေးစက်
Menganti udara, Sirkulasi	thông gió	လေအဝင်အထွက်လုပ်သည်
Perawatan mulut	(việc/sự) làm vệ sinh và chăm sóc răng miệng	ခံတွင်းကျန်းမာရေးဂရုစိုက်ခြင်း
Patah tulang	(việc/sự) gãy xương	အရိုးကျိုးခြင်း
Tongkat bantu jalan	(việc/sự) chống gậy khi đi bộ	တုတ်ကောက်နှင့်လမ်းလျှောက်ခြင်း
Sering kencing, Sering BAK	chứng đi tiểu nhiều lần	မကြာခဏဆီးသွား
Makan malam	bữa ăn tối	ညစာ
Bertugas	phụ trách	တာဝန်ယူသည်
Semuanya gigi palsu, Gigi palsu yang full	răng giả toàn bộ	အံကပ်
Gigi palsu	răng giả	သွားတု
Lidah	lưỡi	လျှာ
Gusi	hàm răng, nứu răng	သွားဖုံး
Merawat	chăm sóc	ဂရုစိုက်သည်
Menyikat	đánh bóng	တိုက်သည်
Melepaskan	lấy ra, tháo ra	ဖြုတ်သည်

	会話	14	歯ブラシ	はぶらし	toothbrush	
		15	自分	じぶん	oneself	
		16	こんなふう	こんなふう	like this	
		17	（水に）つける	（みずに）つける	to soak	
		18	今度	こんど	now, then	
		19	終了する	しゅうりょうする	to finish	
		20	汚れ	よごれ	dirt	
		21	確認する	かくにんする	to make sure, to confirm	
		22	最後	さいご	the end	
		23	任せる	まかせる	to leave something to someone	
13	文型問題	1	簡単	かんたん	easy	
		2	貸す	かす	to lend	
		3	（お）手本	（お）てほん	model, example	
		4	踊る	おどる	to dance	
		5	同じ	おなじ	the same	
		6	介助する	かいじょする	to assist	
		7	習う	ならう	to learn	
		8	交換する	こうかんする	to change	
		9	発音練習	はつおんれんしゅう	pronunciation practice	
		10	ベッドメーキング	べっどめーきんぐ	bedmaking	
		11	方法	ほうほう	way, method	
		12	実際	じっさい	actually	
		13	動画	どうが	animation	
	関連語彙	1	ゆすぐ	ゆすぐ	to rinse	
		2	うがい	うがい	gargling	
		3	洗浄剤	せんじょうざい	washing lotion	
		4	マウスウォッシュ	まうすうぉっしゅ	mouth wash	
		5	義歯安定剤／入れ歯安定剤	ぎしあんていざい／いればあんていざい	denture adhesive	
		6	義歯洗浄剤／入れ歯洗浄剤	ぎしせんじょうざい／いればせんじょうざい	denture cleaner	
		7	スポンジブラシ	すぽんじぶらし	sponge brush	
		8	舌ブラシ	したぶらし	tongue brush	
		9	舌苔	ぜったい	tongue coat	
		10	ガーグルベースン	がーぐるべーすん	gargling basin, emesis basin	
		11	電動歯ブラシ	でんどうはぶらし	electric toothbrush	
		12	ガーゼ	がーぜ	gauze	
		13	綿棒	めんぼう	cotton swab	

Sikat gigi	bàn chải đánh răng	သွားပွတ်တံ
Diri/ Diri sendiri	bản thân	ကိုယ်တိုင်
Seperti ini	như thế này	ဒီလိုမျိုး/ ဒီလိုနည်း/ ဒီလိုပုံစံ
Rendam (dalam air)	ngâm (vào nước)	ရေတွင်စိမ်သည်
Sekarang / lain kali,	lần này	ဒီတစ်ခါ
Selesai	kết thúc	အဆုံးသတ်သည်
Kotoran	chất dơ	ညစ်ပတ်မှု၊ အစွန်း
Memastikan	xác nhận, kiểm tra lại	စစ်ဆေးသည်
Terakhir	cuối cùng	နောက်ဆုံး
Mempercayakan / menyerahkan	giao việc	တစ်စုံတစ်ယောက်ကို လုပ်ခိုင်း/တာဝန်ပေးသည်
Mudah / sederhana	đơn giản	လွယ်ကူသော
Meminjamkan	cho mượn	သူများကိုငှားသည်
Contoh / Sampel	mẫu, gương mẫu	စံနမူနာ
Menari	nháy múa	ကသည်
Sama	giống nhau	အတူတူ
Membantu	phụ giúp	အကူအညီပေးသည်
Belajar	học tập	သင်ယူသည်
Mengganti	thay đổi, trao đổi	လဲလှယ်သည်
Latihan melafalkan	(việc/sự) luyện tập phát âm	အသံထွက်လေ့ကျင့်ခန်း
Menata tempat tidur, Bed making	(việc/sự) dọn giường	အိပ်ရာခင်းခြင်း
Cara	phương pháp	နည်းလမ်း
Kenyataannya, Sebenarnya	thực tế	အမှန်တကယ်။ လက်တွေ့
Video	clip	ဗွီဒီယို။ ရုပ်ရှင်
Membilas	súc, rửa	ဆေးကြောသည်
Kumur	(việc/sự) súc miệng	ပလုတ်ကျင်းသည်
Deterjen, Sabun cuci	thuốc rửa	အဝတ်လျှော်ဆပ်ပြာ
Obat kumur	nước súc miệng	ပလုတ်ကျင်းဆေးရည်
Lem untuk menempelkan gigi palsu dimulut agar bisa menempel dengan baik	thuốc gắn răng giả chặt	သွားတုခိုင်ခံ့ရန်ဆေးရည်
Obat pembersih gigi palsu	thuốc rửa răng giả	သွားတုသန့်စင်ဆေးရည်
Sikat yang terbuat dari spons	bàn chải xốp làm vệ sinh miệng	ရေမြှုပ်ဘရပ်ရှ်
Sikat lidah	dụng cụ cạo lưỡi, bàn chải lưỡi	လျှာပွတ်တံ
Kerak/kotoran warna putih dilidah	chất dơ, vi khuẩn trên lưỡi	လျှာပေါ်ရှိအဖြူဖတ်
Wadah kecil berbentuk piala ginjal (dari plastik)	khay quả đậu (gargle basin)	ပလုတ်ကျင်းလျှင်သုံးသောခွက်
Sikat gigi elektrik, Sikat gigi otomatis	bàn chải đánh răng điện	လျှပ်စစ်သွားပွတ်တံ
Kain kasa	gạc	ချည်ကျဲပိတ်စ/ပတ်တီးစ
Kain lap/Cutton bud	tăm bông	နားကြားထိုးဝွမ်တံ

		14	巻綿子	けんめんし	application
		15	ぬるま湯	ぬるまゆ	lukewarm warter
		16	部分入れ歯	ぶぶんいれば	partial false teeth
		17	ブリッジ	ぶりっじ	bridge
		18	噛む／咀嚼する	かむ／そしゃくする	to chew, to masticate
13	関連語彙	19	虫歯	むしば	decayed tooth
		20	歯茎	はぐき	gum
		21	歯槽膿漏	しそうのうろう	pyorrhea
		22	誤嚥	ごえん	accidental swallowing
		23	誤嚥性肺炎	ごえんせいはいえん	aspiration pneumonia
		24	経管栄養	けいかんえいよう	tube feeding
		1	緊急	きんきゅう	urgency, emergency
		2	対応	たいおう	response
		3	誤飲	ごいん	drink by mistake
		4	ジュース	じゅーす	juice
		5	急	きゅう	suddenly
		6	（気持ちが）悪い	（きもちが）わるい	to feel bad
		7	入浴剤	にゅうよくざい	bath gel
		8	連絡する	れんらくする	to contact
		9	号室	ごうしつ	room number
		10	自室	じしつ	one's own room
14	会話	11	おう吐	おうと	vomit
		12	間違える	まちがえる	to mistake
		13	救急車	きゅうきゅうしゃ	ambulance
		14	呼ぶ	よぶ	to call
		15	付き添う	つきそう	to attend, to stay with
		16	経過	けいか	process
		17	知らせる	しらせる	to inform , to let a person know
		18	ナースコール	なーすこーる	nurse call
		19	（ナースコールが）鳴る	（なーすこーるが）なる	to ring
		20	吐く	はく	to vomit, to throw up
		21	運ぶ	はこぶ	to carry
		22	ついて行く	ついていく	to go with, to accompany

Benang gulung, Gulungan benang	cuốn sợi bông	ဂွမ်း
Air suam-suam kuku, Air sedikit hangat	nước âm ấm	ကြက်သီးနွေးပူရုံရေ
GigI palsu/Gigi palsu sebagian (gigi aslinya masih tersisa. Bukan gigi palsu full)	răng giả một phần	တစ်စိတ်တစ်ပိုင်းထည့်ထားသောသွားတု
Jembatan (istilah untuk penghubung di gigi palsu)	mắc cài niềng răng	သွားအကောင်းနှစ်ခုကိုအမှီပြုပြီးလွတ်နေသောနေရာကိုဖြည့်ထားသောသွားတု
Menggigit / Mengunyah	nhai	ဝါးသည်။ ကိုက်သည်
Gigi berlubahg	răng sâu	သွားပိုးစားခြင်း
Gusi	chân răng, hàm răng, nứu	သွားဖုံး
Penyakit gusi bernanah	bệnh nha chu	သွားဖုံးပိုးဝင်ပြီးရောင်ခြင်း
Tersedak	(việc/sự) nuốt nhầm	လေပြွန်ထဲသို့ အစာ(သို့)ရေမှားဝင်ခြင်း
Radang paru paru (pneumonia) yang disebabkan karena tersedak	viêm phổi do nuốt nhầm	လေပြွန်ထဲအစာဝင်ခြင်းကြောင့်ဖြစ်သောအဆုတ်ရောင်ရောဂါ
Pemberian asupan nutrisi melalui selang (untuk pasien yang memnggunakan NGT)	dinh dưỡng qua ống thông	အစာပိုက်(နှာခေါင်းပိုက်)သွင်းခြင်း

Darurat	(việc/sự) cấp bách	အရေးပေါ်
Reaksi / Respon, Tindakan, Penanganan	(việc/sự) đối xử, ứng phó	တုန့်ပြန်ဆက်ဆံခြင်း
Menelan / Memakan barang yang seharusnya tidak boleh dimakan. (contoh : anak kecil menelan obat orang tuanya)	(việc/sự) uống nhầm	စားစရာမဟုတ်တဲ့ပစ္စည်းကိုမတော်တဆစားမိခြင်း
Jus	nước ngọt, nước trái cây	ဖျော်ရည်
Cepat-cepat	gấp	ရုတ်တရက်
Merasa tidak enak / jijik, Merasa mual	khó chịu, buồn non	နေလို့မကောင်းသော
Obat untuk mandi dengan beraneka aroma	tinh dầu tắm (tinh dầu thơm cho vào bồn tắm)	ရေချိုးဆပ်ပြာရည်
Menghubungi	liên lạc	အကြောင်းကြားသည်
Nomor kamar	số phòng	အခန်းနံပါတ်
Ruang / kamar pribadi	phòng của mình	ကိုယ့်ရဲ့အခန်း
Muntah	(việc/sự) nôn mửa	အန်ခြင်း
Salah	làm sai	မှားသည်
Ambulance	xe cấp cứu	လူနာတင်ကား
Memanggil	gọi	ခေါ်သည်
Mengawal, Menemani	đi cùng	အတူတူလိုက်သည်
Proses,Progres, Perkembangan	quá trình	ဆေးကုသမှုအခြေအနေ
Memberitahukan	thông báo	အသိပေးသည်
Panggilan ke perawat, Tombol untuk memanggil perawat	chuông gọi y tá	သူနာပြုခေါ်တဲ့ခေါင်းလောင်း
(Panggilan ke perawat) berbunyi	(chuông gọi y tá) reo	သူနာပြုခေါ်တဲ့ခေါင်းလောင်းအသံမြည်သည်
Muntah / Meludah	ói, nôn mửa	အန်သည်
Mengangkat, Membawa	vận chuyển	ယူဆောင်သည်
Menemani / Ikut	đi theo	လိုက်သွားသည်

		23	治療	ちりょう	medical treatment	
	会話	24	たいした	たいした	not serious	
		25	無事	ぶじ	in safe condition, OK	
		26	処置	しょち	treatment	
		27	持ってくる	もってくる	to bring	
		28	持ち物	もちもの	belongings	
		29	身の回り品	みのまわりひん	belongings	
		30	観察する	かんさつする	to watch	
		31	気をつける	きをつける	to be careful, to pay attention	
		32	びっくりする	びっくりする	to be surprised	
14	文型問題	1	（熱を）測る	（ねつを）はかる	to take temperature	
		2	相談する	そうだんする	to talk with	
		3	アドバイス	あどばいす	advice	
		4	精密検査	せいみつけんさ	close examination, check-up	
		5	（精密検査を）受ける	（せいみつけんさを）うける	to have a check-up	
		6	異常	いじょう	something wrong, unusual	
		7	信じる	しんじる	to believe	
		8	手術する	しゅじゅつする	to operate	
		9	夢	ゆめ	dream	
		10	誕生日	たんじょうび	birthday	
		11	プレゼント	ぷれぜんと	present	
		12	届く	とどく	to arrive	
		13	清拭	せいしき	in-bed bath, wipe-down bath	
		14	際	さい	when, on the occasion	
		15	背中	せなか	back	
		16	晴れる	はれる	to be clear(weather)	
		17	調べる	しらべる	to check,to investigate	
		18	体調	たいちょう	physical condition	
		19	調子	ちょうし	condition	
		20	返事	へんじ	reply	
		21	尋ねる	たずねる	to ask	
		22	癌	がん	cancer	
	症状	1	頭痛	ずつう	headache	
		2	胸痛	きょうつう	pain in chest	
		3	腹痛	ふくつう	stomachache	
		4	腰痛	ようつう	lowerback pain	

Pengobatan	(việc/sự) điều trị	ဆေးကုသမှု
Penting, Hebat	đáng kể, lớn	အရမ်းကြီးကျယ်သော
Selamat	không có vấn đề, an toàn	ဘေးကင်းသော
Langkah / tindakan	(việc/sự) xử lý, điều trị	ဆေးကုသခြင်း။ ဖြေရှင်းပေးခြင်း။
Datang membawa	mang theo, mang đến	သယ်လာသည်
Barang bawaan	đồ mang theo	သယ်လာတဲ့ပစ္စည်း
Barang disekitar diri	đồ dùng cá nhân	တစ်ကိုယ်ရေသုံးပစ္စည်
Mengamati	quan sát, theo dõi	ကြည့်ရှု၊စစ်ဆေးသည်
Berhati-hati	chú ý, cẩn thận	သတိထားသည်
Terkejut	ngạc nhiên	ထိတ်လန့်သည်
Mengukur panas	đo (nhiệt độ)	အဖျားတိုင်သည်
Ber-Diskusi	được tư vấn, hỏi ý kiến, tham khảo ý kiến	အကြံဥာဏ်တောင်းသည်
Nasehat	lời khuyên	အကြံပေးသည်
Pemerikasaan detil / Menyeluruh	kiểm tra chi tiết	အသေးစိတ်စစ်ဆေးခြင်း
Melakukan / Mengikuti pemeriksaan yang detil / Menyeluruh	được kiểm tra chi tiết	အသေးစိတ်စစ်ဆေးခြင်းလုပ်သည်
Tidak normal, Abnormal	tình trạng bất thường	ချွတ်ယွင်းချက်
Percaya	tin cậy, tin tưởng	ယုံကြည်သည်
melakukan operasi	mổ	ခွဲစိတ်သည်
Mimpi	giấc mơ	အိပ်မက်
Ulang tahun	sinh nhật	မွေးနေ့
Hadiah	quà tặng	လက်ဆောင်
Sampai, Terjangkau	được gửi đến, giao đến	(စာ၊ ပစ္စည်းအထုပ်အပိုး) ရောက်ရှိသည်
Mengelap badan	(việc/sự) lau chùi	ရေပတ်တိုက်ခြင်း
Saat	khi, nhân tiện	အခါ
Punggung	lưng	ကျောပြင်
Cerah	trời đẹp, trời nắng	ရာသီဥတုသာယာသည်။ နေသာသည်။
Memeriksa	kiểm tra, điều tra	စုံစမ်းစစ်ဆေးသည်
Kondisi tubuh	tình trạng sức khỏe	ရုပ်ပိုင်းဆိုင်ရာအခြေအနေ
Keadaan (tubuh) , bisa digunakan bukan hanya untuk keadaan tubuh saja	tình trạng	အခြေအနေ
Balasan / Respon, Jawab	lời đáp, câu trả lời, thư trả lời	အကြောင်းပြန်စာ
Meminta / Mencari/ Bertanya	hỏi thăm	မေးမြန်းသည်
Kanker	ung thư	ကင်ဆာ
Sakit kepala	đau đầu	ခေါင်းကိုက်ခြင်း
Sakit dada	đau ngực	ရင်ဘတ်အောင့်ခြင်း
Sakit perut	đau bụng	အစာအိမ်အောင့်ခြင်း
Sakit pinggang	đau eo lưng	ခါးနာခြင်း

14	症状	5	血尿	けつにょう	bloody urine	
		6	血便	けつべん	bloody feces	
		7	高血圧	こうけつあつ	high blood pressure	
		8	高血糖	こうけっとう	high blood sugar	
		9	低血糖	ていけっとう	low blood sugar	
		10	鼻血	はなぢ	nosebleed	
		11	貧血	ひんけつ	anemia	
		12	内出血	ないしゅっけつ	internal bleeding	
		13	アレルギー	あれるぎー	alergy	
		14	じんましん	じんましん	nettle rash	
		15	しっしん	しっしん	eczema	
		16	振戦	しんせん	tremulousness	
		17	拘縮	こうしゅく	contracture	
		18	感染症	かんせんしょう	infection disease	
		19	肥満症	ひまんしょう	obesity	
		20	火傷	やけど	burn	
		21	けが	けが	injure	
		22	骨折	こっせつ	bone fracture	
		23	かゆい	かゆい	itch	
		24	息切れ	いきぎれ	breath shortness, gasp	
		25	動悸	どうき	pulpitation	
		26	不整脈	ふせいみゃく	irregular pulse	
		27	悪寒	おかん	ague, chill	
		28	寒気	さむけ	chill	
		29	吐き気	はきけ	nausea	
		30	胸焼け	むねやけ	heart burn, sour stomach	
		31	倦怠感	けんたいかん	lethargy, feeling of fatigue	
		32	腫れ	はれ	swell	
		33	みみず腫れ	みみずばれ	wale	
		34	かぶれ	かぶれ	rash	
		35	しびれ	しびれ	numbness	
		36	ただれ	ただれ	sore	
		37	むくみ／浮腫	むくみ／ふしゅ	edema,swelling	
		38	かさぶた	かさぶた	crust, scab	

Kencing darah	nước tiểu có máu (tiểu ra máu)	ဆီးထဲသွေးပါခြင်း
Berak darah	phân có máu (tiêu ra máu)	ဝမ်းထဲသွေးပါခြင်း
Tekanan darah tinggi	cao huyết áp	သွေးတိုးခြင်း
Kadar gula dalam darah tinggi	chứng tăng đường huyết	သွေးတွင်းသကြားဓာတ်များခြင်း
Kadar gula dalam darah rendah	chứng giảm đường huyết	သွေးတွင်းသကြားဓာတ်နည်းခြင်း
Mimisan	máu mũi, máu cam	နှာခေါင်းသွေးလျှံခြင်း
Anemia	thiếu máu	သွေးအားနည်းခြင်း
Pendarahan dalam	(việc/sự) chảy máu trong	ခန္ဓာကိုယ်တွင်းသွေးထွက်ခြင်း
Alergi	dị ứng	(အစာ၊ဆေး၊ဖုန်)ဓာတ်မတည့်ခြင်း
Urticaria	chứng mày đay	(အနီရောင်အဖုအပိမ့်) အင်ပျဉ်ထွက်ခြင်း
Eksim	mụn	နင်းခူနာ (အရေပြားရောင်ခြင်း)
Tremor	chứng run rẩy	တုန်တုန်ယင်ယင်ဖြစ်ခြင်း
Kontraktur, Pemendekan / Kurangnya kelenturan / Tidak dapat meregangnya otot	chứng co cứng	မကွေးနိုင်မဆန့်နိုင်ခြင်း
Penyakit menular	chứng truyền nhiễm	ကူးစက်နိုင်သောရောဂါများ
Obesitas	chứng béo phì	အဝလွန်ခြင်း
Luka bakar	bỏng	အပူလောင်ဒဏ်ရာ
Luka	chấn thương	ဒဏ်ရာ
Patah tulang	(việc/sự) gãy xương	အရိုးကျိုးခြင်း
Rasa gatal	ngứa	ယားခြင်း
Kehabisan napas	(việc/sự) khó thở	အသက်ရှူမဝခြင်း။ မောနေခြင်း။
Palpitasi jantung, Jantung berdetak lebih keras dari biasanya	tim đập nhanh	ရင်တုန်ခြင်း
Denyutan nadi yang tidak teratur, Aritmia	loạn nhịp tim	ရင်ခုန်နှုန်းမမှန်ခြင်း
Merasa sangat kedinginan (biasanya saat demam)	(việc/sự) ớn lạnh	ချမ်းတုန်ခြင်း
Udara dingin / Perasaan kedinginan	(việc/sự) có cảm giác hơi lạnh, ớn lạnh	ချမ်းခြင်း
Mual	(việc/sự) buồn nôn	ပျို့ခြင်း
Dada terasa terbakar	chứng ợ nóng	ရင်ပူရင်ဆာဖြစ်ခြင်း (အစာအိမ်တွင်းအက်ဆစ်ဓာတ်များခြင်း)
Merasa sangat lelah/lemas	cảm giác mệt mỏi	မအီမသာဖြစ်ခြင်း
Bengkak	(việc/sự) sưng lên	ရောင်ခြင်း
Bengkak pada kulit yang berbentuk seperti garis	(triệu chứng, vết) nổi mẩn đỏ vệt dài	ဖောရောင်ခြင်း
Kemerahan pada kulit	(triệu chứng, vết) nổi mề đay	ဓာတ်မတည့်သောကြောင့်အရေပြားရောင်ခြင်း
Kesemutan	(việc/sự) tê, tê liệt	ထုံကျင်ခြင်း
Luka Lecet	lở loét	အရေပြားတွင်အနီကွက်ထခြင်း
Edema, Penumpukan cairan pada satu bagian tubuh sehingga membengkak	sưng phù, sưng húp	ဖောရောင်ခြင်း
Kulit kering / mati/Jaringan mati pada bekas luka	vảy da	အနာဖေး

		39	しゃっくり	しゃっくり	hiccup	
14	症状	40	鼻づまり	はなづまり	blocked nose	
		41	くしゃみ	くしゃみ	snart	
		42	咳	せき	cough	
		43	痰	たん	phlegm	
		44	目やに	めやに	eye mucus	
15	会話	1	認知症	にんちしょう	dementia	
		2	対応	たいおう	response	
		3	物	もの	thing, stuff	
		4	盗る	とる	steal	
		5	妄想	もうそう	paranoia, delusion	
		6	慣れる	なれる	to get accustomed to	
		7	おかげさま	おかげさま	thanks to...	
		8	だいぶ	だいぶ	quite, pretty well	
		9	業務	ぎょうむ	work	
		10	だいたい	だいたい	almost	
		11	方	かた	someone(polite expression)	
		12	状況	じょうきょう	situation,circumstance	
		13	違う	ちがう	to be different	
		14	合わせる	あわせる	to adapt, to adjust	
		15	（お）財布	（お）さいふ	wallet, purse	
		16	症状	しょうじょう	sypmtom	
		17	捜す	さがす	to search, to look for	
		18	他	ほか	anything else	
		19	気が向く	きがむく	to distract	
		20	さし上げる	さしあげる	to do something to someone(polite expression)	
		21	たんす	たんす	chest	
		22	引き出し	ひきだし	drawer	
		23	おかしい	おかしい	strange,odd	
		24	クローゼット	くろーぜっと	closet	
		25	よく	よく	many times	
		26	そろそろ	そろそろ	almost, about	
		27	おやつ	おやつ	snack	
		28	プリン	ぷりん	pudding	
	文型問題	1	初め	はじめ	beginning	
		2	咲く	さく	to bloom	

Cegukan	(cơn) nấc	ကျို့ထိုးခြင်း
Hidung mampet	chứng ngạt mũi	နှာခေါင်းပိတ်ခြင်း
Bersin	(cơn) hắt hơi	နှာချေခြင်း
Batuk	(cơn) ho	ချောင်းဆိုးခြင်း
Dahak / lendir	đờm	သလိပ်
Belek	ghèn mắt	မျက်ချေး

Pikun	chứng sa sút trí nhớ	သူငယ်ပြန်ရောဂါ
Respon,Penanganan, Tindakan	(việc/sự) đối xử, ứng phó	တုန့်ပြန်ဆက်ဆံခြင်း
Barang	đồ vật	ပစ္စည်း
Mengambil	trộm cắp	သူခိုးခိုးသည်
Delusi	hoang tưởng	ထင်ယောင်ထင်မှားဖြစ်ခြင်း
Terbiasa	quen, quen thuộc	ကျင့်သားရသည်
Berkat doa restu	nhờ có	ကျေးဇူးကြောင့်
Cukup	khá	တော်တော်
Tugas / Pekerjaan / Urusan	công việc, nhiệm vụ	တာဝန်
kebanyakan, Sebagian besar	đại khái, hầu hết	အကြမ်းဖျင်းအားဖြင့်
Orang (kata sopan)	người (kính ngữ)	လူ
Situasi	tình hình	အခြေအနေ
Berbeda / Salah	khác nhau	မတူကွဲပြားခြားနားသည်။ မှားသည်
Mencocokkan	làm (2 vật) thành một, hợp lại, cộng lại	သင့်တော်အောင်ပေါင်းစပ်သည်
Dompet	ví, bóp	ပိုက်ဆံအိတ်
Keadaan	triệu chứng	လက္ခဏာ
Gejala	tìm kiếm	ရှာဖွေသည်
Lain	những cái khác	တခြား
Perhatiannya/perasaannya tertuju pada	có quan tâm, hướng về việc gì đó	(စိတ်)ပြောင်းသည်
Memberikan	kính biếu, tặng (kính ngữ)	လုပ်ပေးသည် (ယဉ်ကျေးတဲ့ပုံစံ)
Rak	tủ ngăn kéo	အံဆွဲဗီရို
Laci	ngăn kéo	အံဆွဲ
Aneh	kỳ lạ, bất thường	မှမမှန်သော။ မသက်ဘစရာကောင်းသော။ ရယ်စရာကောင်းသော
Closet	tủ quần áo	အဝတ်ဗီရို
Sering	thường xuyên, nhiều lần	တော်တော်
Sudah saatnya	sắp sửa	ဘာလိုလိုနဲ့
Snack	đồ ăn nhẹ, ăn vặt	မုန့်။ သားရေစာ။
Pudding	bánh flan	ပူတင်း
Pertama	đầu tiên	ပထမဆုံး
Mekar	nở	ပန်းပွင့်သည်

15	文型問題	3	リネン室	りねんしつ	linen room	
		4	シーツ	しーつ	bedsheet	
		5	置く	おく	to put	
		6	スマホ	すまほ	smart phone	
		7	便利	べんり	useful	
		8	送る	おくる	to see off	
		9	道順	みちじゅん	route	
		10	運動	うんどう	exercise	
		11	図書館	としょかん	library	
		12	咳	せき	cough	
		13	アルツハイマー型認知症	あるつはいまーがたにんちしょう	Alzeheimer's dementia	
		14	寄る	よる	to drop at	
		15	特別養護老人ホーム	とくべつようごろうじんほーむ	a facility that accepts aged person who needs to be assisted.	
		16	高齢者	こうれいしゃ	aged person, advanced age person	
	関連語彙	1	アルツハイマー型認知症	あるつはいまーがたにんちしょう	Alzeheimer's dementia	
		2	血管性認知症	けっかんせいにんちしょう	vascular dementia	
		3	レビー小体型認知症	れびーしょうたいがたにんちしょう	dementia with Levy bodies	
		4	前頭側頭型認知症	ぜんとうそくとうがたにんちしょう	frontotemporal dementia	
		5	中核症状	ちゅうかくしょうじょう	a general symptom of dementia	
		6	記憶障害	きおくしょうがい	memory loss(disorder): a symptom of dementia	
		7	見当識障害	けんとうしきしょうがい	disorientation: a symptom of dementia. A disorder to identify(recognize)when, where and who.	
		8	実行力障害／遂行力障害	じっこうりょくしょうがい／すいこうりょくしょうがい	deficit in executive function: a symptom of dementia. A disorder to plan something and persue it in succession	
		9	理解・判断の障害	りかい・はんだんのしょうがい	a symptom of dementia:A disorder to think, decide, do two things at a time.	
		10	行動・心理症状	こうどう・しんりしょうじょう	a symptom of dementia with lots of variation depends on individuals. It is not general for all , maybe caused by his (her) environment.	

Ruang linen	phòng cất các loại khăn, tấm trải giường	ရိနင်အခန်း (မျက်နှာသုတ်ပုဝါ၊အိပ်ရာခင်းထားရာအခန်း)
Sprei	tấm trải giường	အိပ်ရာခင်း
meletakkan	để đồ	ထားသည်။ တပ်ဆင်သည်။ နေရာချသည်။
Smart phone	smartphone	စမတ်ဖုန်း
Praktis	tiện lợi	လွယ်ကူအဆင်ပြေသော
Mengirim	gửi	ပို့သည်
Rute / Jalan	đường dẫn đi đến đâu đó	လမ်းကြောင်း
Gerakan / Latihan	(việc/sự) vận động, tập thể dục	ကိုယ်လက်လေ့ကျင့်ခန်း
Perpustakaan	thư viện	စာကြည့်တိုက်
Batuk	(cơn) ho	ချောင်းဆိုးခြင်း
Alzheimer Dementia / Pikun alzeimer	chứng sa sút trí nhớ Alzheimer	အယ်ဇိုင်းမားအမျိုးအစားသူငယ်ပြန်ရောဂါ
Mampir	ghé	လမ်းကြုံဝင်သည်
Panti jompo khusus	"Tokubetsu yogo Rojin Home" : Viện (nhà) dưỡng lão đặc biệt - Một loại cơ sở phúc lợi mà người cao tuổi cần chăm sóc vào ở để được chăm sóc.	သက်ကြီးရွယ်အိုများ အထူးပြုစုစောင့်ရှောက်ရေးဂေဟာ
Orang tua, Lansia	người cao tuổi	သက်ကြီးရွယ်အို
Alzheimer Dementia, Pikun alzeimer	chứng sa sút trí nhớ Alzheimer	အယ်ဇိုင်းမားအမျိုးအစားသူငယ်ပြန်ရောဂါ
Pikun yang disebabkan penyumbatan pembuluh darah diotak	chứng sa sút trí nhớ mạch máu	ဦးနှောက်သွေးကြောထိခိုက်ပြီး(လေဖြတ်ပြီး)နောက်ဖြစ်သောသူငယ်ပြန်ရောဂါ
Lewi body dementia	chứng sa sút trí nhớ thể dạng Lewy	လူဘီဘော်ဒီအမျိုးအစားသူငယ်ပြန်ရောဂါ
Frontotemporal dementia	chứng sa sút trí nhớ thùy trán thái dương	ဦးနှောက်အရှေ့ဘက်နှင့်ဘေးဘက်အပိုင်းရှိအာရုံကြောများထိခိုက်ပြီးနောက်ဖြစ်သောသူငယ်ပြန်ရောဂါ
Gejala dimensia/pikun yang disebabkan oleh menurunnya fungsi otak. Gejala ini terlihat pada semua tipe dimensia	triệu chứng chủ yếu. Các triệu chứng thường xuất hiện ở các người bị chứng sa sút trí nhớ	အဓိကလက္ခဏာ
Gangguan ingatan	rối loạn trí nhớ. Một trong những triệu chứng sa sút trí nhớ.	မှတ်ဉာဏ်ချွတ်ယွင်းခြင်း
Disorientasi	rối loạn định hướng. Một trong những triệu chứng sa sút trí nhớ. không nhận thức được thời gian, địa điểm, con người.	အချိန်နေရာတို့ကိုမမှတ်မိခြင်း
Tidak dapat melakukan hal hal yang ingin dilakukan karena dimensia. Contoh: pertama ingin masak mie, tetapi setelah menyalakan kompor dia lupa mau melakukan apa	rối loạn chức năng thực hiện các hoạt động kết hợp (như lên kế hoạch, tổ chức, phân công theo trình tự). một trong những triệu chứng sa sút trí nhớ. Không thể lập kế hoạch và thực hiện kế hoạch đó tốt.	အားအင်ကုန်ခမ်းခြင်း/မစွမ်းဆောင်နိုင်ခြင်း
Tidak dapat memahami dan tidak bisa membuat keputusan.	rối loạn khả năng nhận biết, phán đoán. Một trong những triệu chứng sa sút trí nhớ. Không thể tìm hiểu, suy nghĩ 2 việc cùng lúc v.v...	နားလည်သဘောပေါက်မှုနှင့်တွေးတောဆုံးဖြတ်နိုင်မှုပျက်စီးခြင်း
BPSD(Behavioral and Psychological Symptoms of Dementia)	triệu chứng về mặt hành động và tâm lý. một trong những triệu chứng sa sút trí nhớ. Không phải là triệu chứng xuất hiện ở mọi người mà xuất hiện theo môi trường sinh hoạt.	အမူအကျင့်နှင့်စိတ်သဘောထားလက္ခဏာ

		11	徘徊	はいかい	loitering	
		12	不眠	ふみん	asomnia	
		13	うつ状態	うつじょうたい	depression	
		14	幻覚	げんかく	illusion	
		15	興奮	こうふん	excitement	
15	関連語彙	16	暴力	ぼうりょく	violence	
		17	妄想	もうそう	delusion, paranoia	
		18	不潔行為	ふけつこうい	malacia: some unusual behaviors related to excretion	
		19	異食	いしょく	to eat something that is not food, for example, hair, trash, sand….	
		1	認知症	にんちしょう	dementia	
		2	対応	たいおう	response	
		3	帰宅	きたく	home returning	
		4	願望	がんぼう	desire	
		5	最近	さいきん	recently	
		6	夕方	ゆうがた	evening	
		7	夕飯	ゆうはん	supper, dinner	
		8	理由	りゆう	reason	
		9	さし上げる	さしあげる	to do something to someone(polite expression)	
		10	玄関	げんかん	entrance, front	
		11	出て行く	でていく	to go out	
16	会話	12	本人	ほんにん	the person oneself	
		13	不安	ふあん	anxiety, uneasiness	
		14	原因	げんいん	cause, reason	
		15	合う	あう	to adjust	
		16	必要	ひつよう	nesessity	
		17	場合	ばあい	case	
		18	思い出話	おもいでばなし	reminiscene	
		19	安心する	あんしんする	to feel relieved	
		20	生活	せいかつ	life	
		21	場所	ばしょ	place	
		22	心配	しんぱい	worry	
		23	暗い	くらい	dark	

Berkeliaran	(việc/sự) đi lang thang	ဟိုဟိုဒီဒီလျှောက်သွားခြင်း
Insomnia , Susah tidur	chứng mất ngủ	အိပ်မပျော်ခြင်း
Depresi	tình trạng trầm cảm	စိတ်ဓာတ်ကျခြင်း
Halusinasi pengelihatan	ảo giác	မရှိတဲ့အသံကိုကြားနေ၊ မရှိတဲ့အရာကိုမြင်နေပြီးထင်ယောင်ထင်မှားဖြစ်ခြင်း
Merasa excited, Perasaan yang meluap luap	(việc/sự) phấn khởi, hứng thú	စိတ်လှုပ်ရှားမှု
Kekerasan	bạo lực	အကြမ်းဖက်မှု
Delusi	hoang tưởng	ယုံမှားလွန်ခြင်းစိတ်ဝေဒနာ
Tindakan yang tidak bersih, Tindakan tidak menjaga kebersihan	hành vi mất vệ sinh. Một trong những triệu chứng về mặt hạnh động, tâm lý của chứng sa sút trí nhớ, xuất hiện do bài tiết bình thường không được.	အပြုအမူမမှန်ကန်ခြင်း
Memakan benda asing	chứng ăn bậy. Một trong những triệu chứng về mặt hạnh động, tâm lý của chứng sa sút trí nhớ. Hành vi mà cho vào miệng những thứ không phải là đồ ăn uống.	မစားသင့်တဲ့ပစ္စည်းကိုစားချင်ခြင်း
Pikun, Dimensia	chứng sa sút trí nhớ	သူငယ်ပြန်ရောဂါ
Respon, Penanganan, Tindakan	(việc/sự) đối xử, ứng phó	တုန့်ပြန်ဆက်ဆံခြင်း
Pulang / Pulang kerumah	(việc/sự) về nhà	အိမ်ပြန်ခြင်း
Keinginan	nguyện vọng	စိတ်ဆန္ဒ
Akhir-akhir ini	thời gian gần đây	အခုတစ်လော
Sore	buổi chiều	ညနေဖက်
Makan malam	bữa tối	ညနေစာ
Alasan	lý do	အကြောင်းပြချက်
Memberikan	kính biếu, tặng (kính ngữ)	လုပ်ပေးသည် (ယဉ်ကျေးတဲ့ပုံစံ)
Pintu depan utama, Pintu gerbang	cửa ra vào, sảnh	ဝင်ပေါက်
Pergi keluar	đi ra ngoài	ထွက်သွားသည်
Orang tersebut, Yang bersangkutan	bản thân	ကာယကံရှင်ကိုယ်တိုင်
gelisah	bất an, lo lắng	စိတ်သောက
Sebab	nguyên nhân	အကြောင်းရင်း
cocok	hợp	ကိုက်ညီသည်။ သင့်တော်သည်။
Perlu / Butuh	cần thiết	မုချလိုအပ်သော/ ပဓာနကျသော
Kondisi / Pada kondisi ...	trường hợp	အချိန်အခါ
Cerita kenangan	câu chuyện, kỷ niệm ngày xưa	အမှတ်ရသတိရပြီးပြောသောစကား
Nyaman, Tenang (perasaanya)	yên tâm	စိတ်ချသည်
Kehidupan	sinh hoạt	နေထိုင်မှုဘဝ
Tempat	nơi, địa điểm	နေရာ
Khawatir	(việc/sự) lo lắng	စိတ်ပူပန်မှု။ စိတ်သောက။
Gelap	tối	မှောင်သော

		24	ケーキ	けーき	cake	
		25	～屋	～や	shop	
		26	できる	できる	open	
		27	（お）菓子作り	（お）かしづくり	baking a cake	
		28	得意	とくい	be good at	
	会話	29	誕生日	たんじょうび	birthday	
		30	必ず	かならず	surely, certainly	
		31	今度	こんど	someday	
		32	作り方	つくりかた	how to make…	
		33	そろそろ	そろそろ	now	
		34	戻る	もどる	to return	
16	文型問題	1	（年を）とる	（としを）とる	to get old	
		2	水分	すいぶん	water, liquid	
		3	摂る	とる	to take	
		4	入浴	にゅうよく	bathing	
		5	嫌	いや	dislike, hate	
		6	ドラマ	どらま	drama	
		7	よく	よく	many times	
		8	注意する	ちゅういする	to be careful , to pay attention	
		9	やめる	やめる	to quit from, to stop …ing	
		10	野球	やきゅう	baseball	
		11	学生時代	がくせいじだい	college days	
		12	あやまる	あやまる	to apologize	
		13	（お）弁当	（お）べんとう	lunchbox	
		14	勧める	すすめる	to recommend	
		15	レクリエーション	れくりえーしょん	recreation	
		16	参加する	さんかする	to join	
		17	（お）正月	（お）しょうがつ	New Year	
		18	利用者	りようしゃ	user, client	
		19	（お）餅	（お）もち	rice cake	
	気持ちの表現	1	なさけない	なさけない	shameful, miserable	
		2	不愉快	ふゆかい	unpleasant	
		3	つらい	つらい	hard, sad	
		4	腹立たしい	はらだたしい	provoking, irritating	
		5	むなしい	むなしい	vain	

Kue	bánh ngọt	ကိတ်မုန့်
Toko ~	tiệm	ဆိုင်
Baru dibuat / Dibangun	thành lập, khai trương	(အသစ်)ဖြစ်လာသည်
Membuat kue	(việc/sự) làm bánh ngọt	မုန့်သရေစာလုပ်သည်
Pandai	có khả năng làm gì đó giỏi	ကျွမ်းကျင်သော။ တော်သော
Ulang tahun	sinh nhật	မွေးနေ့
Pasti	nhất định	ကျိန်းသေ
Sekarang / Lain kali	lần này	ဒီတစ်ခါ
Cara membuat	cách làm	လုပ်နည်း
Sudah saatnya	sắp sửa	ဘာလိုလို့နဲ့
Kembali	trở về, trở lại	ပြန်သည်
Bertambah tua, Bertambah usia	già đi	(အသက်)ကြီးလာသည်
Cairan	nước	ရေဓာတ်/ အစိုဓာတ်
Tindakan makan / minum , Ambil , Mengambil	ăn uống vào, hấp thu	သောက်သည်
Mandi	(việc/sự) tắm rửa, tắm bồn	ရေချိုးသည်
Benci, Tidak mau	không chịu, không thích	မုန်းသည်
Drama	phim truyền hình	ရုပ်သံဇာတ်လမ်းတွဲ
Sering	nhiều lần, thường xuyên	ကောင်းကောင်း
Berhati-hati / Memperingati	chú ý, cẩn thận	သတိထားသည်။ ဂရုစိုက်သည်။
Berhenti	ngưng, dừng lại	ရပ်စဲသည်။ ဖြတ်သည် (ကြိုက်နှစ်သက်သောအရာ ကိုဖြတ်သည်)
Baseball	bóng chày	ဘော့စ်ဘော
Masa pelajar / Masa pada waktu masih jadi pelajar	thời sinh viên, hồi đi học	ကျောင်းသားဘဝ
Meminta maaf	xin lỗi	တောင်းပန်သည်
Kotak makan siang / Makanan Bekal	cơm hộp	ထမင်းဘူး
Merekomendasikan	khuyên bảo	ထောက်ခံအကြံပြုသည်
Rekreasi	trò chơi, chương trình vui chơi, giải trí	အပန်းဖြေခြင်း
Bergabung / Ikut serta	tham gia, có mặt	ပါဝင်သည်
Tahun Baru	tết	နှစ်သစ်ကူး
Pengguna	người ở cơ sở, người sử dụng dịch vụ ở cơ sở	အသုံးပြုသူ၊ စားသုံးသူ
Ketan	bánh giầy	ကောက်ညှင်း
Payah, Perasaan sedih pada diri sendiri	đáng thương hại, nghèo nàn	ရှက်စရာကောင်းသော။ ကြည့်ရဆိုးသော
Tidak nyaman / Tidak puas / Perasaan tidak senang, Tidak suka	khó chịu	မသက်မသာဖြစ်သော။ မပျော်ရွှင်သော
Pahit / meyedihkan / Menyakitkan	vất vả, đau khổ	စိတ်ပင်ပန်းသော။ စိတ်ဆင်းရဲသော
Marah / Emosi	bực mình	စိတ်ပျက်သော။ သည်းမခံနိုင်သော။ စိတ်တိုစရာကောင်းသော
Hampa	trống rỗng, buồn chán, cảm thấy vô ích	အချည်းအနှီးဖြစ်သော။ ဘာမှမရှိသော

		6	恥ずかしい	はずかしい	shameful	
		7	みじめだ	みじめだ	miserable	
		8	心細い	こころぼそい	lonely	
16	気持ちの表現	9	心強い	こころづよい	encouraging	
		10	くやしい	くやしい	regrettable, mortifying	
		11	うらやましい	うらやましい	envious	
		12	懐かしい	なつかしい	dear	
		①	頭	あたま	head	
		②	首	くび	neck	
		③	肩	かた	shoulder	
		④	腕	うで	arm	
		⑤	足	あし	leg	
		⑥	上半身	じょうはんしん	upper body	
		⑦	下半身	かはんしん	lower body	
		⑧	全身	ぜんしん	whole body	
		⑨	毛／髪の毛	け／かみのけ	hair	
		⑩	顔	かお	face	
		⑪	鼓膜	こまく	eardrum	
	人間の体1 →P.132	⑫	耳	みみ	ear	
		⑬	のど	のど	throat	
		⑭	胸	むね	chest, breast	
		⑮	腹	はら	abdomen, belly	
		⑯	（お）へそ	（お）へそ	navel	
		⑰	脇	わき	armpit	
		⑱	肘	ひじ	elbow	
		⑲	手	て	hand	
		⑳	手首	てくび	wrist	
		㉑	指	ゆび	finger	
		㉒	爪	つめ	nail	
		㉓	腰	こし	lower back	
		㉔	（お）尻	（お）しり	hip	
		㉕	腿	もも	thigh	
		㉖	膝	ひざ	knee	
		㉗	ふくらはぎ	ふくらはぎ	calf	
		㉘	脛	すね	shin	

Malu	mắc cỡ	ရှက်သော
Sengsara	tủi thân, đáng thương	စိတ်ဆင်းရဲသော။ ဂုဏ်းနည်းသော
Kesepian, Lonely	lo ngại, cô đơn, yếu lòng	မျှော်လင့်ချက်မဲ့သော၊ အကူအညီမဲ့သော၊ အထီးကျန်သော
Perasaan tenang karena ada orang yang bisa diandalkan	vững lòng	စိတ်လုံခြုံသော၊ အားတက်သော
Menyebalkan / Perasaan sedih / Sebal karena sesuatu	hối hận, hối tiếc, bực tức	ခံပြင်းသော
Iri / Cemburu	ghen tị	အားကျသော
Rindu	thương nhớ	လွမ်းစရာကောင်းသော

Kepala	đầu	ဦးခေါင်း
Leher	cổ	လည်ပင်း
Pundak	vai	ပခုံး
Lengan	cánh tay	လက်မောင်း
Kaki	chân	ခြေထောက်
Tubuh bagian atas	nửa trên cơ thể	ကိုယ်အပေါ်ပိုင်း
Tubuh bagian bawah	nửa dưới cơ thể	ကိုယ်အောက်ပိုင်း
Seluruh tubuh	toàn thân	တစ်ကိုယ်လုံး
Rambut	tóc	အမွေး/ဆံပင်
Wajah	mặt	မျက်နှာ
Gendang telinga	màng nhĩ	နားစည်
Telinga	tai	နား
Tenggorokan	họng	လည်ချောင်း
Dada	ngực	ရင်ဘတ်
Perut	bụng	ဝမ်းဗိုက်
pusar	rốn	ချက်
Ketiak	nách	ချိုင်း
Siku	khuỷu tay	တံတောင်ဆစ်
Tangan	tay	လက်
Pergelangan tangan	cổ tay	လက်ကောက်ဝတ်
Jari	ngón tay	လက်ချောင်း
Kuku	móng	လက်သည်း
Pinggang	eo lưng	ခါး
Pantat	mông	တင်ပါး
Paha	đùi	ပေါင်
Lutut	đầu gối	ဒူးခေါင်း
Betis/Tulang kering	bắp chân	ခြေသလုံး
Kaki betis	cẳng chân	ညို့ သကျည်း

		㉙	足首	あしくび	ankle
		㉚	つま先	つまさき	toe
		㉛	くるぶし	くるぶし	ankle
		㉜	かかと	かかと	heel
		㉝	ひたい	ひたい	forehead
		㉞	眉毛／眉	まゆげ／まゆ	eyebrow
	人間の体 1 →P.132	㉟	目	め	eye
		㊱	鼻	はな	nose
		㊲	顎	あご	chin,jaw
		㊳	頬	ほほ	cheek
		㊴	背中／背	せなか／せ	back
		㊵	乳房／乳	にゅうぼう／ちち	breast
		㊶	口	くち	mouth
		㊷	唇	くちびる	lips
		㊸	歯	は	teeth
		㊹	舌	した	tongue
		1	内臓	ないぞう	internal organs
		2	骨格	こっかく	bony structure
		①	脳	のう	brain
		②	気管	きかん	trachea, windpipe
		③	食道	しょくどう	esophagus
		④	肺	はい	lung
		⑤	肝臓	かんぞう	liver
		⑥	腎臓	じんぞう	kidney
		⑦	大腸	だいちょう	large intestine
		⑧	小腸	しょうちょう	small intestine
	人間の体 2 →P.133	⑨	盲腸	もうちょう	vermiform appendix
		⑩	心臓	しんぞう	heart
		⑪	胃	い	stomach
		⑫	膵臓	すいぞう	pancreas
		⑬	子宮	しきゅう	womb
		⑭	膀胱	ぼうこう	bladder
		⑮	肛門	こうもん	anus
		⑯	頭蓋骨	ずがいこつ	scalp
		⑰	頸椎	けいつい	cervical bertebrae
		⑱	肩甲骨	けんこうこつ	shoulder blade
		⑲	胸骨	きょうこつ	breastbone
		⑳	肋骨	ろっこつ	rib, costa

Pergelangan kaki	cổ chân	ခြေချင်းဝတ်
Ujung jari kaki	mūi bàn chân	ခြေချောင်း
Mata kaki	mắt cá chân	ခြေမျက်စိ
Tumit	gót chân	ဖနောင့်
Jidat	trán	နဖူး
Alis	lông mày	မျက်ခုံးမွှေး
Mata	mắt	မျက်လုံး
Hidung	mūi	နှာခေါင်း
Dagu	cằm	မေးစေ့
Pipi	má	ပါးပြင်
Punggung	lưng	ကျောပြင်
Payudara	vú	ရင်သား
Mulut	miệng	ပါးစပ်
Bibir	môi	နှုတ်ခမ်း
Gigi	răng	သွား
Lidah	lưỡi	လျှာ
Organ-organ internal/Organ dalam	nội tạng	ကိုယ်တွင်းအင်္ဂါများ
Kerangka	bộ xương, khung xương	ခန္ဓာကိုယ်ပုံစံ
Otak	não	ဦးနှောက်
Trakea	khí quản	လေပြွန်
Kantin, (esopagus)	thực quản	အစာရေမျို
Paru-paru	phổi	အဆုတ်
Hati	gan	အသည်း
Ginjal	thận	ကျောက်ကပ်
Usus besar	đại tràng, ruột già	အူမကြီး
Usus kecil	ruột non	အူသေး
Usus buntu	ruột thừa	အူအတက်
Jantung	tim	နှလုံး
Lambung	bao tử	အစာအိမ်
Pancreas	tụy	ပန်ကရိယ၊ မုန့်ချိုအိတ်။
Rahim	tử cung	သားအိမ်
Kandung Kemih	bàng quang	ဆီးအိမ်
Anus	hậu môn	စအို
Tulang tengkorak	xương sọ	ဦးခေါင်းခွံ
Cervical Spine	đốt sống cổ	ဇက်ကျော
Tulang Scapula	xương vai	လက်ပြင်ရိုး
Tulang dada, Sternum	xương ức	ရင်ညွန့်ရိုး
Tulang rusuk	xương sườn	နံရိုး

	人間の体 2 →P.133	㉑	仙骨	せんこつ	sacrum	
		㉒	股関節	こかんせつ	hip joint	
		㉓	尾骨	びこつ	cocys	
		㉔	大腿骨	だいたいこつ	thighbone	
		㉕	筋肉	きんにく	muscle	
		㉖	アキレス腱	あきれすけん	Achilles' tendon	
	人間の体 3 →P.133	①	皮膚／肌	ひふ／はだ	skin	
		②	陰部	いんぶ	genitalia, private parts	
		③	動脈	どうみゃく	artery	
		④	静脈	じょうみゃく	vein	
		⑤	血管	けっかん	blood vessel	
		⑥	呼吸器	こきゅうき	respiratory system	
		⑦	循環器	じゅんかんき	circulatory system	
		⑧	消化器	しょうかき	digestive organs	
		⑨	泌尿器	ひにょうき	urinary organs	
		⑩	関節	かんせつ	joint	
		⑪	前立腺	ぜんりつせん	prostate	

Sacrum, Tulang kelangkang	xương cùng	တင်ပါးရိုးနှစ်ခုကြားမှတွဲဂုံပုံမြီးညှောင့်ရိုး
Hip join, Sendi panggul	khớp háng	ပေါင်ခြံအဆစ်
Tulang ekor	xương cụt	မြီးညှောင့်ရိုး
Tulang paha, Femur	xương đùi	ပေါင်ရိုး
Otot	cơ bắp	ကြွက်သား
Otot achiles	gân gót chân, gân Achilles	အာခိလိအရွတ်
Kulit	da	အရေပြား
Bagian Genital	vùng kín, bộ phận sinh dục	လိင်အင်္ဂါ
Arteri	động mạch	သွေးလွတ်ကြော
Vena	tĩnh mạch	သွေးပြန်ကြော
Pembuluh darah	mạch máu	သွေးကြော
Organ pernapasan	cơ quan hộ hấp, hệ hộ hấp	အသက်ရှူလမ်းကြောင်းဆိုင်ရာအင်္ဂါများ
Organ sirkulasi darah	cơ quan tuần hoàn, hệ tuần hoàn	နှလုံးသွေးကြောင်းဆိုင်ရာအင်္ဂါများ
Organ pencernaan	cơ quan tiêu hóa, hệ tiêu hóa	အစာစားလမ်းကြောင်းဆိုင်ရာအင်္ဂါများ
Urinary organ	cơ quan đường tiết niệu, hệ tiết niệu	ဆီးလမ်းကြောင်းဆိုင်ရာအင်္ဂါများ
Sendi	khớp	အဆစ်
Prostat	tuyến tiền liệt	ဆီးကျိတ်